评议护航

经济科技活动知识产权分析评议案例启示录

贺　化　主编

知识产权出版社
全国百佳图书出版单位

图书在版编目（CIP）数据

评议护航：经济科技活动知识产权分析评议案例启示录/贺化主编．—北京：知识产权出版社，2014.4

ISBN 978-7-5130-2697-0

Ⅰ.①评… Ⅱ.①贺… Ⅲ.①知识产权法—案例—汇编—中国 Ⅳ.①D923.405

中国版本图书馆 CIP 数据核字（2014）第 066246 号

责任编辑：卢海鹰　王　欣　　**责任校对：**韩秀天
文字编辑：王祝兰　　**责任出版：**卢运霞
装帧设计：张　冀

评议护航——经济科技活动知识产权分析评议案例启示录

PINGYIHUHANG——JINGJI KEJI HUODONG ZHISHICHANQUAN FENXI PINGYI ANLI QISHILU

贺　化　主编

出版发行：知识产权出版社有限责任公司　　**网　　址：**http://www.ipph.cn
社　　址：北京市海淀区马甸南村 1 号　　**邮　　编：**100088
责编电话：010-82000860 转 8555　　**责编邮箱：**wzl@cnipr.com
发行电话：010-82000860 转 8101/8102　　**发行传真：**010-82000893/82005070/82000270
印　　刷：北京科信印刷有限公司　　**经　　销：**各大网上书店、新华书店及相关专业书店
开　　本：720mm×1000mm　1/16　　**印　　张：**17.5
版　　次：2014 年 4 月第 1 版　　**印　　次：**2014 年 4 月第 1 次印刷
字　　数：264 千字　　**定　　价：**58.00 元

ISBN 978-7-5130-2697-0

序

进入新世纪以来，全球经济一体化进程加快，生产要素和创新资源更加自由地在全球范围内流动、整合和配置，知识产权成为重要的商业资源和科技信息资源。无论是发达国家还是发展中国家，都在研究开发和知识产权创造、运用、保护和管理中投入巨资，将知识产权作为强化竞争优势的重要手段。

当前，全球知识产权数量越来越多。据世界知识产权组织的统计，2012年全球有效发明专利数量已高达860万件。知识产权丛林密集，发展新技术、依靠创新驱动的商业行为都必须“披荆斩棘”从茂密的“专利丛林”中找到出路。知识产权分析评议，作为在知识产权丛林中了解技术和行业发展态势、防范潜在侵犯知识产权风险、建立竞争优势的重要方法，日益受到政府决策部门和企业界的重视，并逐步成为经济科技活动的重要组成部分。

在我国，开展知识产权分析评议工作是对《国家知识产权战略纲要》“建立知识产权审议制度”政策措施的具体落实。《纲要》实施六年来，国家知识产权局会同有关部门持续开展知识产权分析评议工作，已经形成一定基础。然而，社会对新生事物的接受是个渐进的过程，还有很多人、特别是产业管理部门和企业管理人士对知识产权分析评议的重要意义、丰富内容和重要价值不甚了解，认识上有误区，实践中有顾虑。在我国产业界面临的知识产权竞争压力持续加大、知识产权质量亟须进一步提高的背景下，尽快普及知识产权分析评议知识，形成愿意利用分析评议手段支撑科技经济活动决策的共识，扩大分析评议手段的应用领域、将分析评议工作嵌入到经济科技活动的全过程中去就成了当务之急。

鉴于此，国家知识产权局启动了知识产权分析评议案例的收集和编撰工作，以期采用“提案说法、情景再现”的方式，剖析典型案例的演化要素，阐释知识产权分析评议的内容、作用和效果，验证知识产权分析评议的必要性和有效性，总结归纳有益经验。

希望本书能对经济、科技和产业界的各位同仁有所助益。

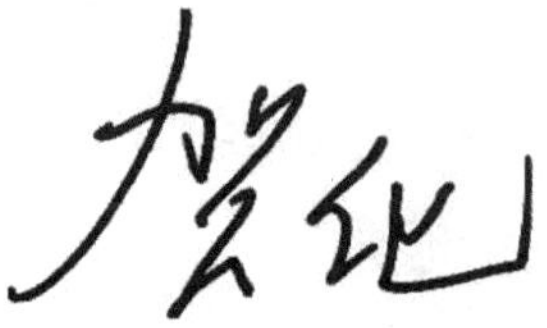

2014年2月

前　言

知识产权分析评议，主要是指综合运用情报分析方法，对经济科技活动中相关的知识产权情况进行综合分析、评估、评价和审查，及时发现潜在知识产权问题，提出解决建议，进而为政府决策和企业参与市场竞争提供咨询参考，避免造成经济科技活动的重大损失；或是运用知识产权信息分析预测创新方向、提供创新启示，保障经济科技活动的高效开展。

在全球知识竞争日趋激烈的今天，将知识产权分析评议嵌入科技创新、技术产业化、技术贸易、投融资和战略与政策管理等多类活动当中，成为科学制定产业政策、规避知识产权风险、减少自主知识产权流失、提高投资效益的重要手段，也是从源头上提高研发效率和创新质量、构筑市场竞争优势的有效途径。

本书按照与知识产权密切相关的经济科技活动的类别组织篇章结构，从保障经济科技活动顺利实施的角度切入具体事件，围绕解决问题、规避风险等主题形成分析要素，提炼出知识产权分析评议的内容、方法和作用。全书共分 11 章，收录典型案例 28 个，涵盖专利、商标、商业秘密和著作权等知识产权类别。每个案例的分析解读包括案例概要、事件始末、原因要素分析和延伸评价 4 个部分。文中有故事情节，有理性分析，也有启示评价，是知识产权分析评议实践经验的集中总结与概括凝练。

通过这些案例解读分析，可以证明：任何经济科技活动都有可能存在知识产权问题；知识产权问题都是可以解决的；知识产权分析评议恰是解决这些问题的有力武器。

本书编委会
2014 年 2 月

目 录

开篇：知识产权分析评议概述

知识经济时代的到来，使得知识产权（如商业秘密、专利、商标等）成为重要的商业竞争资源。[1] 对于企业而言，将知识产权作为战略联系商业手段非常普遍。无论是发达国家还是发展中国家，都在知识创造活动中投入巨资，并将知识产权作为强化竞争优势的竞争手段。[2] 对相关知识产权信息情报进行分析评议和重点审查，作为产业经济科技活动中了解发展态势、防范潜在风险、建立竞争优势的途径和方法，也日益受到业界重视，并逐步嵌入产业经济科技活动的全过程。

2008 年国务院颁布的《国家知识产权战略纲要》第 49 条提出："建立健全重大经济活动知识产权审议制度。扶持符合经济社会发展需要的自主知识产权创造与产业化项目"。知识产权分析评议正是对上述任务的贯彻落实，它是政府决策部门和企业对知识产权进行审议的初级阶段，是建立知识产权审议制度的具体化措施。《国家中长期科学和技术发展规划纲要（2006～2020 年）》规定，要"建立企业并购、技术交易等重大经济活动知识产权特别审查机制，避免自主知识产权流失。"从这个角度来讲，开展知识产权分析评议工作也是对建立知识产权特别审查机制的回应和落实。

六年来，国家知识产权局会同有关部门持续开展知识产权分析评议试点工作，积极推动知识产权分析评议制度研究。现已初步凝练出知识产权分析评议的概念内涵，并结合社会发展需要，初步建立了一套工作模式和业务规范，也通过实践验证了知识产权分析评议的必要性和有效性。在案例解说正式开篇以前，通过阐述知识产权分析评议的概念内涵、内容范围、现行做法等内容，为后续案例的展开和剖析做好铺垫。

---

[1] 例如，近年来，OECD 国家在无形资产上投入的增长率已经大大超过其在有形资产上的投入。在 OECD 地区，在无形资产上的投资约占 GDP 的 10%。美国近来的一些评估显示，20 世纪 90 年代，美国企业在知识资产上的投资大约为 8000 亿美元，与有形资产的投资数量大体相当。

[2] WIPO 专利法常设委员会秘书处. 国际知识产权制度报告［M］. 国家知识产权局条法司，译. 北京：知识产权出版社，2011.

知识产权分析评议的概念内涵

（一）知识产权分析评议的一般内涵

“评议”的本质是对将要最终表决或作出决定的事项进行周到而全面的分析研究，提出研究结论、提供咨询建议，代表着通过开放而审慎的程序达成决策的过程。而所谓“知识产权分析评议”，主要是指综合运用情报分析手段，对重大经济科技活动所涉及的包括专利在内的知识产权整体情况和竞争状况进行综合分析、评估、评价和审查，从规避风险、提高管理效率的角度为政府管理决策和企业参与市场竞争提供咨询参考；或依据产业技术发展趋势的判断预测市场和技术的创新空间，并提供研发创新和市场开拓方面的指导。对于企业而言，知识产权分析评议是竞争情报分析的重要组成部分，对于政府决策部门而言，是作出经济科技重大决策之前的必要风险控制程序。

知识产权分析评议的核心内容是：以知识产权竞争情报分析为基础，结合产业发展、市场竞争、政治环境等因素进行综合研究和研判，对经济科技活动实施的可行性、潜在风险、市场价值、实施方式等进行评估、核查与论证，并提出合理化对策建议。

实践中，政府层面开展知识产权分析评议，主要目的是提高活动的可预见性和活动效率，防范知识产权风险，确保政府投资效益。一般由项目决策部门提出需求，知识产权管理部门协助组织，专业化服务机构具体承担。在某些情况下，项目审批部门或主管部门也会自行组织分析评议。企业层面开展知识产权分析评议，主要目的是有针对性地形成有效的市场竞争策略和应对策略，规避知识产权潜在风险，提高研发效率和质量，妥善解决知识产权问题。一般委托专业化服务机构承担，部分工作也可以由企业自行开展。

（二）知识产权分析评议在我国的特殊内涵

我国社会主义市场经济还在逐步培育和成熟过程中，具有明显的中国特色。

首先，在我国，政府往往对具有战略意义的产业发展进行指导和规划（例如战略性新兴产业），并综合利用财政税收、金融等各类手段对宏观经济进行调控，有时政府也会直接投入公共资金用于支持创新活动或产业化活动（例如重大科技项目）；其次，我国拥有大量国有企业，这些企业规模较大，产业垂直整合度高，往往控制着国民经济命脉，其企业投资行为涉及国有资产的保值增值；再次，我国创新能力和水平距离西方发达国家还有较大差距，现阶段跟随型创新还比较多，很多情况下研发活动往往需要借鉴已有技术；最后，我国科技型中小企业众多，但大多数企业知识产权积累少，国际竞争经验不足，需要政府从推动行业发展、维护群体利益的角度加以扶持和引导。因此，从公共政策和公共服务的角度上讲，我国的知识产权分析评议相较国外而言，有着更特殊的作用。❶

在我国，政府决策中的知识产权分析评议，主要是针对涉及公共财政投资、国有企业资产变动等重大经济科技项目，或者是政府通过规划、补贴、减税、贷款等方式引导和支持的重大产业活动，以及政府资助的重大科研及产业化项目。这些活动通常由政府部门决策推动实施，在项目可行性研究和项目实施过程中，需要对相关知识产权分布现状、可能遇到的知识产权纠纷以及自身知识产权的实力等事项进行分析、评估和管理，以避免知识产权风险损失，实现经济效益最大化。在企业层面，知识产权分析评议属于企业决策工作的一部分，与西方发达国家基本相同。

（三）知识产权分析评议与专利分析

专利分析是对专利信息进行科学加工、整理与分析，经过深度挖掘与缜密剖析，转化为具有较高技术与商业价值的可利用信息❷，是一门严谨的科学。知识产权分析评议以专利分析为基础，但又不同于传统的专利分析，具体体现在以下几个方面：

第一，与专利分析从专利本身出发不同，知识产权分析评议强调从经济科技

---

❶ 吕微，等．我国知识产权分析评议制度的现状问题和建议［R］．国家知识产权局软课题研究项目，2011年12月．

❷ 杨铁军．专利分析实务手册［M］．北京：知识产权出版社，2012：3．

活动的需求出发。知识产权分析评议是有明确导向的决策咨询行为，分析评议既服从于决策，又服务于决策，要求按照管理要求和方式厘清并指明知识产权问题，提出解决思路和方案。这是一种典型的咨询服务行为，而非单纯的客观数据梳理。一般而言，在事前，它是为了修正决策方向，发现决策中潜在的知识产权问题，并提出解决预案；在事后，它是为了解决已经发生的威胁和解决已经出现的问题。从这个意义上说，知识产权分析评议的要义在于强调决策协商与理性论证，既具有防患于未然的功能，又有充分借鉴他人既有成果的理性。

第二，与专利分析侧重于对现有专利信息的收集、加工、整理，对专利现状加以客观呈现不同，知识产权分析评议强调开展综合性分析。一方面，除了关注专利信息外，知识产权分析评议还需要综合关注技术秘密、计算机软件著作权保护、商标、集成电路布图设计保护等方面的问题，体现知识产权的综合性和整体性。另一方面，为了切实解决问题，知识产权分析评议往往还需要综合分析经济科技活动相关的各类信息。例如，在对竞争对手的知识产权策略开展分析评议时，需要将其知识产权信息与市场竞争信息、产业发展状况等，进行关联性研究；又如，在评议研发方向的规避设计方案时，需要将对手的知识产权信息与自身的技术方案信息、主要市场竞争策略等深度结合。

第三，与专利分析以研究报告为主要成果物不同，知识产权分析评议强调紧扣经济科技活动的切实问题和需求提出富有针对性和可操作性的解决方案，并针对不同应用对象提供差异化的报告。例如，面向决策层应提供简明扼要的问题结论和方案建议报告；面向研发人员或具体执行人员应提供全面翔实的知识产权技术信息和操作指引等。

知识产权分析评议的应用领域

知识产权分析评议是知识产权支撑经济科技发展的重要方面，它将知识产权制度的法律保护功能和信息传播功能嵌入到技术创新、生产经营、商贸交易活动的关键环节和具体问题当中，提供量身定制式的咨询建议和解决方案，由此也使其有了极为广阔的应用空间。根据实践来看，知识产权分析评议与以下几类经济科技活动关系极为密切。

（一）技术创新活动

这是知识产权分析评议最为直接的应用领域，作用对象既包括政府部门，也包括企业等市场主体。由于知识产权制度的核心是以信息公开换取专有权保护，知识产权信息代表着进入产业的技术主流趋势和技术解决方案的变化动态，这是研发活动最有价值的资源和财富。根据世界知识产权组织的统计，世界上大量最新技术信息都最先公布在专利文献中，在研发活动中充分利用知识产权信息进行分析评议，可以节约60%的研发时间和40%的研发费用。技术创新活动中，知识产权分析评议主要扮演“立项方向咨询、研发项目管理支撑、创新成果侵权预警和规避设计、创新路线启示和创新空白提示”等功能，同时也成为知识产权布局和知识产权运营的基础。

（二）技术贸易活动

在此将技术贸易活动扩展为以技术转移转化为主要内容的技术贸易活动，包括知识产权直接许可转让、企业兼并购、产品出口、原材料和设备元器件采购、合作研发、创新联盟和知识产权联盟的管理经营、“专利池”（Patent Pool）运作、技术标准的采制和推广应用等，其作用对象主要是企业和其他创新主体，但个别如资产重组、标准采用、招商引资等事项也与政府有关。在此，知识产权分析评议除了发挥“权利真伪判断、发明团队能力评估、知识产权风险审查”等基本功能外，还能起到帮助寻找合作对象、辅助经营决策、利益分享分配、创新资源整合等功能。

（三）技术产业化活动

技术产业化活动涉及企业自发地或者在政府的支持下将已成熟的技术投入到生产、销售、分配过程的各种有组织的活动的总称，主要包括产品上市、展会参展等环节。生产经营中的知识产权侵权风险是技术产业化的重要制约因素，有时甚至能让技术产业化项目“竹篮打水一场空”。知识产权分析评议以排查知识产权风险、评价专利价值和可靠程度、以及应对知识产权纠纷为主，其既服务于企业的生产经营组织活动，也服务于公共项目的组织管理。

（四）投融资活动

这是近年来兴起的知识产权经营管理活动，是知识产权资本属性的延伸体现。主要包括知识产权作价入股、知识产权融资、企业内部知识产权资产管理、上市后备企业审查等。在这类活动中，知识产权分析评议主要承担知识产权价值辅助评价、知识产权风险审查等功能，服务对象也包括企业和政府部门。当然，一些新的知识产权市场经营模式还在陆续兴起，如知识产权拍卖、知识产权保险等，知识产权分析评议也将在其中发挥类似作用。

（五）战略与政策管理

知识产权战略管理是产业或企业竞争战略的主要组成部分，无论是制定产业发展战略和政策，还是形成企业知识产权战略，都需要通过知识产权分析评议来“明势、布局、避险、用权”。对于政府部门来说，知识产权分析评议可以辅助决策者了解产业发展方向和竞争态势、判断自身优劣势，并基于总体发展战略形成本地区的指导政策；对于企业而言，知识产权分析评议不仅有助于将自身优势与市场发展战略有机结合，成为企业发展战略的一部分，还可以发挥知识产权的市场竞争工具作用，确保企业总体战略目标的实现。

国外组织方式经验借鉴

就知识产权分析评议而言，发达国家的成熟经验为我国推进知识产权分析评议制度建设提供了有益借鉴。

（一）政府资助类项目通过直接或间接方式进行知识产权分析评议

对于政府资助类项目，有直接和间接两种知识产权分析评议模式。韩国建立了大型科研项目的事前评估机制，2005 年起每年委托韩国知识产权局对政府资助的创新项目进行知识产权分析评议。2011 年韩国政府对 56% 的政府资助类创新项目开展评议，涉及 11 个政府部门。绩效评估发现这一举措共节约支出 4055

亿韩元，多创造出1.44倍的核心专利。2012年韩国政府将事前评估范围扩展至16个政府部门和机构的项目，2013年，计划扩展到政府资助类创新项目的70%。美国通过同行评议方式对政府资助或补贴的项目进行间接创新评议。例如，美国国立卫生研究院（NIH）设立了知识产权评估制度，对发明的专利性、商业开发成功可能性、专利保护需要、专利许可转让等事项进行评估，使发明最大限度地得到实施。在美国国家科学基金会（NSF）的科研项目立项评估中，计划官员在决定是否资助某个项目时，把申请开展的研究工作的创造性和独创性作为重要评估标准。日本经济产业省则采用多种评估方法对大型项目进行评估，尤其看重项目立项阶段的分析评议工作，根据专家及政府人员的意见和要求，先形成项目评估报告，再由经产省内裁决。

（二）市场类经济科技活动一般由投资主体自行开展知识产权分析评议

市场经济条件下，由于绝大多数经济活动由私人企业在法律框架内进行自主决策，因此作为自负盈亏的投资者，企业必须充分考虑包括知识产权在内的各类风险，才能保证自己的投入不受损失并获得最大收益。在这种背景下，经济活动一般由投资主体即企业自行开展知识产权分析评议。美、德、日等发达国家的企业作为知识产权制度的先行者，对如何运用分析评议手段有着十分丰富的经验，能力水平远超过发展中国家的企业。同时，由于发达国家在许多领域都拥有更强的话语权和对知识产权国际规则制定的主动权，多数跨国公司已将知识产权分析评议内化为公司的基本文化和战略手段，这是值得我国企业学习借鉴的地方。

（三）将知识产权分析评议与国际知识产权纠纷应对接轨

发展中国家在技术追赶阶段会面临许多知识产权问题和风险，除了采取知识产权分析评议来减少纠纷发生的可能之外，还应将其与纠纷应对措施联合使用。以韩国为例，其通过政府购买服务的方式，由政府组织社会力量深入分析海外知识产权纠纷信息，以此为基础建立涉外知识产权纠纷应对体系。该体系中的知识产权分析评议涉及案件剖析、应对策略（无效或授权许可）、授权协商、诉讼准备等多个环节。与此同时，对韩国企业海外主要市场加大知识产权保护力度，提供“一站式”支援服务（IP－DESK），例如，向出口企业及参加海外展会的企业提供专利纠纷风险事前调查服务，开展知识产权诉讼保险项目等，其中，分析评议也是不可或缺的一环。

我国加大知识产权分析评议力度的紧迫性

近年来，世界范围内的知识产权竞争愈加严酷，“由单个专利到专利组合”“由单一企业到专利联盟”“由专利产品到专利经营和诉讼”[1]的发展趋势更加明显，天价专利购买、天价专利诉讼标的、专利资本运营等不绝于耳。我国企业频频遭遇美国“337 调查”，我国也连续多年成为全球第一大被调查国。我国产业发展面临着前所未有的知识产权风险，需要通过知识产权分析评议加以应对。

（一）政府投资或资助类项目潜藏的知识产权风险不能忽视

在政府投资或资助类项目的决策和管理过程中，因项目规模大、影响广、管理复杂等原因，容易潜藏知识产权风险。尤其是在立项管理、招商引资、技术引进等环节，在缺乏周密科学的知识产权分析评议的前提下，项目上马后很容易面临不可回避的知识产权纠纷，轻则“多花钱、少办事”，上缴高额的许可费；重则项目下马，前期投入都打水漂。贵州微硬盘项目投资数十亿元，但因忽视知识产权分析评议，导致项目因知识产权侵权问题彻底失败，还产生了 8.7 亿元的不良资产。

（二）国家投资形成的知识产权的质量亟待提升

近年来，政府加大创新投入，切实推动了产业创新发展，知识产权数量快速增长。但是，由于缺乏有效的知识产权风险管控手段和价值评价手段，科技项目验收时“以论文和专利凑数”现象时有发生；由于项目实施过程中缺乏必要的知识产权创造和运用的指引，所形成的知识产权难与市场接轨。最终，相当比例的专利因不具备市场实用性而成为“档案专利”，造成了资源的闲置和浪费。

---

[1] 袁晓东，孟奇勋．美国知识风险公司的运作模式及其启示［J］．知识产权，2009（5）：87.

（三）在战略性新兴产业领域面临外国跨国公司的知识产权合围制约

我国DVD产业全军覆灭的重要原因一方面是缺乏核心知识产权，另一方面是应对过程中缺乏对外国跨国公司收费行为的知识产权分析评议。现在，我国半导体照明、光伏电池、工程机械制造、网络信号传输等战略性新兴产业领域同样面临外国跨国公司的知识产权制约。多位产业专家认为，国外大企业已经对未来几年的技术进行了充分储备和精心布局，这种布局增大了我国相关产业知识产权侵权的风险；技术领先的国外公司还通过技术标准联盟等方式，挤占我国产业发展空间，压缩产品制造销售利润，并设置各种准入条件限制。若不尽快建立知识产权分析评议制度，我国的战略性新兴产业发展风险难料，做大做强困难重重。

（四）更多外向型企业因无视知识产权分析评议遭受巨大损失

越来越多的中国企业正在走出去。根据商务部的对外贸易统计数据，2012年，我国出口商品的技术含量和附加值明显提升，高新技术产品出口6012.0亿美元，增长9.6%，高于总体出口增速1.7个百分点，占总体出口的比重从2011年的28.9%上升到29.3%。❶ 与之伴随的是，企业在公司并购、重组上市、技术标准等市场活动中遇到大量的知识产权问题，越是高技术企业、国际化程度高的企业，这种知识产权之痛就越突出。湖南某中型企业在引进意大利一家公司的技术过程中因未对其知识产权情况进行分析评议，引进后被德国公司起诉侵权，为此付出了连续8年、每年支付销售收入10%专利费的惨痛代价，几年下来专利付费近亿元。其他如徐工并购案、大连电机厂并购案、双汇并购案等都是“因忽视知识产权而丢专利、丢品牌、丢市场和丢产业平台”的典型例子。

我国知识产权分析评议的有益探索

2009年起，国家知识产权局围绕重要关键技术领域开展知识产权分析评议

---

❶ 2012年中国对外贸易发展［EB/OL］.（2013-04-28）［2013-06-27］. http://zhs.mofcom.gov.cn/article/Nocategory/201304/20130400107790.shtml.

工作，2011年起又开始有计划、有重点地在各条战线推行知识产权分析评议试点，范围涉及十五个省市、多家国家级园区、中科院、国资委、国防、科技、工信等系统。实践证明，在我国实施知识产权分析评议，合国情、有价值、有效果，可以起到“花小钱，办大事”的作用。

（一）知识产权分析评议制度逐步得到认同

在我国，地方层面建章立制动作相对较快，已经形成了“地方法规要求、专门文件规范，东中西部逐步铺开”的局面。据统计，全国各级政府部门出台知识产权分析评议相关政策法规91部。其中，江苏、湖南、重庆等9省市将建立知识产权分析评议制度列入了地方法规，贵州、重庆、陕西、湖北、河南、浙江六省市，武汉、烟台、泉州、黄石等23个城市相继出台了知识产权分析评议专门文件，北京、天津、上海、江苏、广东、四川等十几个省市正在加紧制定过程中。

（二）知识产权分析评议实践取得实效

五年来，国家知识产权局围绕重大关键技术领域和新兴产业陆续开展了近百个知识产权分析评议项目，为国务院和相关部委作出重大决策提供了有效支撑。例如，通过对煤液化项目和半导体照明项目的分析评议，为有关部委调整产业布局提供了客观依据。高密度存储器、高端光刻机、大型先进压水堆等十多个项目的分析评议成果得到科技重大专项牵头单位的高度肯定，已应用到项目实施中。有项目承担方反映，用好这些成果，能将研发时间缩短2～3年。

湖南、广东、江苏、湖北、重庆等地因地制宜，探索出以服务外向型企业和政府决策为重点的知识产权分析评议模式。湖南省、广东省支持外向型企业通过分析评议克服“走出去”的知识产权障碍。江苏省支持开展科技创新类和专利转化类项目的分析评议。重庆市通过分析评议帮助高新技术园区确定发展思路，找准招商引资对象。湖北省围绕支柱产业组织分析评议，推动了传统产业的结构升级。开展知识产权分析评议的地区普遍反映，知识产权分析评议作用直接、效益明显。

（三）知识产权分析评议服务业借势发展

在知识产权分析评议相对普及的地区，涌现出一批能为企业诊断知识产权问题、提供解决方案的分析评议服务机构。对北京、上海、江苏、广东、湖北、陕西等六省市的调查显示，已有372家机构开展此类服务。江苏、广东、上海等13个省市先后支持成立了专利信息服务中心，湖南成立了省级专利分析预警中心，湖北建立了以知识产权分析评议为基础的知识产权综合服务平台。科技部、工业与信息化部、国防科工局系统也有此类机构开展专业化服务。这些服务机构一方面专注于知识产权的价值评价和风险评估，直接服务于生产经营；另一方面又与产权交易、投融资、纠纷解决等紧密结合，推动了知识产权的运用和保护。

知识产权分析评议虽然已形成了良好开局，但很多人对它还相当陌生，尤其是业界对经济科技活动中的知识产权风险关注不够，事后堵漏悔之晚矣；对知识产权分析评议存在一些认识误区，将知识产权分析评议与专利态势分析等同起来，解决问题的针对性和工作指导性还不够好；或者虽然明知可能有知识产权风险，但因缺乏行之有效的问题解决方法和手段，遇事干着急却没有办法。

针对这些情况，我们试图拆解一些典型案例，通过负面案例找问题和教训，通过正面案例找经验和启示，一边让大家读故事，一边让大家看实效，从而让知识产权分析评议的宣传推广鲜活起来。读过故事从中回味，也可以得出这样的结论：知识产权风险时时刻刻潜伏在经济科技活动当中，知识产权分析评议能为经济科技活动的顺利实施保驾护航！

第一章 企业并购

本章导读：

企业并购扬帆出海，知识产权分析评议保驾护航

2012年，中国航天科工集团公司（以下简称“航天科工”）并购卢森堡IEE公司。在并购过程中，开展了全面的知识产权分析评议工作，帮助航天科工厘清了IEE公司所有的知识产权，合理预估了价值，有效避免了知识产权等无形资产在并购中流失，协助航天科工取得了首次国际并购的成功。

百尺竿头海外并购，技术融合更上层楼

2008年，中联重科股份有限公司（以下简称“中联重科”）并购意大利CIFA公司（Compagnia Italiana Forme Acciaio S. p. A.，中文译名为赛法，以下简称“CIFA公司”）。知识产权分析评议工作贯穿始终。尤其是在并购后，在知识产权分析评议工作的基础上融合了双方的知识产权和技术资产，并构建了“并购——融合——创新——形成新的知识产权”的完整链条，发展了新技术，每年海外销售超过10亿美元。

忽视知识产权可悲可叹，并购巨头公司黄粱一梦

2001年，国内某企业收购飞利浦公司的CDMA芯片研发部门，赢得国内媒体一片喝彩。遗憾的是，企业在并购时忽略了评议并购对象的技术是否先进，也忽视了飞利浦与行业巨头高通公司之间专利技术交叉许可的限制。这直接导致企业始终无法跨越高通的专利壁垒，几年之后仍未能成为市场主流，开拓海外市场的目标基本落空。

品牌价值被忽视，火腿大王被低价出售

2006年，高盛等海外资本以20.1亿元并购我国“火腿肠大王”双汇集团。双汇品牌起源于20世纪80年代，随着企业的发展其价值不断提升。据估计，当时仅“双汇”商标的估价就达到106.36亿元。然而分析评议的缺失却使并购中忽视了知识产权等无形资产，直接导致最终成交价格远低于预期。

第一节　航天科工并购开启国际化之路

——从航天科工并购IEE公司看企业并购中的知识产权分析评议

案例概要

2012年9月，航天科工正式启动了并购卢森堡IEE公司的项目，IEE公司是海外一家技术型的高科技集团公司。并购期间，航天科工开展了包括对并购对象的知识产权资产、知识产权保护和有效利用、法律诉讼、潜在知识产权风险、无形资产评估等在内的全面的知识产权分析评议工作。知识产权分析评议工作帮助航天科工厘清了IEE公司所有的知识产权，合理预估了其价值，并有效规避了并购中的知识产权风险，协助航天科工取得了首次国际并购的成功。

当地时间2013年3月28日晚，中国驻卢森堡大使馆内洋溢着一派喜庆祥和的气氛，来自卢森堡政府、航天科工、卢森堡IEE公司的代表出席招待会，共同庆祝航天科工成功收购IEE公司。

这是航天科工首次进行的大规模国际并购，国际化经营蓝图由此展开。

苦练内功待远航

航天科工是我国国有特大型高科技企业，致力于走中国特色的军民融合发展之路，在信息产业、装备制造业等方面开发了一系列重大军民结合技术产品。在汽车电子产业领域，航天科工历经20余年的发展，也已取得一定规模，国内市场占有率为10%左右。然而，由于缺乏核心技术、产品附加值不高，质量和稳定性难以达到世界级水平，航天科工的汽车电子产业始终难以敲开国际市场的大门。

为此，航天科工将收购国内外具有较强影响力的企业作为快速提升规模、促进转型升级、提升核心竞争力、快速完成国际化经营布局的重要途径，力图通过并购从根本上扭转其民用产业“小散弱”局面。海外并购可以获得国外先进成熟的技术、产品和先进的运营管理模式，完成国际化经营布局，更是成为航天科工的首选。

2010 年起，航天科工将企业国际化经营提升至战略高度，并作为实现战略规划目标的重要路径进一步强化。完成海外并购，成为横亘在航天科工面前必须蹚过的河。

出海远航需苦练内功、未雨绸缪。为此，航天科工首先加强了组织机构建设，新设资产运营专职机构和知识产权研究中心，明确知识产权作为国际化经营战略的重要地位，并提前储备企业并购的能力及人才队伍。

机构建立之后是机制。航天科工构建了促进国际化经营发展的管理机制，并借承担国家知识产权局中央企业重大经济科技活动知识产权分析评议试点项目之机，将知识产权分析评议工作纳入其国际化经营的知识产权战略制度体系。知识产权分析评议工作“进战略、进计划、进项目、进流程”，由此实现了知识产权工作与并购谈判、考核激励等核心工作的密切结合。

队伍有了，规则有了，接下来就进入了实质性攻坚阶段。航天科工开展了《兼并收购模式研究》《企业国际化经营案例分析与研究》《品牌建设研究》《中国航天科工集团公司商标战略研究》等一系列研究工作[1]。同时，集团还开展了资产运营广义渠道建设工作，重点搜集基层单位横向竞争对手、纵向产业链上下游企业以及合作伙伴信息，作为重要目标进行长期跟踪。此外，在走出国门之前，航天科工先用国内并购实践进行了一次练兵。2012 年初，通过收购青岛某企业，航天科工实现了完全市场化并购的历史性突破，摸索并检验了先前建立并购管理模式，丰富了并购实战经验。

---

[1] 系列工作由航天科工航天三院具体组织实施。

航天科工的海外并购蓄势待发。

卢森堡抛来的橄榄枝

2012 年 6 月，远在欧洲大陆的卢森堡抛来了橄榄枝，在汽车安全电子领域享有世界声誉的著名品牌 IEE 公司因基金股东到期清算拟出售全部股权。IEE 公司是大型集团公司，在全球拥有八家子公司，全球员工总数接近 2000 人，大约 12% 的人员为技术研发人员。该公司的两大支柱业务，分别占据全球细分市场的 78% 和 26%，拥有包括通用、宝马、日产、戴姆勒、大众等众多世界著名的整车厂客户。该公司在职业经理人的管理下，经营非常稳定，除 2009 年遭遇金融危机出现业绩下滑和亏损外，均保持了持续增长。

如果能够成功收购 IEE 公司，将有利于航天科工提升相关产业的核心技术竞争力，促进国内相关行业的标准出台，抢占细分市场先机，同时搭建在欧洲发展和布局的平台，培养和储备国际化经营人才。因此，航天科工果断决策，坚定地扬帆起航，目标直指欧洲。

IEE 公司非常重视研发投入，拥有世界领先的核心技术，与产品相关的技术基本都申请了专利，在全球拥有几百项专利或专利申请，分布在不同国家、不同的产业发展方向，这也是其能够保持竞争优势的重要原因。IEE 公司在全球还有一定数量的商标、著作权等其他知识产权，还有一些尚未完结的专利诉讼。

无论是作为资本的专利，还是作为风险源的专利诉讼，都仿佛一个看不清的迷魂阵。这些专利究竟价值几何？诉讼将会带来怎样的后果？层层迷雾亟待拨开，也直接关系到并购的估值和后续运营的成败。开展并购活动中的知识产权分析评议势在必行。

深度分析评议，破冰欧洲结硕果

航天科工迅速组建知识产权专业团队开展知识产权分析评议工作，内容主要包括以下三个部分。

一是对 IEE 公司知识产权总体情况进行分析评议，确保对其专利的全面收购，防止重要专利在并购中流失，确保购入的专利权属无争议、物有所值。分析评议的主要内容包括 IEE 公司的专利资产以及专利资产的所有权、核心专利发明人状况、有效性等，同时也兼顾了商标调查。

在分析评议中，检索发现 IEE 公司在 1992 年以后的全球专利申请总数为 869 件，而其提供的专利清单中的专利数量仅为 254 件（法律状态包括获权的、未获权的、涉诉的、已转让的等）。为了避免重要专利在并购中流失，甚至给未来产品的生产和销售带来侵权风险，同时也为了防止专利清单中出现失效专利，航天科工对 IEE 公司所有专利的法律状态进行了进一步核实。结果显示大部分未列入清单的专利属于未交费、视为撤回等处于无效状态的专利；专利清单中大部分专利的有效期在 10 年以上，但也包括有效期在 2010 年已届满的 15 件专利，以及未来 5 年内将到期的 2 个专利族。[1] IEE 公司提供的商标清单中也存在已被局部转让、被拒绝注册、已被无效以及漏报的情况。此外，IEE 公司还有很多著作权、商业秘密和其他未注册的知识产权。航天科工通过知识产权分析评议对此全部进行了细致梳理，有争议的内容及时提出。

在确认了全部专利以后，航天科工还进一步分析评议了 IEE 公司专利的稳定性。具体包括以下几方面：对于已授权或未决的专利的新颖性、创造性进行分析；专利的维持费是否需要缴纳；是否有侵权指控或有侵权的威胁；专利的撰写以及审查过程是否有瑕疵等。在此基础上，航天科工进一步要求 IEE 公司提供必要的证据材料，例如，要求其提供对所转让的专利享有全部权利的声明等。

二是对 IEE 公司知识产权实际价值的分析评议，用以考量这些专利可能给航天科工带来的竞争优势以及这种竞争优势的持续性。分析评议主要对 IEE 公司全球市场知识产权的布局与风险状况、竞争对手以及上下游专利技术分布状况收购技术与自身技术的协同性、商业秘密和其他未注册的知识产权等开展了深入调

---

[1] 专利族是指具有共同优先权的在不同国家或国际专利组织多次申请、多次公布或批准的内容相同或基本相同的一组专利文献。

查，重在分析 IEE 公司的专利是否易于被绕开或反向工程、IEE 公司产品侵犯他人专利权的可能性以及风险可否规避、IEE 公司的技术分布状况与技术先进性、是否受上下游技术专利的限制等重要事项。

分析评议结果显示，IEE 公司共有 16 个产品技术系列，在中国申请专利的时间较晚，授权的专利仅有 14 项，未授权的专利获权希望不大。这些专利仅能对 6 个产品系列发挥保护作用，其余的产品技术均缺乏专利保护，在产品进入中国后可能侵犯他人专利权或被随意仿制，因此有一定的市场风险。IEE 公司在美国和德国获得授权的专利最多，相关技术的产品在美国市场的专利覆盖度最广，但是在美国和德国存在较强的竞争对手，有侵犯他人权利的可能性。IEE 公司在日本的许多专利由于未缴纳年费已经失效，并且在过去几年中未在日本进行专利布局，主要原因是日本在汽车安全领域相关技术要求和标准与欧洲不同。同时通过沟通，还发现 IEE 公司还有大量的计算机软件的著作权以及技术秘密。

基于此项分析评议结论，航天科工决定以合理的价格全面收购其所有有效专利技术、计算机软件著作权以及专业技术秘密等知识产权，作为后续经营的知识产权储备。同时，针对竞争对手的专利进行产品规避设计，针对未保护的产品开展专利布局，为未来的发展打好基础。

三是有关知识产权法律诉讼的分析评议，意在对知识产权风险进行预警评估，避免出现“花钱买官司”的尴尬局面。分析评议内容主要包括与该公司专利和商标相关的已经发生或正在发生的诉讼事宜，是否存在潜在的诉讼风险，是否收到侵权警告函，是否会面临反垄断调查等。

在分析评议中发现，IEE 公司当时正牵扯进一些专利诉讼案件，具体如下：①美国一家大型公司正在起诉 IEE 公司侵权，IEE 公司也进行了反诉。IEE 公司若败诉，将承担赔偿 1000 万美元以上的赔偿金、诉讼费以及附加的数额未知的专利侵权许可费。②IEE 公司 2 项欧洲专利被提出无效申请，但经分析评议，即使这 2 项专利被无效，也不会对其商业活动产生过多影响。③IEE 公司发现中国河北省廊坊市某公司未经其许可，制造、销售、许诺销售其专利产品，向北京市第一中级人民法院提起专利侵权诉讼。

对此次并购过程中发现的上述诉讼情况，航天科工了然于心，一方面对专利侵权诉讼进行密切跟踪，另一方面设计应对方案，如在收购合同签订时不能终结，则需要设定相关协议条款，评估最大可能的损失，待案件清晰后处理。随后，在整个并购谈判过程中，航天科工时刻跟踪最新、最全面的信息，对潜在的风险一一排除，采取审慎而快速的决策。

正是基于包括知识产权分析评议在内的大量扎实工作的支撑，经过艰苦的谈判，2012 年 12 月，航天科工联合其他两家投资人与 IEE 公司的股东签署了股权收购协议，最终锁定胜局。

未来可期道更远

并购 IEE 公司，不仅创造了航天科工的历史、航天系统的历史，更是一种典型的协同创新模式，是我国企业特别是创新型的航天企业进入国际市场的有效途径，在中卢两国经济往来中也不多见。中国驻卢森堡大使评价道："此次收购很具有战略意义，是中卢建交史上的重大事件。"[1]

这是一个以知识产权分析评议工作支撑企业并购工作的成功案例。海外并购技术型公司往往如履薄冰，隐藏着巨大的知识产权风险。引入知识产权分析评议工作，查准价值、探明风险，有助于促进国际并购业务的顺利开展，为项目规划和方案提供正确和科学的决策支撑，为企业进入国际市场提供最有力的保障。

在并购完成后，航天科工继续深入地开展知识产权分析评议工作，这一次的关注点聚焦在并购后的知识产权整合与技术融合，制定后续的知识产权长效管理机制。相信并购融合后的企业将会实现知识产权、技术、文化等多方面的融会贯通，扬帆出海，天地宽阔！

---

[1] 直挂云帆济沧海——中国航天科工集团成果收购卢森堡 IEE 公司纪实 [N]. 中国航天报，2013-04-09 (001).

延伸阅读：知识产权影响并购成败

TCL 并购汤姆逊

2003 年 11 月，TCL 公司和汤姆逊公司正式签订协议，重组双方的彩电和 DVD 业务，组建了 TTE 公司（TCL – Thomson Electronics Limited）。❶

拥有上百年历史的汤姆逊公司在彩电、彩管方面有超过 34000 件专利，在全球专利数量上仅次于 IBM 公司，每年专利许可费就坐收 4 亿欧元，专利技术已经成为其电视机业务中最大的亮点。❷ 此外，汤姆逊公司还拥有“THOMSON”和“RCA”等知名品牌。在并购汤姆逊公司之前，TCL 公司一直表示汤姆逊公司的专利技术将给自己带来强大的技术支持，并成为其绕过彩电专利阻击的重要途径。

然而，在随后的合资协议中，TTE 公司却并未获得汤姆逊公司所拥有的品牌及已申请专利技术的所有权。根据协议约定，汤姆逊公司的出资不包括其电视机业务使用的“THOMSON”和“RCA”等品牌，TTE 公司将通过与汤姆逊公司签订协议的方式获得上述商标使用权，但如果 TTE 公司未达到双方议定的最低销售目标，则该协议将提前终止。同样，汤姆逊出资范围也不包括其电视机的专利技术，合资后，如果 TTE 公司需要使用以上专利技术，还需与汤姆逊公司签订专利许可协议并按照协议缴纳费用。❸

---

❶ TCL 与汤姆逊共同出资 4.7 亿欧元，其中汤姆逊出资 1.551 亿欧元持有 33% 的股份，TCL 出资 3.149 亿欧元占 67% 的股份。

❷ 常怡．TCL 与汤姆逊合资却未获得对方专利和品牌所有权［N］．北京现代商报，2004 – 06 – 03（028）．

❸ 合资协议具体内容：1. 品牌：汤姆逊授予 TTE 20 年商标使用权，以使用“THOMSON”“RCA”等品牌在美国、欧洲及其他地区用于制造和销售电视机；商标使用费：合并前两年无须支付，两年后按 0.25% ~2% 的幅度缴纳商标使用费。2. 专利：TTE 获得汤姆逊电视机、DVD 业务，拥有其在欧洲、北美、新加坡等地拥有 1000 多名员工的研发中心和波兰、泰国、墨西哥的海外工厂；TTE 不拥有汤姆逊已申请的 34 000 余件彩电专利，TTE 若使用上述专利，需和汤姆逊签订专利许可协议，并缴纳一定费用；TTE 拥有今后研发的专利技术所有权。3. 渠道：TCL 在并购汤姆逊时，TTE 并未获得汤姆逊在欧美的销售渠道，也并未整合供应链，研发与制造脱节。2005 年 7 月，TCL 以 1 亿港元接手汤姆逊在欧美的 400 人销售团队。初步整合供应链，制造与销售开始发挥协同效应。

收购汤姆逊公司后，TCL公司在2005年、2006年连续亏损两年，戴上了“＊ST”[1]的帽子。2007年4月，TTE公司申请破产清算，并在4年后再次遭遇TTE公司的清算“后遗症”——法国南特商业法庭对TTE公司重组诉讼案的第一令诉讼作出初审判决，要求TCL公司、TCL多媒体公司及其四家全资子公司向TTE公司的法定清盘人赔偿2310万欧元（约合2.11亿元人民币）。[2]

回望此次并购，两个与知识产权相关的因素影响了成败：一是定位不准，知识产权是重要的竞争资本，而此次并购却未处理汤姆逊的知识产权问题，没有增强TCL知识产权实力，造成公司海外市场筹码不足；二是未找好并购方向，TCL忽视了对产业发展方向的把握，未能通过知识产权分析评议及时发现全球彩电专利技术已经集中到数字电视技术的趋势，恰如TCL公司董事长在谈及并购汤姆逊的教训时说：“我们并购的时候有一样东西没看准，就是说未来电视会往哪个方向走，究竟是等离子还是液晶电视，当时更多人认为是PDP等离子，而汤姆逊有很强的DLP技术，我们认为汤姆逊的背投（DLP）更胜等离子，一脑门子扎下去，结果赔了大钱。”[3]

餐饮巨头的环保梦

2013年7月，主营餐饮的巨头湘鄂情企业斥2亿元巨资跨界收购了某环保公司力求转型升级。受益于环保概念，在宣布收购的伊始，湘鄂情的股票连续两个交易日涨停。

然而，就在形势一片向好之际，很快便有媒体揭出其所收购的环保公司三年营收为零，其自我标榜的“技术型公司”更是遭到了质疑。质

[1] “＊ST”是指境内上市公司连续3年亏损的股票。

[2] 孙燕飚．并购汤姆逊苦果难咽 TCL遭2.11亿元索赔［N］．第一财经日报，2011－03－15（A17）．

[3] 李少林．TCL折戟汤姆逊往事［N］．中国证券报，2012－02－02（A11）．

疑的依据便是知识产权。

根据湘鄂情的公告，该环保公司拥有集聚多位院士、教授、硕博士、博士后研发力量为核心的研发团队；公司承担百余项国家级项目及课题；“申请国家专利40多个”，形成关键技术50多项，获得国家级、省级奖励30多项。

然而，媒体记者经过对知识产权的信息简单核实后发现，已经公开的专利信息中并没有该环保公司申请的相关专利，其子公司申请的专利也只有4个，且内容高度相似。这显然与“申请国家专利40多个、形成关键技术50多项”的说法相去甚远。

这一新近的企业并购行为最终结局尚不得而知，然而消息曝光后，湘鄂情股价随之出现大幅下挫。媒体记者通过简单信息查询即可核实的信息却在交易金额上亿元的并购中被忽视，值得深思。

海尔并购日本三洋电机

与TCL公司并购汤姆逊公司不同，海尔在收购日本三洋电机的白色家电业务时，知识产权分析评议全面到位，相关事务处理非常稳健。

2011年10月，海尔收购了三洋电机在日本和东南亚的白色家电业务，包括1个研发中心、4个生产工厂和5个国家销售渠道，转让专利超过1200件，商标超过50个，涉及员工超过3000人，交易在6个国家分别进行。[1] 项目涉及范围之广泛、内容之丰富、程序之复杂，在亚洲近年的企业并购交易极为少见。面对如此复杂的并购交易，海尔搭建

[1] 双方达成最终协议的主要内容：1. 将三洋电机所持有的研发、生产及销售家用和商用洗衣机的“三洋AQUA株式会社”以及生产洗衣机的“Konan Denki株式会社”的股份转让给海尔；2. 将三洋电机所持有的设计与开发家用电冰箱的“海尔三洋电器株式会社”，以及生产家用电冰箱的“海尔电器（泰国）有限公司”的股份转让给海尔；3. 将在东南亚生产及/或销售家用电冰箱和洗衣机等家电业务的“三洋HA Asean有限公司（越南）”“三洋印度尼西亚有限公司”“三洋印度尼西亚销售有限公司”“三洋菲律宾公司”以及“三洋销售及售后服务有限公司（马来西亚）”转让给海尔；4. 双方协议海尔可以在一定期限内在越南、印度尼西亚、菲律宾、马来西亚销售“SANYO”品牌的冰箱、洗衣机、电视、空调等家用电器产品；5. 将上述家用电冰箱、家用和商用洗衣机的相关专利、设计和注册商标转让给海尔，三洋集团在日本从事相关业务的近340名专业人员加入海尔。

了由业务、人力、财务、法务、供应链等组成的全流程的项目团队，并整合外部资源，锁定目标，志在必得。

2012 年 4 月，全球权威市场研究机构 GFK 发布数据称，中国海尔集团在日本的两个品牌——“海尔”“亚科雅”的合计市场份额跻身前五；其中，海尔洗衣机份额排名第三，紧随日立、松下；冰箱份额排名第四，前面为松下、夏普、三菱。这也证明海尔已经成功并购三洋，并在强手如林的日本家电市场迅速崛起。对于此次并购，日本业界几乎没有负面声音。专家评论说：“这是第一宗中国企业收购日本知名品牌的交易。三洋电机将 1200 多件专利转让给了海尔集团，这也是亚洲迄今为止最大的知识产权转让交易之一。”❶

❶ 于青．文化融合助力海尔并购三洋［N］．人民日报，2012－04－24（022）．

第二节　中联重科试水跨国并购

——从中联重科并购 CIFA 公司看企业并购中的知识产权分析评议

案例概要

中联重科通过并购工作在全球范围内整合优质资产，实现快速扩张。截至 2012 年 6 月，企业完成不下 10 次国内外并购，均取得卓越成效。其中，2008 年并购世界第三大混凝土机械制造商意大利 CIFA 公司，使其成为中国工程机械国际化的先行者和领导者，该宗并购也成为哈佛大学案例。

在中联重科并购 CIFA 公司的过程中，知识产权评议工作贯穿始终。并购前，通过评议判断 CIFA 公司拥有大量企业所需的知识产权和核心技术，确定并购策略。并购中，通过评议对 CIFA 公司的所有知识产权、合同规范和研发记录进行了全面分析，避免无形资产流失和日后出现知识产权纠纷。并购后，进一步通过评议融合双方知识产权和技术资产，构建了“并购—融合—创新—形成新的知识产权”的完整链条。得益于周密细致的知识产权工作支撑，中联重科在并购后通过技术融合发展了用于混凝土机械泵车的超长碳纤维臂架技术，每年海外销售超过 10 亿美元。

中联重科在如何运用知识产权评议支撑并购方面树立了典范。在并购战略确定、并购对象选择、并购实施、并购整合等阶段，运用好知识产权评议，都将在并购活动中发挥事半功倍的作用。

一家“核裂变”企业的成长之路

中联重科的成长主旋律似乎与“并购”依存。“我的产业做大了以后，需要另外一个产业了，因为这一部分，也是属于我的一个商业链，有并购机会了，当然就水到渠成了”，中联重科的董事长如是说，并将之称为“核裂变”战略。❶截至2012年6月，中联重科完成不下10次国内外并购，均取得卓越成效，其中既有英国保路捷这样的国际公司，也有湖南机床厂、新黄工、湖南车桥厂、华泰重工、常德信诚液压、海诺集团等这样的地方国有企业。❷

在并购战略的主导下，20年来中联重科年均复合增长率超过65%，是全球增长最为迅速的工程机械企业。企业生产具有知识产权的13大类别、86个产品系列、近800多个品种的主导产品，混凝土机械和起重机械两大业务板块均位居全球前两位，其所有的环卫机械近年来始终保持市场占有率第一。

迄今为止，在中联重科的一系列并购中，最令人瞩目的动作发生在2008年9月，其与弘毅投资、高盛和曼达林基金组成的财团以2.71亿欧元的代价全额收购了全球知名的混凝土机械装备制造商意大利CIFA公司的股份。中联重科并购CIFA公司也在2011年11月入选“首届中国海外投资经典案例”。

并购CIFA公司成就一段佳话

CIFA公司是成立于1928年的家族企业，主要从事设计、生产并销售预拌混凝土的搅拌、运输和输送设备，包括混凝土搅拌站、运输车和混凝土泵等，在意大利拥有7家生产厂，在美国和墨西哥拥有2个销售及售后中心。2007年CIFA公司的销售额达3亿欧元，是欧美排名第二的泵送机械制造商，也是欧美排名第三的混凝土搅拌运输车制造商。❸ 与行业竞争对手相比，CIFA公司是唯一能够全

❶ 贺大卓，詹纯新．中联重科接连吞并的玄机 非常规并购［J］．英才，2008（9）：64．
❷ 李俊，高扬．中联重科连环局［J］．中国经济和信息化，2012（6）：31．
❸ 刘文彬．中联重科“变身”全球混凝土机械制造龙头［J］．交通世界，2008（11）：58．

面提供各类混凝土设备的提供商，具有较好的技术优势、很高的品牌价值。

2002 年，CIFA 公司的两大家族股东有意出售公司，彼时中联重科由于实力不够而放弃。4 年后，CIFA 公司遭遇资金困境，被意大利一家私人股权投资基金 Magenta 收购，经过后者的一番整合，CIFA 公司的竞争力一度加强。据波士顿咨询公司报告，2006 年，在世界混凝土泵送机械市场中，CIFA 公司占 8.9% 的市场份额，在欧美生产厂商中列第三位；在欧洲混凝土搅拌车市场中，CIFA 公司则占到 16.5% 的份额。2007 年 10 月，需要现金偿还债务的 Magenta 和两个持股家族均对外表示希望出售 CIFA 公司。[1] 2007 年 11 月，CIFA 公司正式启动公开竞标的出售程序，中联重科随即开始相关的投标工作。

经过一系列艰苦卓绝的谈判，2008 年 6 月，买卖双方签署了最终的《买卖协议》。9 月，中联重科联合投资机构弘毅投资、高盛、曼达林基金完成对 CIFA 公司的全额收购。随后，中联重科通过收购包括高盛在内等其他股东持有的 CIFA 公司股权，实现对 CIFA 公司 100% 的控股权。

在并购 CIFA 公司后的 4 年中，中联重科的混凝土机械制造业务与 CIFA 公司在技术开发、销售和营销、运营与信息系统方面成功实现了整合。2008～2012 年，中联重科混凝土机械每年销售收入的复合增长率达到 55%，高出行业 23 个百分点，销售收入占整体行业的比重也从 18% 提升到 34%，[2] 2012 年在国际工程机械制造企业的排名一跃上升至第 6 位，海外业务同比增长超过 100%。CIFA 公司也在 2011 年完成扭亏为盈。“中联重科不仅开创了联合 PE 进行国际并购的全新模式，并且 4 年后用高增长的业绩答卷成就了一段并购佳话。”[3]

知识产权分析评议贯穿并购始终

与资源型企业规模扩张不同，对于高技术企业来说，能否实现增强技术创新

---

[1] 高鹤. 中联重科收购 CIFA 的背后 [J]. 中国机电工业，2008 (9)：50.

[2] 跨越海外并购“五年效应”中联重科完成对 CIFA 全资控股 [N]. 每日经济新闻，2013-09-13 (02).

[3] 中联重科用“九字箴言”实现 CIFA 四周年并购传奇 [N]. 国际金融报，2012-12-25 (006).

能力和知识产权优势是衡量企业并购成败的标志。尤其在金融危机后，欧美企业纷纷将橄榄枝伸向优质的中国市场的情况下，国内企业并购时，要从知识产权与自身技术间的互补和匹配的角度确定并购战略、筛选并购对象。在并购完成后，要在文化、理念融合的同时，将并购所获的各类资源整合管理和运用好，并产生新的知识产权优势。这些都离不开知识产权分析评议工作的支撑。

在中联重科并购 CIFA 公司的过程中，恰是知识产权分析评议工作贯穿始终，保障了并购的顺利进行，推动了并购后的融合与发展。

在并购开始前，中联重科对产业的知识产权风险、专利技术布局与技术演进、重要专利家族及其价值等进行了分析，并将并购对象 CIFA 公司的专利技术布局、区域布局等情况与自身进行了横向对比。通过这些分析评议，中联重科充分掌握了技术的发展阶段和重要程度，摸清了 CIFA 公司与自身发展的融合度和匹配度，借此初步预估了并购后的技术走向和发展前景。CIFA 公司共有近 200 件发明专利和 100 多项专有技术，在臂架和电气控制等领域布有大量专利。通过详尽分析发现，这些发明专利和专有技术很多恰是中联重科所需要的，这进一步增强了中联重科并购 CIFA 公司的决心。

在并购谈判和交接工作中，中联重科通过知识产权分析评议对 CIFA 公司的所有知识产权、合同规范、研发记录等进行了全面分析，重点关注所有知识产权的来龙去脉以及现有状态、所有业务中有关知识产权的约定是否规范、研发记录是否完整以及专有技术的体现形式等内容，避免无形资产流失和日后出现知识产权纠纷。例如，中联重科对 CIFA 公司对外许可专利和获得专利许可的情况进行了全面梳理，确认了许可年限、范围、适用对象等，确保并购后拥有或能够使用这些知识产权。

分析评议助企业发展再上层楼

在并购完成后，中联重科获得了包括 CIFA 公司的商标、专利以及技术秘密在内的所有知识产权，为企业的无形资产添上了厚重一笔。随后，企业进一步通过分析评议工作对知识产权资产进行了有机融合，以 CIFA 公司原有知识产权为基础，站在巨人的肩膀上再创新，形成了“并购—融合—创新—形成新的知识产权”的完整链条。

自 2009 年起，中联重科将 CIFA 公司的优势技术完全嫁接到旗下全部混凝土机械产品中，诞生了众多引领全球混凝土机械发展潮流的前沿技术，提升了产品品质和市场认可度，同时大幅增加了产品的毛利率和利润。例如，中联重科通过知识产权分析评议提出将原有的多自由度长臂架控制技术与 CIFA 公司的碳纤维复合材料臂架设计及制造技术融合，由此发展了用于混凝土机械泵车的超长碳纤维臂架技术。这项技术解决了多关节臂架高速定位的难题，被认为是实现“制造最好泵车”的利器。❶ 这一新技术使得中联重科在长臂架泵车领域的竞争力大幅增强，国内市场份额上升至 52%，每年海外销售超过 10 亿美元。截至 2011 年，中联重科在 CIFA 公司专利技术的基础上，经融合、再创新、专利化后，在混凝土机械方面申请专利 500 多件。其中，PCT 国际申请 200 多件，位居行业前列，极大地提升了中联重科的国际化程度。

---

❶ 薛学伟，王金利. 80m 全球最长碳纤维臂架泵车实战创佳绩 [J]. 建筑机械技术与管理，2012 (7)：52.

第三节　跨国并购竹篮打水一场空

——从某企业跨国收购CDMA业务看企业并购中的知识产权分析评议

案例概要

2001年9月，国内某企业收购飞利浦的CDMA芯片研发部门，赢得国内媒体一片喝彩。人们希望它能够打破高通一家独大的局面，给国内乃至全球的通信业者更多的选择。

但遗憾的是，国内这家企业在并购时并未对收购对象的知识产权进行分析评议。一是忽略了飞利浦自身仅仅拥有CDMA IS-95A等2G阶段的技术，真正的核心技术——3G国际标准之一的CDMA 2000的核心专利都控制在高通等通信巨头手中。二是只知道飞利浦与高通之间签有CDMA芯片专利技术交叉许可，却不知飞利浦和高通承诺该交叉许可不对第三方公开，这种承诺不会随着飞利浦CDMA研发部门的转让而改变，并购后的企业要开发和销售CDMA芯片和终端设备，仍需向高通交纳高额的技术许可费。

几年之后，国内企业研发出来的CDMA芯片产品一直落后于高通，始终未能成为市场主流产品，基于CDMA技术的移动通信业务也一直未成为企业的核心业务。企业通过并购获取关键技术、开拓海外市场的目标基本落空。

“很小代价”，“极优惠”收购

2001年9月，国内企业A公司❶收购了飞利浦集团所属的在美国圣何塞的CDMA移动通信部门（包括在美国达拉斯和加拿大温哥华的研发部门）。这一并购被舆论称为“2001年中国并购第一案”，一时间赢得国内媒体一片喝彩，“打破了中国CDMA市场高通一统天下格局”“扛起民族通信芯片产业大旗”等赞誉纷至沓来。就连美国的专业媒体也相当关注并高度肯定此次并购。A公司也由通信行业名不见经传的企业，一夜之间成为“掌握CDMA核心技术，与美国高通同起点市场竞争的企业”。

2000年，因看好通信行业的未来市场，A公司开始频频在海外收购技术和企业，希望能够通过购买高科技公司进入通信行业。2001年1月，A公司首次购买了美国加州的一家上市公司，并将之转型为电表和能源自动化技术研发，随后又通过在美国的子公司购买当地的电信技术，希望通过企业的多元化经营保持高速成长。

恰在此时，因迟迟看不到商业前景而考虑出售其CDMA事业部的飞利浦进入了A公司的视野。

飞利浦从1999年开始研究CDMA芯片，虽然与高通相比迟了一些，但是与摩托罗拉、三星和索尼比起来则基本处在一个水平线上。2001年1月，飞利浦曾宣布，通过与高通达成专利互换协议，已掌握了CDMA手机的核心芯片技术，并宣布成立一个专门机构专职开发、销售CDMA手机的设计套件。

飞利浦CDMA芯片研发部门主体位于美国，总共拥有100多名工程技术人员，前身是美国的VLSI公司，飞利浦耗资1.2亿美元将其收购。为了维持研发，飞利浦接着投入了8000多万美元，后来又陆续为CDMA芯片投入了近2亿美元研发费用。❷巨额的投入使得飞利浦拥有了一整套实验设备、人员和技术成果，

❶ 本文中使用化名。

❷ 曹黎．飞利浦尴尬3G梦［J］．IT时代周刊，2004（Z1）：46.

除了在美国的研发部门主体，在加拿大也设有一个软件设计分部。飞利浦半导体与高通、LSI Logic 公司是当时全球仅有的 3 家销售 CDMA 芯片组的公司。

然而，热情只持续了 4 个月。至 2001 年 5 月初，飞利浦的 CDMA 芯片研发部门不仅没有盈利，反而使其背上了沉重的包袱。迟迟看不到商业前景的飞利浦决定暂停投入，并考虑出售此部门。

一方急着买，一方坚决卖。很快，2001 年 9 月，A 公司就完成了对飞利浦的收购，收购包括在 CDMA 手机方面的知识产权、研发成果、设备以及人才资源。

A 公司收购飞利浦 CDMA 芯片研发部门之所以颇受称道，一方面，由于媒体一致看好，认为高通一夫当关的 CDMA 芯片大门被 A 公司撕开了一条缝隙——通过收购飞利浦 CDMA 芯片研发部门，A 公司将一举拥有 600 余件 CDMA 技术专利，国内厂商首次切入了手机业务的核心领域，人们希望它能够打破高通一家独大的局面，给国内乃至全球的通信业者更多的选择。另一方面，并购本身的确不失为一桩精明生意。A 公司以据说"极优惠"的价格买下了飞利浦 CDMA 无线通信部门的知识产权、研发设备、研究资料和研究人员，以及飞利浦半导体开发的 CDMA 协议软件的独家授权。虽然，收购价格至今仍是一个谜，然而据知情人士透露，A 公司最多只花了几千万美元。[1]

并购不评议，竹篮打水一场空

然而，A 公司失算了，问题正出在知识产权方面。

第一个问题是：A 公司以为买下了飞利浦的 CDMA 核心技术，而事实上 A 公司的并购对象飞利浦这一研发部门仅仅拥有 CDMA IS－95A[2] 等 2G[3] 阶段的技

---

❶ 谢姝．2001 第一购并褪色 汪力成受挫手机芯片［N］．财经时报，2003－11－01．

❷ IS－95A 是在全球得到广泛应用的第一个 CDMA 标准，支持 8K 编码话音服务。CDMA IS－95A 与 GSM 在技术体制上处于同一代产品，提供大致相同的业务。

❸ 2G 是英文 2nd Generation 的缩写，指第二代移动通信技术。

术，真正的核心技术——3G❶国际标准之一的CDMA 2000❷的核心专利都控制在高通等通信巨头手中。这是缺失了对飞利浦CDMA研发部门所拥有专利情况的分析评议。

第二个问题是：A公司只知道飞利浦与高通之间存在关于CDMA芯片专利交叉许可协议，然而却遗漏了以下重要细节：飞利浦与高通承诺关于CDMA芯片的交叉许可协议不对第三方公开，这种承诺不会随着飞利浦CDMA研发部门的转让而改变！也就是说，即使并购了飞利浦的CDMA研发部门，A公司和高通之间对CDMA产品仍然没有任何授权协议，包括芯片和客户端设备。如果A公司要开发和销售CDMA芯片和客户端设备，仍需向高通缴纳专利使用费。这是缺失了对飞利浦与高通之间专利交叉许可协议的分析评议。

两个重要环节知识产权分析评议工作的缺失引发了A公司此次收购的最终败局。作为通信行业的新进入者，A公司在其他传统优势行业所积累的技术资源并不能为其CDMA项目提供必要的技术支撑。缺乏技术，A公司在这个高科技领域每前进一步都是崭新且充满挑战的，其付出的代价也是惊人的。于是，A公司陷入了困境：从主业微薄的利润中，抽取巨额资金，花巨资去雇用美国的人才，购买美国的机器，在一个全新的领域里，跟比自己强大得多的美国对手进行技术比拼。而高通作为领先企业则在自己熟悉的主业里显得闲庭信步。❸

对于A公司来说，资金与技术的双重窘迫得不到缓解，形成恶性循环。资金缺口的加大严重制约着技术研发的深度和进度，而作为一家研发企业，一旦技术研发迟缓，就没有办法跟上市场应用的脚步，技术就很难最大限度地转化为资金。更何况，在这二者之间还有高通的专利壁垒，这使得A公司的资金与研发之间形成良性效应变得更加困难。

几年之后，A公司研发出来的产品一直落后于高通，而且受到高通大量专利

---

❶ 3G是英文3rd Generation的缩写，指第三代移动通信技术。

❷ CDMA 2000是CDMA的升级版，CDMA 2000是全球主要的第三代移动通信标准之一。

❸ 小玛，邵捷．华立系：国际化冲动下的收购和“试错”［J］．浙江商业周刊，2005（1）．

的多种限制，使得A公司的研发仍然主要停留在从飞利浦继承来的2G标准，而此时国内外主要的运营商均已进入了3G阶段。A公司的CDMA芯片始终未能成为市场主流，基于CDMA技术的移动通信业务也一直未成为A公司的核心业务。此后，A公司逐步转向TD－SCDMA技术市场，在高通技术专利的市场空隙里寻找生存空间，通过并购飞利浦CDMA移动通信部门获取关键技术的目标基本落空。

海外并购，知识产权分析评议先行

成功的海外并购，需要考虑交易架构、收购涉及的控股结构、税务架构、收购融资、法律尽职调查、监管审查、社会环境、知识产权以及不良资产等多方面的问题。其中，对于并购技术类和品牌类企业而言，知识产权分析评议工作至关重要，忽视了对知识产权问题的“追根问底”，就可能留下隐患，甚至竹篮打水一场空，或者带来无休止的、代价高昂的发展负担。恰如A公司通过并购海外高技术企业来探寻新的发展空间，这本是一件好事，却因分析评议工作的缺失导致并购后仍不得不向高通缴纳高额的专利许可费，通过并购成为国际3G行业领军企业的梦想彻底被击碎。

在并购其他企业的过程中，自身企业作为并购过程的主导方和主要风险承担方，可以规避常见知识产权问题为目标导向，开展知识产权分析评议工作。

一是协议陷阱。并购对象与他人签订的知识产权协议或技术协议中可能存在知识产权风险或限制，导致并购后其知识产权或技术不能“为我所用”，恰如此案例中A公司所犯下的错误。针对这类问题，可以在并购前和并购实施阶段对并购对象的所有知识产权协议进行全面的分析评议，包括权属关系、许可关系、约束限制等，避免并购后因知识产权问题影响自身利益。

二是技术侵权。并购对象的技术本身在实施过程需要依赖于非自有专利，这样的技术实施存在侵权风险。如未对风险进行提前预估与防范，在并购后侵权赔偿的风险将直接转嫁给并购方，为此花费冤枉钱，可谓“赔了夫人又折兵”。例如，我国某企业并购了一意大利公司，并购完成后才发现该意大利公司在海外被诉专利侵权并最终败诉，而后侵权责任全部由我国企业承担，企业为此付出了连续八年每年支付该产品收入10%的专利许可费的惨痛代价，几年的专利许可费已高达近亿元！针对此类问题，可在并购前重点关注目标企业的知识产权诉讼情况，尚未完结的预估诉讼结果走向及预计损失或收益，针对目标企业的核心技术方案开展专利侵权检索分析，避免并购后承担侵权责任。

三是物有不值。知识产权是重要的无形资产。在并购他人企业的活动中，对无形资产价值的评估是重要的谈判筹码，并直接影响并购的成交价格。如若未对并购对象的知识产权价值进行准确评估，仅凭其“要价”进行并购，最终的结果很有可能是“多花了钱少办了事”。例如，我国某汽车企业花大价钱收购了享誉全球上百年的一家英国汽车公司，收购之后才发现该公司的核心知识产权已被另一家公司预先买走，优质资产已经大量流失，物有不值，使企业陷入被动。针对此类问题，可以在并购前针对目标企业的知识产权开展分析评议，深入调查目标企业所拥有知识产权的法律状态、专利技术范围、保护年限和能够涵盖的保护区域、知识产权收益等，合理评估目标企业的知识产权价值作为谈判筹码，并在并购实施阶段审慎核对并购对象提供的知识产权清单，确保权利全部有效转让。

四是难于融合。并购对象的技术或知识产权与企业本身的技术或知识产权相融度不高，并购整合后发展存在瓶颈，无法起到“1+1>2”的效果。例如，我国某彩电企业与法国某公司的彩电业务合并重组，携手成立合资公司。但是合并后发现两公司的技术都是低端技术，高端技术均为空白，最终导致高额亏损。再如本案中收购了飞利浦的A公司一心发展3G技术，收购却仅仅获得了2G技术，难于适应发展需求。针对此类问题，应在并购后整合阶段开展有针对性的知识产权分析评议工作，提出并购后的知识产权整合建议，探寻并购获得的技术与企业已有技术的融合发展方向，制定整合后知识产权整体发展战略，进而实现预期的知识产权协调效应。

第四节　并购中流失的品牌价值

——从高盛并购双汇看企业并购中的知识产权分析评议

案例概要

2006年，“火腿肠大王”双汇从一家国有企业摇身一变为外资百分之百控股的洋企业。国资抽身退出，高盛等海外资本以20.1亿元取而代之。

从双汇集团挂牌的资料显示，虽然最终成交价格相比净资产溢价196%，但却远低于预期。知识产权等无形资产在这次并购中基本没有体现。双汇品牌起源于20世纪80年代，随着企业的发展其价值不断提升。据估计，在当时仅“双汇”商标的估价就达到106.36亿元，远高于当时的成交价。

归根结底，是知识产权评议环节的缺失。双汇在被并购的过程中忽视了商标、专利等重要的知识产权，忽视了品牌价值。

在并购过程中，被并购方针对自身的品牌价值和品牌前景开展知识产权评议至关重要，可以帮助科学准确评估品牌，既不虚夸，也不贬损，保障获得合理利益。

20.1亿元入主双汇

河南省漯河市双汇实业集团有限责任公司（以下简称“双汇”），是中国最大型的肉类食品集团之一，从事家禽、肉类、蛋类、水产类、速冻食品、罐头、方便食品的加工、包装及销售。河南双汇投资发展股份有限公司（以下简称

“双汇发展”）是双汇的上市子公司。

2006年3月，在股权分置改革进行得如火如荼之际，双汇公布了一条公告，称转让双汇国有产权事宜已得到批复，并已就转让事宜签署《委托协议书》，双汇全部股权以10亿元的底价开始挂牌。[1] 此后，双汇开始正式启动股权分置改革，并声明股权分置改革将与双汇产权转让组合进行。

根据产权转让公告，对股权受让方提出了多达13项具体要求，包括：受让方资产规模必须在500亿元以上，须一次性支付全部产权转让价款；受让方必须“是国际知名的产业投资基金集团或产业投资企业”“并具有全球性投资经验和网络”，不能是对冲基金和实业企业。[2]公告还要求，意向受让方或其关联方不得在中华人民共和国境内直接或间接经营猪、牛、鸡、羊屠宰以及相关高低温肉制食品加工业，也不得是这类企业的控股股东或第一大股东，而且要求受让方需承担股改对价。

挂牌期间，包括淡马锡、高盛[3]、鼎晖投资、CCMP亚洲投资基金、花旗集团、中粮集团等10余个意向投资人先后参与了项目洽谈。2006年4月，由高盛、鼎晖中国成长基金Ⅱ授权并代表两公司参与投标的罗特克斯[4]公司中标，中标价格为人民币20.1亿元。2007年2月，双汇发展公告称中国证监会对罗特克斯收购报告书全文无异议。算上之前收购的双汇发展股份，高盛完成了对双汇的完全持股和对双汇发展的绝对控股。

而后，这成了一笔相当划算的大生意。从2006年第二季度开始，双汇的营业收入几乎是逐季上升，净资产收益率和每股收益也是呈明显的增长态势。2006年当年，双汇发展年报中便给出了每10股派8元的高额分配预案，分红比

---

[1][2] 孙红．高管联手高盛双汇“激励局”共谋排斥第三方参与重组的架构［J］．新财富，2007（3）：54．

[3] 高盛，全称高盛集团有限公司，是一家依据美国特拉华州法律注册成立的股份有限公司，在纽约证券交易所上市。总部设在美国纽约，并在超过20个国家设立了30余个办事处，员工超过22 000人。高盛主要经营投资银行业务、交易和直接投资业务以及资产管理和证券服务业务。

[4] 罗特克斯有限公司是一家专门为参与双汇集团股权转让项目而根据国际惯例在香港注册成立的项目公司。高盛策略投资（亚洲）有限责任公司持有51%的股权，鼎晖Shine有限公司持有其49%股权。

例占当年合并报表净利润的87.88%。之后的2007年和2008年，双汇发展的分红占净利润的比例均在80%以上。相关统计显示，高盛与鼎晖入主双汇的3年多时间里，仅分红就拿到6.86亿元现金，投资成本收回逾三成。

2009年11月，高盛以1.5亿美元的价格出售所持有的一半双汇股权，这一交易套现约1.5亿美元，给高盛带来大约5倍的收益。在投资双汇的3年时间里，高盛净赚15亿元以上，[1] 成为企业成功并购的典型案例。[2]

忽视无形资产，双汇价值没有得到充分体现

双汇不仅是国内肉制品行业的龙头企业，更是利税大户，将这样的优质企业转手卖给外资，立即引来各方关注。[3] 当地有关政府官员表示，双汇正值发展的黄金时期，此时转让国有产权，有利于国有资产收益最大化，政府一次性收回双汇国有产权的变现资金，投资地方经济建设就更加游刃有余。双汇的挂牌价格是10亿元，虽然最终的成交价格20.1亿元相比净资产溢价196%，这似乎是一桩不错的生意。

然而种种迹象却表明，事实并非那么简单。

首先，股权市值反证了双汇并购案的资产价格有一定程度的低估。双汇发展当时市值95亿元，双汇占有双汇发展35.72%的股份，仅这部分资产就已折合34亿元，大大超出20.1亿元的卖出价。此外，还有一个数字也反应了双汇资产出售没有充分反应自身价值的事实。此事件发生之前，在高盛收购双汇发展25%的股份时，要约收购资金总额为近63亿元人民币，而收购双汇（拥有双汇发展35.72%的股份）时却只花了20.1亿元。[4] 截至2005年年底，双汇的净资产为6.78亿元，以20倍市盈率的标准来预测，双汇整体国有产权最终的转让

[1] 张玉香．三年净赚15亿高盛倒手双汇股权 重燃高管MBO希望［N］．华夏时报，2009-11-07(017)．

[2] 何云月．从双汇并购案例看并购基金的运作及作用［J］．中国风险投资，2011（1）：26．

[3] 谢九．高盛收购双汇："国退洋进"的争议［J］．三联生活周刊，2006（384）：72．

[4] 同生辉，郑颖宇．金融之巅：美国投行兴衰史［M］．北京：中国发展出版社，2012：44．

价格很有可能超过60亿元。

在此次并购中,“双汇”商标的价值基本没有被考虑,几乎被完全忽略。双汇品牌创始于20世纪80年代,后来伴随着企业的快速成长,质量信誉和品牌价值不断提升。从全国城市居民调查情况看,双汇在消费者心目中的最佳品牌认同比例1995年为18.9%,1998年为37.7%,2000年达到44.7%。1996年双汇品牌价值9.46亿元,1999年达到25.18亿元,并被国家工商行政管理总局商标局认定为中国驰名商标。2000年双汇品牌价值已经上升到37.21亿元,连续5年居国内同行业首位。2005年,其品牌价值更是达到了106亿元,成为肉类行业价值最高的品牌。❶

这些重要的无形资产在这次并购中基本没有被考虑。而无形资产本应是企业最宝贵的资产。标普500指数公司资产构成变化情况显示,1985年,企业无形资产占企业总资产的比例为32%,到了2005年,无形资产比例上升至80%,这其中知识产权资产比例占40%。若按照这个比例计算,双汇至少有32%的资产在并购价格中没有体现。

品牌价值分析评议的缺失

这个例子让人深思:高盛作为投资公司,逐利的本性决定了其尽量压低买入价格的本能;然而对于双汇而言,在企业资产管理过程中,无形资产到底被置于什么样的位置,致使资产负债表上不反映、并购过程中亦没有评估?

归根结底,是知识产权分析评议环节的缺失。双汇在被并购的过程中忽视了商标、专利等重要的知识产权,忽视了品牌价值,进而低估了卖出价格,双汇多年累积的无形资产没有在并购价格中得到应有的体现。

当前,并购成为引进外资的一种重要形式。在我国改革开放过程中,各地大

---

❶ 河南省商务厅.“双汇”中国食品第一品牌——河南漯河双汇实业集团有限责任公司[EB/OL].(2006-08-08)[2013-03-27]. http://henan.mofcom.gov.cn/aarticle/sjzdgongcheng/sjpinpai/200608/20060802826295.html.

多把吸引外资作为促进经济发展、推进国企改制的主要途径。自20世纪90年代初开始，外资进入中国的方式有了重大改变，那就是与中国拥有知名品牌的企业合资。在地方政府鼓励下，跨国公司乘机加紧并购我国各地的行业排头兵企业。这些并购通常分为三类：第一类，并购方是投资公司，其通过并购获得资产增值，并以并购前企业的品牌进行经营。高盛并购双汇即属于此类并购。在这一类的并购中，如果对品牌价值分析评议缺失，将导致企业资产被“贱卖”。第二类，是并购方与被并购方都拥有品牌，企业采用双品牌或多品牌进行经营，实行差异性管理，如拥有“巧手”品牌的德国邦特色公司并购我国拥有“活力28”品牌的沙市日化即属此类。此类并购中，对品牌价值分析评议以及在此基础上确定合理的管理方式的缺失后果更为严重，将直接导致中方品牌的衰落。第三类，是实体企业间的并购，被并购方的品牌消失，统一归属到并购方的品牌旗下经营。[1] 在这一类的并购中，对品牌价值的分析评议亦是直接关系着在这“一锤子买卖”中能够要价几何。

知识产权分析评议保障利益

在并购过程中，被并购方针对自身品牌开展分析评议工作至关重要，科学准确评估品牌，既不虚夸，也不贱卖，保障获得合理利益。分析评议工作应当集中在：

一是对品牌价值的分析评议。对于品牌价值的评估，商标、专利等知识产权都应当作为重要的要素，可以从商业、法律和技术的角度对知识产权的有效性、保护强度、保护范围、关联性等进行全方位审查，品牌的认知度、市场表现等内容也应当考虑在内。在此基础上，形成公允的价值区间，并在并购谈判中加以体现。

二是对品牌前景的分析评议。这对于前文提及的第一类和第二类并购而言至

[1] 陈显民．企业并购与品牌危机应对的分析探讨［J］．经济师，2006（11）：208．

关重要。近年来，在外资收购潮中，有的品牌借外资收购的东风一登龙门，但也有很多的品牌倒下了，而后一蹶不振。投资行为统统指向自身利益最大化，而作为被并购方而言，能否科学应对则关系其自身成败。通过知识产权分析评议，可以分析并购方的商标、专利等与自身品牌的相融性和差异性。在此基础上，重点考虑并购方的商业策略等，合理评估品牌的发展前景，并结合民族品牌发展策略，为正确处置民族品牌铺路，保证民族品牌在并购后实现更大的发展和更高的价值。

延伸阅读：并购中的品牌流失

“蔓登琳”巨额投入打水漂

几年前，国内某食品厂和某港资企业合资，合资企业生产的“蔓登琳”牌冷饮非常畅销。国内食品厂每年投入数百万元为这个牌子做广告，办理商标注册却是以港资企业名义申请的。合资企业解体后，港资企业带走了冷饮的所有专利权和“蔓登琳”商标。国内食品厂不仅为“蔓登琳”商标白白付出，在合作停止后，用港资企业“慷慨”留下来的设备作出的冷饮还受到了对方的侵权警告。

“活力28”遭遇品牌沦丧之痛

“活力28”原本是沙市日化拥有的国内著名洗衣粉品牌，在超浓缩无泡洗衣粉领域，“活力28”曾经占据了国内2/3的市场，该品牌深入人心，评估价值高达10亿元。

然而，在日后的合资过程中，品牌影响力和价值却日趋下降。1996年，沙市日化与德国邦特色公司合资，合资公司以288万元的年租金获得“活力28”50年民用洗涤剂领域商标使用权，“活力28”品牌的所有权仍属中方。按照协议，德国邦特色公司应当每年投入至少1亿元用以对“活力28”品牌进行推广，然而合资之后，公司仅在1997～1998

年两年的时间对“活力28”品牌进行了少量的宣传和广告工作，转而花费巨大的力量推广和宣传自己的品牌“巧手”。

中方发现民族品牌价值正在减损和流失，最终于2003年提前收回“活力28”的品牌使用权。然而，“活力28”品牌的价值以及在公众中的影响力都已经无法和辉煌时期相提并论了。

“美加净”失而复得代价惨重

1994年，“美加净”牙膏在中国可以说家喻户晓，其年销量6000万支，产品出口量全国第一。随后，生产美加净牙膏的国内牙膏厂与联合利华合资，合资初期，该商标仅被折价1200万元投入合资企业。

然而合作之后，“美加净”立刻被打入冷宫。从1997年开始，联合利华停止在各种媒体上投放“美加净”的广告，转投其自身品牌牙膏的广告。中方的“明星”产品由于缺乏广告支持，无人问津。

中方后来悟出了道理，又买回了“美加净”，代价却是5亿元人民币。

第五节　企业并购中的知识产权分析评议要点

企业并购活动涉及有形资产和无形资产的合并和收购。对于以拉动产业转型升级、延展产业链、开拓新领域为目的的企业资产并购，往往会涉及知识产权并购内容。知识产权分析评议可在帮助企业确定转型战略和并购策略、实施并购活动、整合资源等方面发挥重要作用。[1]

情形一：企业并购其他企业的情况

1. 在制定并完善企业发展战略过程中，找准企业并购活动的知识产权工作空间

● 了解产业竞争态势格局。通过对重点产业分支的专利技术生命周期和发展趋势、核心专利分布与许可关系、竞争者知识产权布局、主要知识产权诉讼案件等情况的分析，了解产业知识产权竞争态势格局，判断所涉及产业的知识产权竞争门槛，掌握新产品与新服务的知识产权趋势和技术热点方向。从国际、国内两个角度分析所涉及产业的政策面，了解政策框架和基本导向，确定影响企业在所涉领域发展的外部要素、条件约束和可用资源。在了解所涉及产业竞争要素资源分布和竞争格局的基础上，将以上研究结果与产业发展格局进行拟和，以产业链和价值链为分析基础，预测产业发展方向、可达到的市场规模和企业可拓展的空间，形成相关产业竞争与发展报告。

● 调整并完善企业发展战略。分析未来企业在该产业领域面临的机遇与挑战，评估自身优劣势，确定总体发展路径和具体目标，完善企业发展战略。围绕该战略，分析企业知识产权优劣势，确定企业发展战略中的知识产权目标和实现路径，初步确定企业可通过并购活动达成的知识产权任务。

[1] 因实践中企业股权并购影响因素复杂，对知识产权资产敏感度不强，在此不做讨论。

• 以获取知识产权为辅的企业并购策略。若知识产权并购作为企业并购活动的组成部分之一，知识产权分析评议当以“以适当成本得到有用资产”为目标，辅助核心并购事项完成并购任务。此时，需识别目标企业知识产权与本企业的协同利益，确定本企业为此可承担的成本，并基于企业未来发展需要，形成包括“知识产权资产范围、获取方式、可支付成本、资产整合利用”等在内的知识产权并购策略，将其作为企业并购策略的一部分。

• 以获取知识产权为主的企业并购策略。若并购活动以获取知识产权、推动企业转型升级为主要目标，知识产权评议应贯穿活动始终，成为主导企业并购活动的核心。此时，企业应首先根据既定发展战略要求，明确企业并购活动在知识产权方面的需求点和期待点。根据产业竞争格局和知识产权竞争态势，形成并购目标企业名单。从拟购知识产权与本企业的协同利益大小、本企业掌控知识产权的难易程度、可能的知识产权购置成本、知识产权风险大小等角度，将目标企业名单排序，并有针对性地形成企业知识产权并购策略。

2. 在面向具体目标企业的并购实施过程中，应以适当的形式、合理的价格、较小的风险实现有价值知识产权的转移或许可

• 目标企业市场战略和文化考察。从知识产权角度分析目标企业的市场战略特点，包括目标企业知识产权来源、主要运用方式、知识产权管理效能、维权手段和策略偏好、在产业联盟中的影响等，为评判目标企业知识产权的价值和风险、确定并购对价和并购方式提供背景材料。

• 并购活动的社会环境调查。了解目标企业所在地区法律法规对涉及知识产权的并购活动的限制和要求，预测竞争对手对企业并购活动的反应和可能采取的措施，形成应对预案。

• 拟定拟购知识产权的范围。确定目标企业的相关知识产权并进行优先排序，开展上述知识产权的所有权分析，准备共同利益协议，就希望从目标公司取得的文件和信息列出一份意愿表。

• 基于目标企业提供的知识产权资产清单，查证事实，确定拟购知识产权范围。主要包括：确定目标企业相关技术的知识产权范围，查证知识产权的法律状态、申请历史和管理状态，了解知识产权的真实性、稳定性、有效性，确定所有权和可执行性；确认知识产权自由使用权，厘清权利结构布局，评估知识产权实施的权利完整性和依赖性，即是否获得他人的相关知识产权许可，以及这些许可能否随并购一起转移；考察相关收益情况，评估与相关产品的销售市场和规模，利益分配关系，评定知识产权的经济利益；核准知识产权相关的其他信息，包括发明团队完整性，融入了拟购知识产权的技术标准，与之关联的商誉和品牌等。将清单知识产权与本企业的知识产权及产品进行利益协同分析，判断两者战略融合、形成高附加值专利组合的可能性，从产业链和供应链构成、横向市场竞争的角度，判断其能为本企业带来的竞争加强作用。与目标企业就知识产权资产清单达成一致，并就信息准确性和完整性进行求证和封存。

- 目标企业的知识产权风险识别。评估拟购知识产权本身存在的风险，包括：对拟购知识产权的权属纠纷、权利许可依赖关系、权利实施的合同约束、权利稳定性等进行分析，结合反垄断要求和技术进出口管制要求，预判在知识产权购买和实施中的风险；评估并质疑拟购目标企业产品及生产线的知识产权侵权风险，了解已发生的侵权纠纷进展情况，在并购合同中明确知识产权侵权损失的责任承担；评价本企业收购目标企业知识产权后，在企业供应链角度引起的连锁反应和由此带来的知识产权问题。

- 评估清单中知识产权的价值。价值评估可根据需求采取不同的方法，例如可从技术价值、法律价值和市场价值三个维度分析拟购知识产权的价值，形成企业并购中的知识产权价格方案。

- 辅助并购谈判。分析评议可就知识产权相关内容制订谈判方案、准备谈判筹码和对价、审查并购协议条款。相关协议条款审查包括：列入合同的知识产权清单是否清晰、准确和完整；是否列入了限制本企业技术改进、知识产权保护和技术应用的条款；由清单知识产权带来商业纠纷的责任承担是否明确；是否签署保密协议等。

3. **知识产权资产接管整合**

● 修订并购后企业的知识产权发展规划，实施整合后知识产权的分类分级管理，包括对知识产权进行二次布局、重新设定知识产权应用策略、解决所附带的知识产权问题、完善已有的知识产权管理系统等。

● 修订并购后企业的技术发展规划，提出已有知识产权基础上的二次开发策略，合理配置创新资源，重新组建发明团队，在更高层次上启动新的研究项目。

● 定期评估创新成效和竞争实力，审计评价知识产权布局、保护、运用绩效能否支撑当前阶段的企业经营目标，查缺补漏，有的放矢地形成新的知识产权工作计划，并将其与企业经营策略融合实施。

情形二：企业被其他企业并购的情况

在被其他企业并购的过程中，知识产权分析评议重在自有知识产权的市场作用和价值评估方面，以避免“贱卖”和“错卖”为目标。

● 确定可出售的知识产权资产清单。无论对方企业的并购要约是以收购知识产权为主，还是以收购知识产权为辅，被并购企业均需在了解自有知识产权价值功用的基础上，结合企业发展战略，选择出售后对本企业参与市场竞争不造成威胁的知识产权资产，形成可以出售或许可的知识产权资产清单。

● 审查并购企业的并购活动影响。评价并购企业及其供应商和客户的市场竞争实力，了解其竞争策略，确认清单中的知识产权被对方收购后不会影响本企业的市场份额和利润空间。

● 从技术、法律、市场三个维度评估清单中知识产权的价值。基于企业知识产权利益最大化的考量，确定企业知识产权被收购的最优模式，形成知识产权被并购方案。

● 完成企业知识产权资产的并购交割，调整企业知识产权管理和技术管理内容，调配创新资源，将其聚焦于更有价值的事务上。

此外，若企业并购活动的发起是企业出于战略转型目的的主动售让和资产重组，企业还应对相关产业的知识产权竞争态势进行分析，判断企业的转型方向和可以剥离的知识产权资产，并以知识产权利益最大化、不影响企业“战略发展”为原则，设计知识产权主动售让的最佳商业模式和运作方式，找寻能够接盘的合适“买家”。

第二章　高技术人才引进

本章导读：

引人才“赔了夫人又折兵”，23亿美元天价赔偿从天而降

早在2009年10月，国外某公司一纸诉状将海外归国的苏某诉至美国法院，控告其窃取商业秘密。然而，知识产权分析评议工作的缺失却使某地在引进人才的过程中对此浑然不知。2009年底，苏某被评选为当地科技领军人才和创新创业领军人才，并在地方政府和创业投资公司的资助下，创办了一家高科技公司。2011年4月，美国法院作出最终裁决，判令苏某及其在国内创办的公司向某美国公司支付23.38亿美元的天价赔偿！

创新人才评定知识产权造假千奇百怪，滥竽充数“南郭先生”不在少数

2010年，张某申报江苏省高层次创新创业人才，并提供了一张专利受理通知书作为其创新能力的证明。然而经检索，该专利受理通知书为PS合成的。无独有偶。2010年，万某申报江苏省高层次创新创业人才，声称拥有11件美国专利，后经知识产权检索核实，11件美国专利申请全部与其无关，其提供的专利著录项目中的发明人、专利权人、专利申请公开号、发明名称等信息全部为虚假信息！当前，各类科技申报项目中知识产权造假者不在少数，通过知识产权分析评议可准确识别出相关虚假信息，避免在项目伊始就注入知识水分。

第一节　都是“天使”惹的祸

——从一起巨额赔偿纠纷案看人才引进中的知识产权分析评议

案例概要

苏某有着精彩的履历，名牌大学学历，丰富的海外工作经验，正是当时我国医疗器械产业发展所期待的贤才。伴随着海归热潮，苏某回到了国内，经过申报与评选，成为A地科技领军人才和创新创业领军人才，并在A地政府和创业投资公司的资助下，创办了高科技公司。然而，2009年10月，曾经的雇主一纸诉状将苏某及其在中国成立的公司诉至美国法院，控告其窃取商业秘密。2011年4月，美国法院作出裁决，要求苏某赔偿14.7亿美元，其创办的公司另外赔偿8.68亿美元，赔偿总额高达23.38亿美元。

美好的人才梦破灭了。没有人知道苏某去了哪里，公司亦已人去楼空。回头细看，才发现被寄予了厚望、倾注了心血、花费了力气引进的人才“天使”苏某根本就经不住知识产权的考问。申报的知识产权信息有假、对其知识产权纠纷一直三缄其口、本身的技术实力经不住质疑……在引进的人才中，似乎永远伴随着滥竽充数的“南郭先生”。于是，人才引进中知识产权评议环节的引入呼之欲出。通过知识产权评议，可以看到人才的诚信、人才的价值，还有引进人才潜在的知识产权风险。

叱咤风云的领军人才

人才是一种战略性资源，引进人才是一种战略投资。采取积极措施吸引海外人才是世界主要发达国家和新兴发展中国家壮大人才队伍的通行做法，也是在较短时间内突破技术瓶颈、提升科研水平的一条宝贵经验。改革开放以来，我国出国留学人员不断增多，亦有大量学成之后积累了丰富海外实践经验的高层次人才，他们中的绝大多数心系祖国，有着回国工作和为国服务的强烈愿望。随着国家各项事业蓬勃发展，也为各方面优秀人才提供了前所未有的发展空间和广阔舞台。

据资料统计，2009 年国家重点项目学科带头人中的 72% 是“海归”，81% 的中科院院士、54% 的工程院院士都有“海外”背景；留学人员创办企业 5000 多家，年产值逾 100 亿元；2006 年国家自然科学奖获奖项目的第一完成人中的 67%、国家技术发明奖项目第一完成人中的 40%、国家科技进步奖项目第一完成人中的 30% 是留学回国人员。[1] 在这样的大背景下，“海归”俨然已经成为一个标志性的符号，成了政府和企业眼中的香饽饽。他们博学多才、怀揣着梦想、掌握核心技术、拥有可以迅速产业化的成果，奔向祖国这片创业热土，他们是能够为科技带来发展、为产业带来繁荣的希望天使。

苏某[2]便是这些希望天使之一。他的履历中这样写着：“清华大学自动化系学士、硕士，美国乔治华盛顿大学电子工程学博士；历任美国某 500 强汽车零部件公司系统应用工程师，日本某电机企业硬件开发工程师，新加坡南洋理工大学信号处理中心研究工程师，美国著名医疗器械企业 SDK 公司[3]主任研发工程师、新技术项目开发经理；荣获国际心脏仪器专家认证，在植入式电刺激领域拥有多项发明专利。”

---

❶ 目前有 72% 的国家重点项目学科带头人是“海归”［EB/OL］.（2009-01-08）［2012-10-12］. http://renshi.people.com.cn/GB/139629/8641802.html.

❷ 化名，本文中采用的人名均为化名。

❸ 化名，本文中采用的企业名均为化名。

21 世纪以来，我国的医疗器械市场在不断扩大，但国内企业的总体竞争能力与国外相比仍然差距较大。在当时，除了一些简单的消耗性材料，国内的一级医院一般全部采用进口器材。造成这种状况的原因是国内医疗器械产品一般技术含量都比较低，不少关键技术被跨国公司垄断。在发达国家，药品与医疗器械的产值大体相等，而在 2006 年前后的中国，后者仅为前者的 1/5，甚至更低。国内的医疗器械领域，机遇与挑战并存。

苏某履历精彩，医疗器械产业求贤若渴。国内 A 地的人才引进项目则适时架起了二者之间互惠互利的桥梁。2009 年，经过申报与评选，苏某成为 A 地科技领军人才。2010 年，苏某被评选为 A 地创新创业领军人才。秉承人才是发展的第一资源的先进理念，A 地专门设立了过亿元人才发展基金，积极构筑人才创新创业平台，并为优秀人才开通薪酬待遇、社会保障、户籍管理、子女入学及住房等绿色通道。天时、地利、人和，苏某似乎一时间拥有了全部。

随后，在 A 地政府和创业投资公司的资助下，苏某创办了 B 公司，并占有该公司 47. 5% 的股权。B 公司建立之初，放眼的是世界，立足的是巨大的中国市场和本土化优势。在 B 公司的介绍中这样写道："凝聚掌握核心技术的美国高科技产业化人员、国际高新技术和产业链，致力于研发、生产和销售具有中国自主知识产权的高端精密医疗器械，公司的长远目标是创立具备国际一流技术和竞争力的医疗器械公司。"随后，借领军人才之势，经 A 地某部门推荐，B 公司的某医疗器械项目与 A 地科技招商中心成功签约。据知，每个成功签约的项目均可获得 80 万 ~ 100 万元的启动资金、150 万 ~ 500 万元的风险投资、150 万元跟进投资，100 万元项目贷款及贷款担保、购房补贴、办公用房及住房免租等一系列政策扶持。

23 亿美元触痛的人才梦

然而，2009 年 10 月，曾经的雇主 SDK 公司一纸诉状将苏某及其在中国成立的 B 公司诉至美国法院，控告其窃取 SDK 公司的商业秘密，违背信用责任。诉状称，苏某从SDK公司保密数据库中盗取了机密产品说明书，并将产品说明书带至中国，尝试利用那些产品说明书生产制造与SDK产品有竞争性的医疗器械。SDK公司是一家美国医疗器械公司，专注于心脏节律管理、心脏电生理、心脏外科、心血管介入诊疗和神经调控五大领域，以创新为重要生存之道，企业对于商业秘密等知识产权的保护也格外看重。

10月27日，洛杉矶某法院接受了SDK公司的申请，对苏某及B公司发出临时禁令❶，要求苏某本人和B公司不得使用和对外披露任何SDK公司的商业机密，以及任何保密或者私有的信息。11月，法院再次认定SDK公司与被告相比，有很大可能性在主张利益方面占优，并且被告窃取商业秘密可能产生实质性风险和无可挽救的危害。

收到诉状之时，也恰是苏某申报的A地科技领军人才评选进行得如火如荼之时。然而，诉讼发生在大洋彼岸的美国，一切似乎进行得悄无声息，丝毫未影响A地科技领军人才的评选。直至2011年4月，美国法院23亿美元天价赔偿的判决结果方如引燃了一颗早就埋好的定时炸弹，引起阵阵惊呼与轩然大波。

经美国洛杉矶高等法院陪审团认定，SDK公司前员工苏某窃取了其商业机密，并利用这些信息设立了同样从事医疗设备制造的B公司。法庭陪审团作出裁决，要求苏某向SDK公司赔偿14.7亿美元，其创办的B公司则需要向SDK公司另外支付8.68亿美元赔偿，赔偿额总计高达23.38亿美元。

天价赔偿的背后，是苏某及创办的B公司由始至终都没有参加诉讼，对SDK公司的指控甚至未作任何辩解与回应。这也直接导致了原告的初始损害赔偿请求只有12亿美元，却被陪审团一口气把损害赔偿翻了一倍，提升到23亿美元。在证明侵权行为、损害结果、行为与结果之间是否有因果关系等方面的证据还不是很充分的情况下，SDK公司轻松地打赢了一场没有对手的战争。

---

❶ 临时禁止令是诉讼之前由单方提起的一种临时禁令，是企业在非常紧急的情况下申请的一种保障措施。它在作出前不需要通知对方，只需要申请方提供证据证明如果不采取该种保护措施，企业将受到不可逆转的损失和打击，而这种损失和打击是不可能通过赔偿就挽回的。由于临时禁止令是在被告不知的情况下发出的，为避免原告滥用，一般都附有严格的担保措施，实际较少签发。

当然，因为中国和美国都不是《民商事外国判决的承认和执行公约》的成员国，而且中国和美国没有就承认和执行对方的民商事判决达成双边协议，所以美国法院的判决并不能在中国直接执行。也许苏某和B公司并不需要实打实支付23亿美元，但可以肯定的是，A地的投资基本打了水漂；B公司的产品肯定与美国市场绝缘，其发展也必将会面临连绵不断的知识产权纠纷；而苏某本人则永远背上了沉重的官司包袱。

随着23亿美元一起破灭的，还有曾报以美好希望的人才梦。“领军人才”苏某就此似乎断绝了一切联系，在他曾经打算一展宏图、创新创业的地方，已经没有人知道他去了哪里。B公司亦已人去楼空，物是人非……

禁不住考问的“天使”

中国自古以来便有“金台高筑”“聚贤东阁”的佳话，各类人才引进项目便是表达了政府对招徕怀玉之才的巨大诚意。然而，诚意招来的，除了人才，似乎还伴随着滥竽充数的南郭先生，他们名不副实，鱼目混珠，禁不起太多的质问与考验。正如现在回头看看，才发现被寄予了厚望、倾注了心血、花费了力气引进的人才“天使”苏某根本就禁不住知识产权的考问。

第一，苏某在个人履历及申报领军人才的材料中宣称在植入式电刺激领域拥有多项发明专利。但经过事后检索核实，苏某仅在其大学时代申请过2项发明专利，这2项专利均与“植入式电刺激领域”不相关，且在1997年即已经由于费用原因全部权利终止。而在其事业发光发热最高点的美国，甚至一项以其作为发明人或申请人的专利或专利申请都没有。显然，在申报领军人才伊始，“虚报”就已经开始作祟，评委们的眼睛就已经被刻意蒙蔽，苏某已经背判了自己的诚实与信用。

第二，SDK公司的官司2009年10月开打，苏某却在2009年12月被正式宣布评选为领军人才。显然，这其中还有两个月的时间，错误本可以避免。然而，苏某本人对其知识产权官司是三缄其口，而A地和领军人才的评审们似乎亦是对这场知识产权纠纷浑然不知，甚至到了2010年，依然推荐苏某去评选更高级别的领军人才。火烧眉毛之时，苏某选择了不动声色，是没有意识到知识产权问题即将引发的巨大灾难，还是有意浑水摸鱼、蒙混过关已经不得而知，但是，知识产权分析评议环节的缺失却让人才引进方错过了甄别“南郭先生”的最后机会。

第三，苏某是否具备成为科技领军人才的技术资本？首先，苏某没有一件有效发明专利。没有知识产权，在竞争激烈的高科技产业中应当如何立足？其次，SDK公司是一家非常重视知识产权的公司，2001年至今，其在美国拥有300余件专利，在中国亦提交了多份专利申请，而这其中，居然没有一件是苏某作为发明人参与其中的。“0”的尴尬是否意味着苏某根本不掌握高端技术呢？如果满腹学识、技能高超，是否还需要以“窃取”商业秘密这样的方式换回如此尴尬的结果？

知识产权分析评议练就火眼金睛

没有人希望“引狼入室”。随着接二连三的考问，人才引进中知识产权分析评议环节的引入也呼之欲出。

知识产权分析评议可以帮助有效避免引进苏某过程中出现的三个问题：一是通过分析评议看诚信，核实人才申报信息中提及的各类知识产权信息，如专利是否有效，权利人是否张冠李戴等，真的假不了，假的真不了；二是通过分析评议看价值，分析拥有各种类型专利（申请）的数量，专利的创新度、可规避性和可替代性、是不是核心专利，人才的主要知识产权活跃领域以及与引进需求领域的匹配度等，是贵的，还是对的，自然明了；三是通过分析评议看风险，核查过去的工作经历所带来的职务发明的风险、技术发展的侵权风险等。

唐代诗人刘禹锡在《杂曲歌辞·浪淘沙》中写道：“千淘万漉虽辛苦，吹尽狂沙始到金。”令人欣慰的是，近年来，像苏州工业园区的“领军人才创业工程”和“科技创新跨越计划”、江苏省高层次创新创业人才引进计划、襄樊市的隆中人才支持计划等，已有许多地方政府先试先行，对人才引进中的知识产权分析评议高度重视，建立了符合地方发展需求、具备地方特色的知识产权分析评议机制，帮助引进了一批真正拥有核心自主知识产权的高层次人才。

今天的创新，明天的经济。相信我们今天对科技人才、创新型人才的投入，明天换回的必将是经济发展的又一个高峰。

第二节　梧桐引得凤凰来

——从地方实践看人才引进中的知识产权分析评议

案例概要

海外人才引进成为大势所趋。国家明确提出要统筹资源、完善政策、健全机制，并配套组织实施海外高层次人才引进计划，大力引进海外高层次人才回国（来华）创新创业。

多年的人才引进实践，有力措施促使海外归国人才数量快速增加，层次不断提高，为国服务活动日趋活跃，在科技创新和高新技术产业发展中发挥了重要的作用。然而，重金优待吸引来的，除了人才，往往还有滥竽充数的“南郭先生”，他们因为人才引进评价机制的不完善成为漏网之鱼，或以“人才”自居却无所作为，浪费国家大量资源，或因风险带来诸多麻烦，给国家带来名誉或财产损失。知识产权往往是这些“人才”的致命伤之一。

近年来，知识产权与人才引进间建立了有机且密切的联系，而架起这座桥梁的正是知识产权评议机制——通过知识产权看人才，看透知识产权后引人才。江苏省、江苏苏州工业园区、湖北省襄阳市等地，相继在其高层次人才引进项目中引入知识产权评议机制，成效显著。知识产权评议俨然已经成为保障高层次人才引入的一道重要屏障。

人才引进的喜与忧

近年来，海外人才引进成为大势所趋。国家明确提出要统筹资源、完善政策、健全机制，并配套组织实施海外高层次人才引进计划，大力引进海外高层次人才回国（来华）创新创业。

2008 年起，中央层面推出了“海外高层次人才引进计划”——“千人计划”，围绕国家发展战略目标，在国家重点创新项目、学科、实验室以及中央企业和国有商业金融机构、以高新技术产业开发区为主的各类园区等，引进 2000 名左右人才并有重点地支持一批能够突破关键技术、发展高新产业、带动新兴学科的战略科学家和领军人才来华创新创业。

各地也十分重视引进海外人才工作。例如，江苏省实施了“高层次创新创业人才引进计划”；无锡市实施了“530 计划”，提出用 5 年时间引进 30 名海外领军型创业人才；北京市制定了《鼓励留学人员来京创业工作的若干规定》和《关于进一步鼓励海外高层次留学人才来京创业工作的意见》等，并正式成立了北京海外学人中心，全方位为吸引海外人才提供专业化、国际化的服务；上海市制定了《鼓励留学人员来上海工作和创业的若干规定》，先后实施了“万名海外留学人才集聚工程”“浦江人才计划”等专项引才工程；广西等西部省区还实施了创新创业人才小高地计划，努力创造条件吸引海外人才归国或以多种方式为国服务。

多年的人才引进实践有力地促使海外归国人才数量快速增加，层次不断提高，为国服务活动日趋活跃，在科技创新和高新技术产业发展中发挥了重要的作用。但同时，重金优待吸引来的，除了人才，往往还有少数滥竽充数的南郭先生，他们因为人才引进评价机制的不完善成为漏网之鱼，或以“人才”自居却无所作为，浪费国家大量资源；或因风险带来诸多麻烦，为国家带来名誉或财产损失。除了前面苏某惹来 23 亿美元赔偿纠纷的案例，后面章节中述及的贵州微硬盘项目的溃败、汉芯造假案等都与人才引进有着莫大的关系。知识产权往往是这些“人才”的致命伤之一。

美国对我国人才引进亦高度敏感。2013 年 5 月，美国联邦调查局逮捕了三位在纽约大学工作的华人科学家，指控他们涉嫌将美方的知识产权带到中国使用。他们调查认为，这三位科学家一边在美国接受国立卫生研究院 400 万美元的经费资助开展科研，一边又作为国内某省高层次引进人才，在国内某研究所从事类似工作并享受中国费用资助。[1] 据悉，美国有关方面已经对中国的高层次人才引进采取了措施，甚至成立了“窃取美国知识产权问题委员会”，从知识产权角度应对中国对高端技术人才的引进。

由此可见，我国引进高层次人才有两方面问题亟须妥善解决：一是如何应对发达国家对高技术知识产权的保护，二是如何识别与避免人才引进过程中的滥竽充数。

人才引进中尝试知识产权分析评议

在很多人看来，人才引进并不复杂，学历、学术论文等“硬件”无可动摇地代表着一个人的价值，吸引了大部分的关注焦点。也曾经在很多人看来，知识产权是一门高深的学问，无形资产的属性让人们看不见、摸不着；繁杂的信息、特殊的规则让它总是披着神秘的面纱。很长一段时间，人们很难将人才引进与知识产权关联到一起。

而今，知识产权逐步成为全球市场竞争的焦点，眼见跨国公司越来越多地运用知识产权设置壁垒、全面伏击，亲历多少企业、多少项目或成于知识产权，或败于知识产权。可以认为，科技以“人”为本，经济同样以“人”为本，只有掌握“知识”的“人”和掌握“知识产权”的“人才”，才是真正的核心竞争力。

于是，知识产权与人才引进间建立了有机且密切的联系，而架起这座桥梁的正是知识产权分析评议机制——通过知识产权选人才，看透知识产权后引人才。近几年，江苏省、江苏省苏州市工业园区、湖北省襄阳市等地，相继在其高层次人才引进项目中引入了知识产权分析评议机制。在人才引进过程中，通过对拟引人才的知识产权权属、法律状态等信息进行充分核实以避免浑水摸鱼，通过对拟引人才所拥有知识产权的价值合理评估以推动择优而用，通过对拟引人才的知识

[1] 纽约大学三中国学者被控出卖机密信息 [N]. 福州晚报，2013-05-22 (21).

产权风险查探以杜绝未来风险。

知识产权分析评议，已成为保障高层次人才引入质量的一道屏障。

江苏省：撒下一张不漏鱼的网

自2010年起，江苏省省委组织部委托省知识产权局对申报江苏省高层次创新创业人才的候选人开展全面的知识产权分析评议工作。评议犹如撒下了一张安全之网，网住的是有真材实学者，筛出的是滥竽充数者。

2010年，江苏省知识产权局针对省高层次创新创业人才的1170名申报人提供的4577件专利进行了分析评议。其中，专利或著录项目涉嫌造假的12件；专利不存在的15件；与申报人无关的专利216件；在与申报人相关的专利中，还有412件专利权已经失效。2011年，针对1269名拟引进的高层次人才申报的6287件专利开展知识产权分析评议工作，发现存在涉嫌假冒的专利29件；与拟引进人才无关的专利588件；而在与拟引进人才相关的专利中，专利权失效的达到1136件。2012年，共审查1190名拟引进的高层次人才涉及的专利7006件，其中不存在的专利52件，专利授权证书涉嫌造假的1件；申报项目与拟引进人才无关的专利452件；与拟引进人才相关的专利中，专利权失效的有1115件。

总结江苏省3年的人才分析评议结果发现，拟引进人才所申报的专利中有近10%与人才无关，或有一定关系，但已经失效。不在少数的“人才”心存侥幸，企图蒙混过关。

这些数字同时考问的是“人才”的诚信，挤出的是“人才”的水分，彰显的却是政府科学管理的决心。江苏省果断在人才引进过程中对涉嫌知识产权造假者采取了一票否决的措施，知识产权分析评议打破了浑水摸鱼者的美梦，为真正的“人才”提供了良好的秩序和环境。

此外，江苏省知识产权局在开展分析评议的过程中，还根据相关专利所属的技术领域与拟引进单位所涉及领域的相关性、法律状态、在该技术领域中所处位置及其保护范围宽度等，对与申报人相关的非职务发明专利进行综合评分，用于重点体现所涉及发明的可专利性、产业贡献度和保护力度。江苏省委组织部在人才引进的过程中，则会优先考虑得分较高即拥有较高价值知识产权的重点人才，有效确保了人才的“真材实学”。

千奇百怪的造假术

被 PS 的受理通知书

2010 年，张某申报江苏省高层次创新创业人才，并提供了一张专利受理通知书（如图）。经仔细推敲，发现这张看似普通的受理通知书实则被动了手脚。申报人将检索条形码处的专利申请号 200910084251.1 修改成了 201010198333.1。然而，仅是号码的 PS 却无法逃过知识产权评议的火眼金睛，经检索核实，该申请号的专利与其提供的通知书内容不相符，该受理通知书实为伪造。

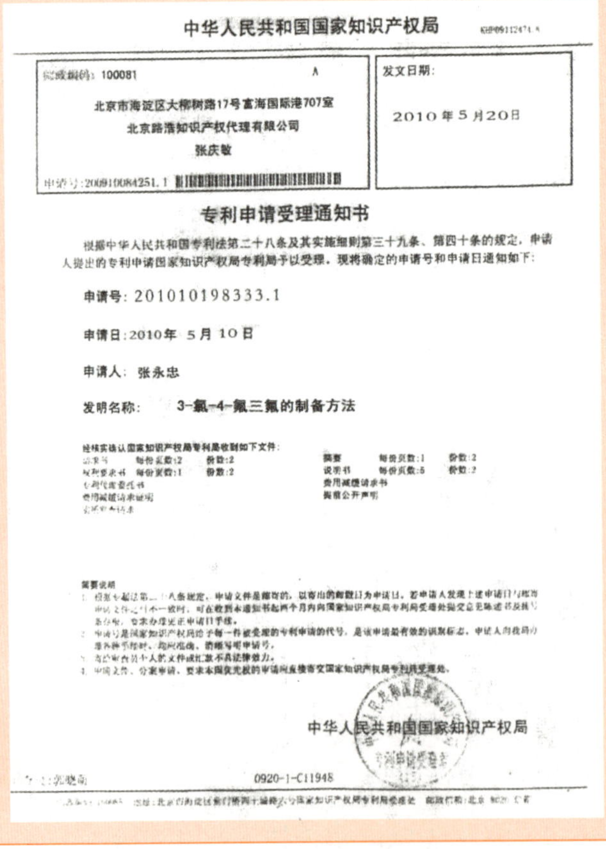

中华人民共和国国家知识产权局

100081

北京市海淀区大柳树路17号富海国际港707室

北京路浩知识产权代理有限公司

张庆敏

申请号：200910084251.1

发文日期：

2010 年 5 月20日

专利申请受理通知书

根据中华人民共和国专利法第二十八条及其实施细则第三十九条、第四十条的规定，申请人提出的专利申请国家知识产权局专利局予以受理，现将确定的申请号和申请日通知如下：

申请号：201010198333.1

申请日：2010年 5月 10日

申请人：张永忠

发明名称：3-氯-4-氟三氟的制备方法

经核实确认国家知识产权局专利局收到如下文件：

摘要 每份页数：1 份数：2

说明书 每份页数：5 份数：2

费用减缓请求书

提前公开声明

中华人民共和国国家知识产权局

0920-1-C11948

充满自信的“美国权利人”

2010年，万某申报江苏省高层次创新创业人才时，将与其无关的11件美国专利申请的著录项目中的发明人、专利权人、专利申请公开号、发明名称等全部修改为与本人相关。据悉，万某曾经“艺高人胆大”地利用这11件虚假的美国专利在多个地方申请到资助项目。其实，“美国专利”并没有那么复杂，简单易行的知识产权评议（在美国专利商标局的网站www.uspto.gov检索查询及解读相关信息），让弄虚作假者立刻现了原形。

苏州工业园区：人才择优而用

良禽择木而栖，人才亦要择优而用。这恰恰体现了苏州工业园区人才引进的核心理念。科技领军人才项目是苏州工业园区聚集各类优秀人才和优秀项目的重要计划。自2007年实施“科技领军人才创业工程”以来，园区已评选出各类领军人才项目280余项，累计投入政策性资金、吸引社会风险投资资金超过10亿元，这其中大部分科技领军人才项目均已在园区注册落地，解决园区就业超过5000人，为园区产业结构调整和转型升级、加快战略性新兴产业培育起到重要作用。

2010年，苏州工业园区在科技领军人才项目的评选过程中尝试知识产权分析评议。2012年，依托于园区开展的“国家重大经济科技活动知识产权分析评议试点”工作，对科技领军人才的知识产权分析评议工作更是作出了突破性的尝试，工作取得显著成效。

苏州工业园区的人才知识产权分析评议大体包括三个环节。第一，申报环节。要求人才申报项目时必须列明与项目关联的知识产权。第二，预审环节。委托知识产权服务机构对申报人提供的知识产权信息进行查证，判断申报人与知识产权的关系，初步评定知识产权质量价值，审查潜在知识产权风险。第三，面评环节。组织技术专家、产业专家、风投机构和知识产权专家对申报人及其项目进行量化评价，其中知识产权专家按照知识产权考核指标体系，对申报人项目的知识产权状况进行综合打分，分值占面评总分的10%。

苏州工业园区领军人才项目的知识产权分析评议有两大特点：

其一是知识产权分析评议对项目管理的完全嵌入。分析评议工作所需的基础信息申报、预审和终评作为项目管理的必要组成，完全嵌接到项目管理的各个环节中，分析评议结果信息也直接录入统一的管理系统。这不仅保证了管理主线的一致性，也能满足开展知识产权分析评议工作的基本要求。

其二是知识产权分析评议的系统性。园区预先设计好一套评价人才及其项目的知识产权评价指标体系，内容涵盖信息真实性、技术先进性、法律稳定性、市场前景度、人才团队管理能力等，知识产权分析评议的三个阶段均按照一套指标体系依次进行，前一环节是在后环节分析评议的基础，层层递进、趋于全面，从而保证了知识产权分析评议的完整性和客观性。

全面的嵌入、系统的评价、量化的打分、专家的引入，大大提升了人才引进项目的科学性，提高了项目团队的知识产权意识，降低了项目今后发展过程中潜在的知识产权风险，有效促进了人才引进质量的提升。

倒在知识产权门槛下的人才与项目

随着国家对水安全的重视，污水处理产业迎来机遇。苏州市政府高度重视水利建设。沐浴着这样的政策春风，水污染治理领域的企业前景看好。在人才项目引进方面，政府对于此类人才、项目和企业亦倾力支持。

苏州工业园区某环境技术有限公司以生产销售各类膜分离装置、一体化水处理设备、工业分离过滤装置为主。在2012年“苏州工业园区鼓励科技领军人才创业工程”初次筛选中，以耿某作为申报人的项目“高性能膜分离设备研发与产业化”顺利入围。

然而，经过知识产权评议，“人才”和“项目”却同时让人没了底气。耿某在申报材料中提供5件中国专利（3件发明专利和2件实用新型专利）。经评议，1件发明专利已经失效，1件发明专利尚处于审查阶段，并且存在两组同日申请的发明和实用新型，且均属于其与上海某大学共同所有。评价专利申请的质量发现，权利要求部署不够合理，保护范围过窄，很难形成对产品的有效保护。无论从数量还是质量来看，耿某的“自主知识产权”价值都比较低。

而在现场面试环节，耿某更是显示出对知识产权和竞争对手的不了解：仅大致了解国内主要竞争对手，对国外竞争对手及技术状况不明晰；不了解竞争对手的专利布局和竞争热点，也未对研发产品进行侵权风险评估；在不了解他人技术优劣的情况下，片面强调自身技术的先进性；未关注公司技术秘密的保护，对外来员工是否存在竞业限制也知之甚少；在后续共有专利权人权利行使约定方面，也无明确目标和规划；提及后续知识产权工作目标时，仅强调增加专利申请量。

最终，依据苏州工业园区科技领军人才项目知识产权评分表，对耿某和他的申报项目进行分项（包括专利价值、侵权风险、团队意识三个方面）评分。其因分值偏低而遭淘汰。

湖北省襄阳市：经得起推敲的创新团队

“隆中人才支持计划”是湖北省襄阳市委、市政府面向全国开展的一项重大招贤引智、招商引资项目，主要是引进高素质人才和高科技项目，对襄阳市科技和经济工作的跨越式发展起到重要带动作用。

2012年，根据《湖北省关于加强重大经济活动知识产权评议工作的意见》，襄阳市知识产权局针对12项隆中人才支持计划，在评审前对专利及其他知识产权进行了严格的知识产权分析评议：一看其有无专利，专利是真是假；二看其专利的法律稳定性如何；三看其有无知识产权的权属纠纷。通过这样的“知识产权三评议”，在最大程度上保证了最终落地的项目不因知识产权问题导致项目夭折或带来较大经济损失。

与此同时，襄阳市还通过知识产权分析评议，对人才的自主知识产权实力进行深入分析，对项目的前景进行辅助判断，并划定了不同级别的推荐项目，供政府决策参考。

自主知识产权保驾护航的产业化项目

谢某与其团队创立了一家科技有限公司，致力于创制自主的高端正电子发射断层扫描（PET）核心部件以及小微型PET整机产品。

谢某拥有的核心技术是，采用多电压阈值采样方法解决高速PET闪烁脉冲难以数字化的问题，实现了低成本全数字化数据获得系统。此外，他还结合独有的模块化单事件采集的探测技术开发成像系统结构，发明了通过采用适应性成像方法实现成像的最佳解决方案。他的公司主营临床PET生产、销售和技术服务。在襄阳寻求落地机会，是希望依托他的技术优势开展产业化项目，打造将小动物PET技术路线和产业化经验成功移植到临床PET的工程实现方案，在襄阳建立全国首个核医学分子影像产业集群。

经过知识产权评议发现，该项目共拥有9件中国授权专利，其中6件为发明专利，3件为实用新型专利，均在有效保护状态，形成了实力相对雄厚的专利组合，且经评定该项目具有较强的自主创新能力和技术实力。随后，结合专家对该项目前景、公司实力、技术成熟度的评定，最终该项目从几百个项目中脱颖而出，被评定为隆中人才支持计划的A类重点推荐项目。

第三节　高技术人才引进中的知识产权分析评议要点

在引进高技术人才过程中，通过知识产权分析评议，能够在准确把握创新需求的基础上实现人才定向引进，能够对人才的真实能力和价值进行客观评价，有助于“找准人，引对人”，避免南郭先生滥竽充数；对拟引进人才所附带的知识产权风险进行分析评议，有助于及时掌控侵权违约等风险，在人才未“进门”前采取措施，消除潜在隐患。具体而言，知识产权分析评议可以聚焦在如下几个方面：

- 形成人才发展规划。挖掘所关注领域的技术、产业和市场信息，把握市场竞争格局、技术发展脉络和产业发展趋势，根据技术发展规划的目标要求，形成人才发展规划，确定哪类人才的储备能够满足要求，哪类人才可以自行培养，哪类人才迫切需要外部引进。

- 了解拟引进人才的技术领域的人才分布和人才团队构成。对符合条件的人才进行创新能力和知识产权实力评估，形成拟引进人才名单。发出人才引进邀请，对有意向的人员，敦促其提供表征自身实力的信息和免于知识产权法律纠纷的声明。

- 对拟引进的人才能力背景进行调查。主要包括：①所拥有知识产权的真实性、稳定性、可执行性和完整性审查，涉及相关法律状态、申请历史的调查，对权利稳定性的评估，权利实施对他人知识产权的依赖等。②引进人才可能带来的知识产权风险调查，分析人才是否拥有知识产权所有权和处置权，是否为主要发明人，是否与原雇主签订相关权利补充协议，以及是否存在向其他方的专利许可等，以判断拟引进人才及其所带项目是否存在专利侵权、商业秘密侵权或竞业禁止等风险。③从产业链和创新链的角度分析拟引进人才的知识产权价值，包括所带知识产权是否与项目紧密相关，权利布局是否合理，研发信息记录是否完备，技术是否先进，技术产业化是否可行，技术的市场接受度有多高等。④拟引进人才的技术专长与引进需求的吻合度，着重分析其所拥有的技术专长是否与引进的需求高度相关，知识产权是否有不可替代优势等。⑤拟引进人才的创新能力评价，包括其专利及技术秘密产出效率和数量、专利及技术秘密产出质量，人才对既有知识产权的贡献程度等，以此判断人才研发潜力。⑥拟引进人才的知识产权管理意识和能力，着重考察拟引进人才对知识产权的重视程度，是否具备基本知识产权技能等。

综合各方实践，附带项目的人才引进评议可包括三个环节：

- 申报环节：要求人才申报项目时需列明与项目关联的知识产权和知识产权不侵权声明；
- 预审环节：委托知识产权服务机构按照既定知识产权评价指标，对申报人提供的知识产权信息进行查证和分析，判断申报人知识产权的真实性和完整性、申报项目与知识产权的关联性，判定知识产权价值，审查潜在知识产权风险；
- 面评环节：组织技术专家、产业专家、风投机构和知识产权专家对申请人及其项目进行量化评价，知识产权专家对申报人项目的知识产权状况进行打分，将其拟和到综合分数中。
- 从知识产权角度对进入拟引入的人才进行综合训导谈话，最后确定引进人才名单。

第三章　企业上市

本章导读：

企业上市前夜被揭专利失效，煮熟的鸭子飞走了

一家优秀民营企业，就在获准创业板公开发行新股的前夜，被爆其向创业板发行审核委员会申明拥有的5项专利皆因未缴年费而权利终止。本来仅需4500元/年即可维持专利有效，却因上市前知识产权分析评议工作的缺失，折损了企业的诚信度和成长性。企业上市戛然而止，煮熟的鸭子飞走了，股票代码至今悬空！

“小肥羊”打赢商标保卫战，企业上市高歌前行

内蒙古小肥羊的“小肥羊”商标被认定为驰名商标后，因其强大的品牌效应，各色“小肥羊”餐饮和商标忽如一夜春风来，如雨后春笋般出现。西安小肥羊、陕西小肥羊和内蒙古小肥羊更是展开了一场“三羊抢商标”的激烈诉讼战。经过艰苦诉讼，2006年内蒙古小肥羊最终打赢知识产权战，并借此稳步推进了其上市进程。2008年，企业在香港主板挂牌上市，被誉为“中国火锅第一股”。

第一节　专利失效导致上市失败

——从恒久上市失败事件看企业上市中的知识产权分析评议

案例概要

恒久是一家研发生产激光有机光导鼓的优秀民营企业，短短几年内发展成为行业内产量最大的企业。然而，就在获准创业板公开发行新股的前夜，恒久向创业板发行审核委员会申明拥有的专利技术竟“化为乌有”：4 项外观设计专利和 1 项实用新型专利被指因未缴年费而专利权终止，申明正在国家知识产权局审查的 2 项发明专利也早已失效。恒久上市因此受阻，股票代码悬空至今。

恒久上市失败，让我们看到了知识产权在创业板上市过程中的重要性。知识产权的无效或瑕疵会使拟上市企业的诚信度和成长性大打折扣，甚至失去在创业板上市的机会。企业只有尊重上市规则，重视知识产权评议，才能确保顺利上市，进而获得更好的发展机会和更广阔的发展空间。

恒久上市：无限接近的梦想

苏州恒久光电科技股份有限公司（以下简称“恒久”）成立于 2002 年 3 月，主要从事打印机耗材——激光有机光导鼓系列产品的研发、生产和销售。

激光有机光导鼓是激光打印机、数码复印机、激光传真机和多功能数码一体机等现代办公设备中最为核心的光电转换和信息输出器件，直接决定着打印、复印等输出的质量。在大厂商“低价卖整机、高价卖耗材”的经营模式下，耗材是企业主要盈利点。在2000年以前很长的一段时间内，我国的耗材全部依赖进口，产品价格高昂，限制了现代办公设备的应用和相关产业的可持续发展。国家对此高度重视，在“八五”和“九五”期间连续两次将激光有机光导鼓的研发及产业化项目列入“863国家高技术研究发展计划”，目的在于尽快形成自主知识产权，树立民族品牌。

恒久正是在这样的大背景下成长起来的激光有机光导鼓高新技术型民营企业。在短短几年时间内，恒久发展成为国内激光有机导光导鼓生产制造行业内产量最大的龙头企业：自主创新能力国内最强，镀膜配方技术水平国内最高，装备集成技术水平国际前列，产能国内最大，销量位居国内售后配件通用耗材市场第一。❶

在技术先进性方面，恒久自信满满，它以掌握激光有机光导鼓生产核心技术为荣：拥有整套激光有机光导鼓生产工艺技术；能够根据自身需要研制并开发自动化生产流水线；能够开发与培育主要关键原材料及其加工工艺，生产供应不受制于国外供应商。这种技术优势使恒久在当时成为除了利盟、施乐、佳能、三菱化学等全球知名企业外、掌握并拥有生产激光有机光导鼓整套核心技术和整套装备集成能力的少数企业之一。❷

顶着“龙头企业”的光环，有了“完全自主”的技术底气，恒久上市，可谓春光无限好，一飞冲天指日可待。

恰逢2008年，中国证券监督管理委员会就创业板上市管理办法公开征求意见，中国的创业板市场进入最后冲刺阶段。创业板的主要目的是扶持中小企业，尤其是高成长性企业。相对于主板市场而言，这为许多高科技企业提供了一个门槛更低的股票市场和一个成长的摇篮。❸ 恒久又“生逢其时”地赶上了中国创业

❶ 见《苏州恒久光电科技股份有限公司招股说明书》1－1－73。

❷ 见《苏州恒久光电科技股份有限公司招股说明书》1－1－62－65。

❸ 创业板GEM（Growth Enterprises Market）board是地位次于主板市场的二板证券市场，以NASDAQ市场为代表，在中国特指深圳创业板。在上市门槛、监管制度、信息披露、交易者条件、投资风险等方面和主板市场有较大区别。其目的主要是扶持中小企业，尤其是高成长性企业，为风险投资和创投企业建立正常的退出机制，为自主创新国家战略提供融资平台，为多层次的资本市场体系建设添砖加瓦。

板拉开帷幕的大好时机。

2009 年 3 月，恒久 16 名股东作为发起人，将恒久整体变更为股份有限公司，注册资本达到 6000 万元。企业已经踩足油门，向着上市的康庄大道全速前进。

77.04 倍的市盈率发行定价、711.7 亿资金的热捧、158 倍网上超额认购，这一连串滚烫的数字火辣辣地昭示着市场对这样一家高科技企业上市未来前景的心驰神往。❶ 早在创业板公开募股获准之前，就有媒体公开评论："很难看到一个有这么大想法的公司，它叫恒久光电，如果这家公司完全做到了在招股说明书里的承诺以及想法，那它一定会成为一家全球化的伟大公司"，"这家公司的大想法来自于它的控制人完全可以成为技术创业者的偶像派人物，这个对技术十分痴迷的人很像另一个技术派偶像——比亚迪的王传福。"❷

事实上，恒久的上市进程也十分顺利。2010 年 1 月，中国证券监督管理委员会创业板发行审核委员会会议审核恒久（首发）获通过；2 月 26 日，证监会发出《关于核准苏州恒久光电科技股份有限公司首次公开发行股票并在创业板上市的批复》，核准恒久公开发行不超过 2000 万股新股。

恒久距离创业板上市，可谓无限接近……

专利失效，上市梦瞬间破灭

然而，就在获准创业板公开发行新股的前夜，恒久向创业板发行审核委员会申明拥有的专利技术却在一夜之间"化为乌有"。

2010 年 2 月 24 日，国家知识产权局网站上公布的信息显示，恒久拥有的有机光导管体（1）~（4）四项外观设计专利权被终止，同时终止专利权的还有一项有机光导体管实用新型专利，所有专利被终止的原因皆为"未缴年费专利权终止"。

---

❶ 朱益民．苏州恒久：天方夜谭式的 IPO [N]．21 世纪经济报道，2010-03-15（15）．

❷ 罗周．这个有很大很大想法的人叫余荣清 [N]．理财周报，2010-02-08（A2）．

此外，在恒久招股说明书中申明有正在审查过程中的发明专利申请三件（见图 3－1）。而随后经核实，除一件有关多层结构的有机光导体技术专利尚处于实质审查阶段而未获授权外，其余两件发明专利申请——光导体用含高分子材料的新型阻挡层和改善有机光导体光疲劳性能的方法，在实质审查生效后已经被视为撤回。实质审查阶段的视为撤回通常是未及时对审查员提出的审查意见进行答复，也意味着专利实质审查程序❶的终止。而这样已经失效的两件专利申请却依旧被恒久当作技术实力雄厚的象征，列在招股说明书“正在向国家知识产权局申请的专利”信息中。

“专利门”一夜爆发。恒久上市前景由此蒙上了阴影。

2010 年 3 月 17 日，恒久发布《有关重要事项公告》称，有关监管部门要求保荐机构等对公司的有关问题进行核查。3 月 19 日，同期申请的三支创业板新股如期上市交易，恒久却不在其中。

(1)本公司拥有商标权2项，注册商标：“恒久 Goldengreen”、“”。

(2)本公司共计拥有专利5项，其中实用新型专利2项，外观设计专利4项。除此之外，公司还有4项已被受理的专利申请，其中发明专利3项，实用新型专利1项。有关情况如下：

①已获得国家知识产权局授权的专利

序号	专利名称	类型	申请日期	专利号
1	有机光导体	实用新型	200412	ZL200420058463.5
2	有机光导体管体(1)	外观	200412	ZL200430054254.9
3	有机光导体管体(2)	外观	200412	ZL200430054225.3
4	有机光导体管体(3)	外观	200412	ZL200430054256.8
5	有机光导体管体(4)	外观	200412	ZL200430054257.2

②正在向国家知识产权局申请的专利

序号	名称	类型	专利申请号
1	光导体用含高分子材料的新型阻挡层	发明	200410041098.1
2	改善有机光导体光疲劳性能的方法	发明	200410066179.7
3	多层结构的有机光导体	发明	200910032466.9
4	多层结构的有机光导体	实用新型	200920047194.5

申请（专利）号	200420058463.5	授权公告日		
法律状态公告日	2010.02.17	法律状态类型	专利权的终止	未缴年费专利权终止
专利权的终止未缴年费专利权终止 授权公告日:2006.06.28				

申请（专利）号	200430054254.9	授权公告日		
法律状态公告日	2010.02.24	法律状态类型	专利权的终止	未缴年费专利权终止
专利权的终止未缴年费专利权终止 授权公告日:2005.8.10				

申请（专利）号	200430054225.3	授权公告日		
法律状态公告日	2010.02.24	法律状态类型	专利权的终止	未缴年费专利权终止
专利权的终止未缴年费专利权终止 授权公告日:2005.8.3				

申请（专利）号	200430054256.8	授权公告日		
法律状态公告日	2010.02.24	法律状态类型	专利权的终止	未缴年费专利权终止
专利权的终止未缴年费专利权终止 授权公告日:2005.8.10				

申请（专利）号	200430054257.2	授权公告日		
法律状态公告日	2010.02.24	法律状态类型	专利权的终止	未缴年费专利权终止
专利权的终止未缴年费专利权终止 授权公告日:2005.8.10				

图 3－1　恒久上市招股书中有关专利信息的披露与国家知识产权局网站信息

❶ 发明专利申请的实质审查程序，因申请被视为撤回而终止。根据《专利法实施细则》第 6 条第 2 款的规定，权利人因正当事由延误专利法或实施细则或国务院专利行政部门指定的期限，导致权利丧失的，可以在收到通知之日起 2 个月内请求恢复权利。

调查持续近3个月，6月11日，证监会创业板发行审核委员会会议再次审核，恒久仍然未获通过。6月13日，证监会发出《关于撤销苏州恒久光电科技股份有限公司首次公开发行股票行政许可的决定》，撤销理由全部与知识产权相关：

“一、招股说明书和申报文件中披露的全部5件专利及2件正在申请的专利的法律状态与事实不符；

二、目前全部产品均使用被终止的4件外观设计专利，50%的产品使用被终止的1件实用新型专利，总体上看，5件专利被终止对公司存在不利影响。”

至此，恒久上市终化为一个泡影。事件中没有赢家，有的只是声声叹息：恒久按照发行价并加算银行同期存款利息返还证券持有人，仅是利息支出就高达数百万元；投资者资金被冻结3个多月后，拿到的利息还不及定期存入银行3个月的利息；证监会对保荐机构采取“出具警示函”的监管措施，同时对3名签字律师进行监管谈话、出具警示函，并在12个月内不受理其签名的与证券发行相关的文件。

“300060”，这个创业板上曾经让人翘首以盼的申购代码，就此悬空，至今仍无法触及……

知识产权分析评议：企业上市的保障

恒久在招股说明中对核心技术失密风险如此描述：“拥有核心技术是本公司赖以生存和发展的基础和关键，核心技术一旦失密，将会对公司利益产生重要的不利影响”；在其盈利模式中这样写道：“通过先进制造将专利、专有技术转化为高技术产品，通过销售实现产品的技术附加值并获得盈利。”视核心技术为赖以生存和发展的基础关键，却在核准上市前夜因未缴费用被终止专利权，实在令人唏嘘。

中国专利年费缴纳有关规定显示，年费应当在前一年度期满前1个月内预缴，未及时缴纳或缴纳不足的，自缴纳年费期满之日起6个月内补缴，同时缴纳滞纳金，期满未缴纳的，专利权自应当缴纳年费期满之日起终止。事实上，国家知识产权局早于2009年1月21日就已向恒久发出专利年费欠缴专利自动终止通知书，收到通知书后，恒久却一直没有在规定时间内对国家知识产权局专利年费催缴通知作出回应。

专利权维持年费并不是一个让人难以负担的高额费用，收费最高的第9～10年外观设计、实用新型专利年费不过2000元/年，恒久专利年限自申请之日算起只有5年，上缴年费只有900元/年，5件专利技术维持代价1年不过区区4500元。这对于对外没有一分钱付息借款的苏州恒久来说绝对不是什么难以负担的经济问题。

恒久上市中有关专利的虚假信息披露究竟是如企业所说的“工作疏忽”，还是外界猜测的“故意为之”，姑且不去评论。在此想强调的是，筹备上市过程中的知识产权分析评议对于企业、保荐机构和投资者而言是多么重要但又简单的一件事情。

在公开募股的过程中，审核部门对于知识产权的审查十分严格。知识产权有争议问题，势必导致技术具有不确定性，这将大大降低公司的无形资产价值；如果知识产权有重大争议，就会直接影响公司的公开募股，轻则历经多次调查审核、大额增加律师费，[1] 重则如恒久这般最终“竹篮打水一场空”。因此，在企业筹备上市的过程中，全面评估企业知识产权概况，及时发现潜在问题，并运用知识产权战略方法有效解决就显得尤为重要，而这也恰恰正是知识产权分析评议的作用。

当前，企业上市过程中三类知识产权问题值得关注：一是披露的知识产权信息不真实致上市延缓甚至失败。如恒久案件中将已经不可能恢复的失效专利作为有效专利和正在申请的专利；又如，刻意隐瞒一些攸关企业发展的知识产权侵权

---

[1] 例如，在2010年前后，一般企业上市的律师费平均为125万元，但某企业因遭遇知识产权纠纷，尽管最终上市成功，但律师费却高达218万元，比平均水平高出75%。

纠纷，这涉及诚信，对企业上市几乎是致命的。[1] 二是存在知识产权未决纠纷。悬念意味着潜在风险，无法判断的前景可能出现分水岭，一旦在纠纷中落败，将会深度关涉企业的命脉和投资者的切身利益。据统计，近些年来拟在创业板上市企业的知识产权诉讼数量大幅增加，相关诉讼的种类几乎涵盖了所有的知识产权范畴。[2] 三是明显缺少能够保障企业安全经营或创造持续盈利的知识产权。知识产权储备不足往往高度制约企业的成长性和技术优势的构建，尤其对于一些知识产权诉讼高发领域的高技术企业而言，没有自主知识产权就意味着缺少博弈的武器，意味着较高的风险。正如恒久"专利门"爆发后，媒体纷纷惊呼，这样一家技术型的企业居然连 1 项有效的发明专利都没有。

针对这些问题，可以通过知识产权分析评议进行防控。

一是通过分析评议保障知识产权信息的真实性。专利信息可通过国家知识产权局网站[3]免费检索查询。商标信息可以通过国家工商行政管理总局商标局[4]的官方网站进行查询。明确了信息真实可靠，企业和保荐机构就吃了定心丸，发行审核委员会对企业能力水平有了衡量，投资者也会更有底气。恒久上市中若是开展了这部分工作，必不会导致最终"因小失大"。

二是通过分析评议对未决知识产权纠纷进行初步评估判断，预判纠纷结果，并选择适宜处理方式。例如，通过分析评议判断纠纷难于避免的情况下，可以通过积极协商，合理、合法地解决纠纷，[5] 或者对于一些非核心业务以及产品线，采取"壮士断腕"的果断处理[6]等。又如，在判断纠纷为恶意诉讼或我方胜诉可

---

[1] 对上市公司的监管，很大程度上是信息披露监管。中国证监会作为上市公司的监管部门，已逐步建立健全了信息披露监管机制、制定完善了信息披露管理制度。

[2] 截至 2011 年 12 月，已有 281 家企业成功登陆创业板。同时，轮候待审的企业达 220 家，其中 25 家在初审中，126 家在落实反馈意见中，39 家已过会，30 家被否。与该数字相对应，拟在创业板上市企业的知识产权诉讼数量也大幅增加，相关诉讼的种类几乎涵盖了所有的知识产权范畴，从占更大份额的专利、商标，到著作权、商业秘密等种类面面俱到。参见：陆刚．拟上市企业知识产权管理与危机应对［N］．中国知识产权报，2012－03－14（006）．

[3] 国家知识产权局官方网站：http：//www. sipo. gov. cn.

[4] 国家工商行政管理总局商标局官方网站：http：//sbj. saic. gov. cn.

[5] 例如，新大新材通过和解方式解决相应知识产权纠纷后顺利得以登陆创业板。

[6] 例如，合众科技放弃非核心业务"故障指示器"的产品线。

能性较大的情况下，可在掌握事实的基础上，坚决依据法律予以抵制和反击。虽然在募股发行过程中，知识产权问题是证监会的审查重点，但并不等于说企业涉及知识产权诉讼以后就丧失了上市融资的机会，反而可以利用反诉，以及“不侵权之诉”的方式提升企业影响力和知名度，给投资者以更大的信心。

三是通过分析评议还可以为企业合理规划知识产权布局，避免自有无形资产流失，提升竞争力。例如，恒久上市的招股说明书还列举了11项自主研发的“专有技术”❶，却缺乏强有力的专利保护措施，这些所谓的“专有技术”“核心技术”就有可能成为人人共享的“公用技术”。知识产权分析评议可以获知技术领域内的已有专利布局和技术空白点，设计出企业专利发展策略，进而找到企业为自身核心技术进行知识产权布局的着力点。恒久若是早能将这些自主研发的“专有技术”专利化，企业便积累了数量充足、可与竞争对手相抗衡的自主知识产权，也就不会因个别专利的失效而导致上市失败。

证券业刮起的知识产权风

就在恒久上市被披露专利信息不实后的1个多月之后，2010年4月15日，被证监会核准资本融资后的星网锐捷发布公告称，因其部分专利被终止决定暂缓A股发行。此后，因专利权属问题而被暂缓上市的案例频频发生，据统计，仅2010年国内就有61家上市公司因知识产权信息披露问题，在上市途中遇阻或被否。❷这严重影响了发行审核和证券发行市场的正常秩序，证券业一时刮起了不小的知识产权风，引起了监管部门的高度关注。

2010年4月20日，证监会发行监管部向保荐机构下发《关于切实落实保荐制度各项要求，勤勉尽责，提高尽职调查工作质量的通知》（发行监管函［2010］121号），要求对2010年5月1日前上报的在审项目全部核查，核查的重点内容即为专利、商标、诉讼和仲裁、关联方及招股说明书等文件披露的其他

❶ 见《苏州恒久光电科技股份有限公司招股说明书》1－1－103。

❷ 赵建国．别让知识产权成为上市企业的短板［N］．中国知识产权报，2011－03－18（001）．

重要事项。

上市受阻的恒久亦是一夜觉醒，自2010年起已申请实用新型专利14件、发明专利1件，至今15件专利都已获得授权，并全部处于权利维持的有效状态。[1]更多的上市企业也本着“有则改之，无则加勉”的态度，积极将知识产权工作落实到位。

专利权等知识产权对企业上市影响重大。管理部门警醒了，企业行动了，各方都更加重视企业上市过程中的知识产权分析评议。这实际上是为企业自身创造财富，是为股东创造财富，也是为国家创造财富。

[1] 专利状态查询日期为2013-04-25。

第二节 商标维权助推上市成功

——从“小肥羊”商标之争看企业上市前的知识产权分析评议

案例概要

内蒙古小肥羊的“小肥羊”商标因其强大的品牌效应，很多商家开始盯上了这块“肥肉”，各种“小肥羊”一时层出不穷，鱼目混珠，企图利用“小肥羊”的知名度来搭便车、傍名牌，以“小肥羊”命名的餐馆，以及与“小肥羊”相关的商标申请如雨后春笋般出现。

经过几年的艰苦诉讼及维权，内蒙古小肥羊赢得商标官司，稳步推进了其上市进程。知识产权评议攸关企业上市，内蒙古小肥羊的维权案例，说明了知识产权评议对于拟上市企业的重要性，只有做好平时工夫，保护企业知识产权，尽力避免知识产权侵权行为的发生，才能防止知识产权问题成为企业上市的绊脚石。

三只“小肥羊”抢商标

内蒙古小肥羊餐饮连锁有限公司（以下简称“内蒙古小肥羊”）成立于2001年，以经营特色火锅及特许经营为主业，在传统涮羊肉的基础上进行了大胆革新，开创了以一种独特的“不蘸小料”涮羊肉吃法，迅速风靡大江南北。在2004年时，“小肥羊 LITTLE SHEEP 及图”还按照当时的规定被认定为“中国驰名商标”。2007年，内蒙古小肥羊获世界品牌实验室颁授“2007中国品牌年度大奖第一名（餐饮）”和“中国最具影响力品牌（TOP10）”两项殊荣。

就在内蒙古小肥羊的经营业绩如日中天之时，特别是“小肥羊”商标被认定为驰名商标后，强大的品牌效应，让很多人盯上了这块“肥肉”。各地各类“小肥羊”如雨后春笋般出现，相关的商标申请也陡然增加。据统计，彼时全国范围内各种“小肥羊”名号的企业近5000家。

很快，西安小肥羊烤肉馆（以下简称“西安小肥羊”）和陕西小肥羊实业有限公司（以下简称“陕西小肥羊”）先后针对“小肥羊”商标提出异议、复审和诉讼。这著名的“三羊”抢商标官司，一打就是两年。

在内蒙古小肥羊申请“小肥羊”的商标获初审公告后，西安小肥羊旋即向商标局提出异议，商标局裁定异议不成立。此后，西安小肥羊不服，又向商标评审委员会提出了异议复审。2004年12月，商标评审委员会裁定西安小肥羊的异议不成立，准予内蒙古小肥羊核准注册。随后，西安小肥羊又向北京市第一中级人民法院提起诉讼，主要诉讼理由是：内蒙古小肥羊注册“小肥羊”商标侵犯其企业名称、字号的在先权。然而，法院审理后认为，能够获得法律保护的企业名称权，应是办理登记、领取营业执照后取得的。证据表明，内蒙古小肥羊公司名称合法取得于1999年9月13日。西安小肥羊于2000年6月15日获得营业执照。其次，法律对名称权的保护应针对企业名称的整体，而不能仅考虑其中的某一部分。因此，北京市第一中级人民法院裁定，西安小肥羊主张内蒙古小肥羊注册被异议商标侵犯其在先享有的企业名称权缺乏事实和法律依据。[1]

陕西小肥羊也提起了诉讼，主要诉讼理由是：“小肥羊”是通用名称，商标局曾以“小肥羊”缺乏显著性为由多次对要求注册“小肥羊”文字商标的申请予以驳回，却准予内蒙古小肥羊注册，商标局对同一商标的审查采取了不同标准。内蒙古小肥羊则认为，在2001年《商标法》修改前，商标局也将内蒙古小肥羊的“小肥羊”商标注册申请驳回，这表明商标局对这些申请采取的是同一标准。2001年2月1日，修改后的《商标法》实施，内蒙古小肥羊已在经营中使“小肥羊”产生了显著性特征。根据《商标法》的新原则和内蒙古小肥羊的

---

[1] 详见北京市高级人民法院行政判决书（2006）高行终字第94号。

实际情况，商标局“先驳后准、彼驳此准”均是依法行政。商标评审委员会则认为，在案证据已经证明被异议商标经内蒙古小肥羊通过实际商业使用产生了显著性的事实，核准内蒙古小肥羊商标注册，符合商标法的规定。北京市高级人民法院最终裁定，内蒙古小肥羊以其企业字号中的“小肥羊”作为特有服务名称，形成了特定的市场含义，使被异议商标取得了显著特征，且便于广大消费者识别，商标评审委员会裁定核准被异议商标予以注册并无不当，据此判决维持商标评审委员会关于准予内蒙古小肥羊的“小肥羊”文字及图商标核准注册的裁定。[1]

“小肥羊”成中华火锅第一股

2006 年北京市高级人民法院的判决一锤定音，使得内蒙古小肥羊摆脱了商标权不确定所带来的一系列风险，内蒙古小肥羊不仅获得了核心业务即餐饮类所需的关键注册商标，为其上市打下了良好的基础，也避免了“小肥羊”商标因“公地效应”而可能荡然无存的噩运。

“小肥羊”商标之争尘埃落定后，内蒙古小肥羊在各地工商机关的配合下，对充斥市场的假冒“小肥羊”商标进行了清理，也吸引了大量有实力的加盟商加盟到“小肥羊”的大家庭中，为“小肥羊”火锅汤料产品尽快在全国范围内铺开奠定了基础。

知识产权领域的大获全胜为企业上市扫清了障碍，踏踏实实地推进了上市进程。2008 年 6 月，内蒙古小肥羊在香港主板挂牌上市（00968. HK），成为首个在香港上市的中国品牌餐饮企业，被誉为“中国火锅第一股”。[2] 此次募集资金净额约为 4. 62 亿港元。

助推企业上市的重要因素

在内蒙古小肥羊企业上市的过程中，两个知识产权因素作用关键：

---

[1] 详见北京市高级人民法院行政判决书（2006）高行终字第 92 号。

[2] 2012 年 2 月，百胜餐饮集团以协议计划方式私有化小肥羊的交易顺利完成，内蒙古小肥羊从 2012 年 2 月 2 日起正式在香港联交所除牌，并成为百胜餐饮集团旗下一个新的餐饮品牌。

一是内蒙古小肥羊最终拿到了商标权，明确了权利的稳定性，保障了企业的核心竞争力。专利、商标、著作权等知识产权都关系到企业的核心竞争优势，一旦出现权利的不确定性和不稳定性，势必会影响企业的发展前景。知识产权纠纷相对一般诉讼和仲裁纠纷而言更为复杂和难于预测，小则使上市进程延误一年半载，大则会使企业的上市计划彻底失败。而厘清企业是否拥有核心知识产权、知识产权的稳定性如何恰是知识产权分析评议的核心职能。

二是内蒙古小肥羊及时解决了知识产权纠纷，排除了企业未来发展中的潜在风险，为投资者增添了信心。知识产权纠纷若不能及时解决，企业发展将存在隐患与不确定性，将直接影响各方对企业竞争力的判断。通过开展知识产权分析评议工作，可以帮助企业排查上市中的知识产权风险，一旦遇到纠纷，也可以通过专业技能帮助企业找到有针对性解决纠纷的有效途径，避免因知识产权问题拖延甚至阻碍企业上市融资的进程。

企业上市引入知识产权分析评议机制

内蒙古小肥羊及时运用知识产权手段解决关键问题、扫清上市障碍的经验，值得借鉴。助推小肥羊上市的两个重要因素对所有确立了上市目标的企业而言同样重要。为此，应当开展以下两个方面的知识产权分析评议工作：

一是在上市前分析评议是否拥有对企业发展至关重要的核心知识产权。已经拥有的知识产权确保其真实性和有效性，避免影响企业上市进程，尚未通过知识产权加以保护的专有技术、有价值的商标加以科学知识产权布局；确保知识产权出资合理无遗漏等。

二是在上市前分析评议企业的知识产权风险以及解决方案。企业面临重大知识产权诉讼或涉嫌侵权未决案件的，通过分析评议明确事实依据，提供有效解决方案，为企业上市排除障碍；全面排查企业可能面临的各类知识产权风险，把好知识产权关，出现风险及早干预、及时防范，为企业未来上市做好准备。

延伸阅读：

湖北省上市后备企业知识产权分析评议试点工作效果显著

2012年起，湖北省知识产权局与湖北发审委开始合作，联合开展上市后备企业知识产权分析评议试点工作。主要从两个层面开展分析评议：一是从支撑发审委核查后备企业上市信息的角度，对企业拥有的知识产权从真实性、稳定性、有效性的角度进行第三方评价，帮助发审委准确了解企业的知识产权信息；二是从帮助企业顺利上市的角度，核查上市要披露的信息有无瑕疵，信息如何披露更加合理，是否存在知识产权流失风险，并帮助研判主营业务的专利产品发展趋势。这一工作在当年即获得明显效果：例如，湖北某上市后备企业经过知识产权分析评议，发现正在申请的某专利是现有技术，不具备授权前景，而企业在筹备上市准备披露的信息中有该专利申请信息，同时，企业也正与外商谈与该专利申请有关的技术合作事宜。看到结果，企业领导马上意识这一重要问题，若无视之，不仅直接影响外商合作事宜，更为重要的是它将影响企业上市进程。于是，该企业马上行动起来，一边根据检索到的现有技术，重新递交一份授权前景比较明朗的新专利申请，一边修改上市披露信息，并修改与外商合作的内容。通过这次事件，这家企业深刻认识到启动经济科技活动时知识产权分析评议的必要性和重要性，“知识产权分析评议花小钱，办大事，此言不虚”，企业领导如是说。

知识产权影响企业上市 星网锐捷因专利失效暂缓上市

2008年，福建星网锐捷通讯股份有限公司（以下简称“星网锐捷”）开始申请上市。2010年4月9日，公司正式发布招股意向书，定于4月19日发行。然而4月15日，星网锐捷突然在公开发行股票暂缓发行公告中称，公司于2010年4月14日自查发现，部分实用新型专利和外观设计专利因未续缴年费等原因已被终止，专利权失效；同时，亦有部分专利申请在审查阶段发生变化。这些信息与之前招股意向书中的信息差异较大，甚至相悖。随后，星网锐捷因IPO期间的知识产权信息披露不实而暂缓上市，引来国内资本市场一片哗然。事件被公布后，被国内外相关媒体广泛重点报道，对星网锐捷的公司形象造成很大负面影响。

虽然星网锐捷于2010年6月23日最终在深交所中小板块上市成功（股票代码为002396），但因知识产权信息披露不实而导致IPO暂缓的事情，与苏州恒久光电科技股份有限公司因专利权失效导致上市失败事件，被列为中国上市企业的两个典型案例。

乔丹体育遭遇知识产权纠纷上市被迫搁浅

乔丹体育股份有限公司（以下简称“乔丹体育”）自2000年成立时开始使用“乔丹”作为其商号，并取得了工商行政管理部门的核准。公司主要使用的“乔丹”商标也在2003年前后注册完成。2005年，“乔丹”图形商标还被按照当时的有关规定认定为“驰名商标”。2009年，“乔丹”中文文字商标被认定为“驰名商标”。

2011年11月25日，中国证监会在其网站上宣布：乔丹体育首次公开发行获中国证监会发行审核委员会2011年第263次会议审核通过。公司获准在上海证券交易所上市发行，预计发行11250万股，预计募集10.6亿元资金。按照计划，乔丹体育将于2012年3月底前挂牌上市。

然而，就在企业上市前夕，2012年2月23日，美国篮球明星迈克尔·乔丹宣布向中国法院提起诉讼，指控乔丹体育在未经授权的情况下滥用其姓名和形象，要求乔丹体育停止侵犯其姓名权的行为，并赔偿精神损失费5001万元。

此举更是刺激了媒体敏感的神经，随后各种报道、分析、评论铺天盖地袭来，乔丹体育的上市被迫搁浅，原定的挂牌时间被一拖再拖，至2013年年底，上市计划仍未能实现。

第三节　创业板上市中的知识产权分析评议要点

在创业板上市前开展知识产权分析评议，有助于管理部门把好企业上市审查关，帮助企业避免因知识产权问题而使上市受阻。

情形一：与上市审查有关的知识产权分析评议

与上市审查有关的知识产权分析评议，一般由社会第三方服务机构如律师事务所或专业咨询机构完成，主要聚焦于企业的股份制改造和发布上市招股书期间，包括知识产权出资是否合规，信息披露是否真实、准确、完整，企业的自主创新能力和成长性等。

- 与知识产权出资有关的知识产权分析评议。主要包括：

（1）知识产权出资信息的真实性、准确性和完整性评价。

（2）出资知识产权的风险性评价。包括企业对出资的知识产权是否拥有完整权利，权利实施是否依赖于他方的知识产权许可，是否存在知识产权权属纠纷，债权人是否会对知识产权出资提出异议，对于委托开发的专利技术，权利归属和利益分配条款是否对出资带来限制等。

（3）知识产权出资行为是否存在其他瑕疵，如自然人以知识产权出资的，考察是否源自职务发明；知识产权资产评估是否客观、真实、合理、合法；知识产权资产出资是否超过法定比例，若知识产权出资比例较高，需要评价出资的知识产权与企业经营主业是否关联。

- 发行人披露知识产权信息的评议。审查发行人披露的知识产权信息是否真实、准确、完整，涉及知识产权类型、法律状态、权属、纠纷等方面，进一步可考察所披露知识产权的稳定性、保护强度以及知识产权与主营业务的关联性。

- 发行人的知识产权风险评议。主要判断发行人及其关联企业知识产权的取得或者使用是否存在重大不利变化的风险，包括：是否面临侵犯他人知识产权的风险，是否存在知识产权权属纠纷，债权人和合同签订方是否提出异议，实施的重大商贸活动中是否存在知识产权风险等。

- 与发行人自主创新能力和成长性有关的知识产权评议。对发行人的知识产权资产及其管理状况进行清查盘点，包括：

（1）企业知识产权管理制度、机制的完善程度，有无风险防控措施，组织体系是否完善，研发投入增长情况，发明团队状况等。

（2）企业技术优势情况，包括企业技术储备情况，技术标准制定参与情况，技术与知识产权奖励和荣誉称号，品牌构筑情况等。

（3）企业知识产权实力情况，包括知识产权产出效率和质量，知识产权的稳定性，技术秘密的先进性和不可规避性情况，知识产权保护强度。

（4）企业知识产权许可收益情况，由知识产权带来的客户议价权增强、知识产权相关产品的市场份额等情况。

情形二：与企业上市辅导相关的知识产权评议

与企业上市辅导相关的知识产权评议，一方面用于应对上市发行审查，另一方面用于帮助发现企业知识产权问题，支持企业持续提升知识产权能力。前者与上市审查的内容相对应，后者主要指企业知识产权审计，目的在于帮助企业完善知识产权管理，使之符合上市企业管理要求，支持发行人获得更好市场收益。实践中一般由律师事务所或知识产权咨询机构提供此类服务。内容包括：

- 企业知识产权管理评议。主要是顺应上市企业的管理要求，对现有的知识产权管理体系进行完善性改造，建立相适应的制度规范和组织体系。

- 企业知识产权优劣势评估。分析相关产业的知识产权竞争态势，判断企业在知识产权方面的优势和劣势，确定技术研发规划和知识产权培育方向。

- 完善企业知识产权战略。基于企业知识产权实力和未来战略目标，梳理企业未来发展战略路线，制订任务措施，形成适合企业上市发展的企业知识产权战略。

第四章　技术标准

本章导读：

数字电视标准专利收费危机四伏，分析评议救产业于水火

2007年3月，美国要求进入其市场的电视必须符合ATSC标准，标准中的专利问题成为焦点，我国企业被迫缴纳的专利费将高达41美元/台！为了应对这一巨大产业发展压力，中国彩电骨干企业联合投资组建了第三方知识产权专业公司，通过知识产权分析评议迅速厘清了专利收费中的不合理要素、确定了合理的收费标准，代表彩电企业通过集体谈判将专利收费降低了超过40%。随后更是组建了中国电视专利池，深度运用分析评议手段，推动我国数字电视领域技术标准建设。

专利大棒挥之而来，DVD产业全军覆没

DVD曾是中国电子行业的骄傲。21世纪初，我国曾是DVD的最大生产和出口国，产量一度占世界85%左右。然而，多个国外组织以技术标准中的专利为由纷纷前来收费，我国企业在未开展任何专利分析评议的基础上贸然缴费，专利费如雪球一般越滚越大，最终导致产业难于负担并最终衰落。

第一节 数字电视“十面埋伏”

——从数字电视专利收费看技术标准中的知识产权分析评议

案例概要

近年来，数字电视在全球迅速普及，给我国彩电行业带来了巨大发展空间和市场机遇，同时也提出了严峻挑战。自2007年3月起，美国实行数字电视的ATSC标准，要求进入其市场的电视必须符合标准。而要达到ATSC标准的相关技术规范，将不得不使用标准中的相关专利。国外企业一方面纷纷提出收取专利费，一方面以专利诉讼为手段施加压力迫使我国企业缴费。据统计，我国企业被迫缴纳的专利费将高达41美元/台。

很快，为了应对ATSC数字电视标准的专利收费，TCL、康佳、创维、长虹、海信、海尔、厦华、新科、上广电等中国彩电骨干企业，联合投资组建了第三方知识产权专业公司——中彩联。中彩联通过知识产权分析评议迅速厘清了专利收费中的不合理要素、确定了合理的收费标准，代表彩电企业通过集体谈判将专利收费降低了超过40%，帮助企业打赢了漂亮的一仗，把企业甚至整个产业从生死边缘拉了回来。

随后，中国彩电企业组建了中国自己的数字电视专利池，深度运用知识产权分析评议手段，积极推动我国数字电视领域技术标准建设，将具有自主知识产权的专利纳入技术标准，推动我国彩电行业向自主知识产权的道路迈进。

数字电视危机四伏

数字电视是电视信号的采集、编辑、传播、接收整个广播链路数字化的电视广播系统。数字电视有地面无线传输、卫星传输和有线传输三种信号传输模式。由于其传输质量高、图像清晰度高、伴音质量好、功能强大、服务多样化等优点，正逐步取代模拟电视成为市场的主流。为抢占数字电视的制高点，美国制定了数字电视 ATSC 标准❶，欧洲制定了数字电视 DVB 标准❷，日本制定了数字电视 ISDB 标准❸。

中国是全球最大的数字电视制造和销售国，数字电视销量占全球销量的一半以上，平板数字电视产量接近全球销量一半，其中的一半用于出口。美国是中国数字电视的主要出口市场，每年 3000 万台以上的市场容量，使其成为中国彩电利润的重要来源。然而此时，以出口为主的中国彩电企业缺乏数字电视的核心技术和专利储备，采用西方工业标准是唯一选择。

2007 年 3 月起，美国开始实行 ATSC 数字电视地面广播标准，所有销售到美国市场的电视必须是数字电视，同时 13 英寸以上的电视必须符合 ATSC 标准的技术规范。中国彩电企业由此陷入窘境。ATSC 标准中埋有大量专利，采用标准就意味着使用专利，使用专利就意味着要缴纳专利费将成为中国企业进入美国市场无法越过的鸿沟，而高昂的专利费则意味着企业的利润空间被极度压缩，企业难以生存。

与此同时，包括朗讯、真力时（ZENITH）、汤姆逊、索尼在内的多家 ATSC 标准专利权人也开始向中国彩电企业提出 ATSC 标准中的专利清单。一时间，山雨欲来风满楼，中国彩电企业胆战心惊，闻 ATSC 而色变。

中国彩电行业陷入了严重的专利危机。

---

❶ 1995 年 9 月 15 日，美国先进电视系统委员会（Advanced Television Systems Committee，ATSC）正式通过 ATSC 数字电视国家标准。

❷ DVB（Digital Video Broadcasting）意为数字视频广播。DVB 是欧洲有 170 多个组织参加的一个项目。它包括卫星、电缆电视和地面广播的普通电视和高清晰度电视的广播与传输。

❸ ISDB 是日本的 DIBEG（Digital Broadcasting Experts Group，数字广播专家组）制定的数字广播系统标准，它利用一种已经标准化的复用方案在一个普通的传输信道上发送各种不同种类的信号，同时已经复用的信号也可以通过各种不同的传输信道发送出去。

专利收费节节高

在初始阶段，ATSC 标准的基本专利技术只有两项，朗讯和真力时两家公司据此会分别收取 1 美元/台和 2.5 美元/台的专利费用。因而，中国彩电企业普遍的乐观预测是，ATSC 标准实施后出口美国的数字电视每台需要支付 2 ~ 3 美元的专利费用。❶

然而，随着 ATSC 标准施行的日期日益临近，标准中的专利队伍却不断扩容，中国企业需要缴纳的专利费也节节升高。2006 年 11 月，美国 ATSC 组织两次来华，向有关方面提出增加标准中的专利和缴费数额，新增加的费用主要来自汤姆逊和索尼的专利。据悉，汤姆逊掌握着数字电视的 18 件核心专利，包括编解码技术、图像素处理技术和 V - chip 技术等，这其中大部分被 ATSC 采用为标准必要技术。上述专利收费将高达 3 ~ 5 美元/台。此外，汤姆逊还向日本平板电视厂商船井（FUNAI）转让了 500 件专利，这部分专利许可费将按每台至少 2 美元的方式来收取。索尼所掌握的纳入 ATSC 标准的核心专利虽然只有四项（主要是数字接口和 POD 模块技术），但是其收取的专利费却很高，收费模式为每台彩电收费 600 日元再加总营业收入的 2%，这相当于每台收取至少 7 美元的费用。

如此一来，加上此前在模拟电视时代就已经开始征收的专利费用，如杜比的音频 AAC 技术（每台收费 2 美元）、MPEG - LA❷ 的 MPEG - 2 视频压缩技术（每台收费 2.5 美元）、TRI - VISION 以及加迪安（GUAR IAN）的 V - chip 技术（每台 1.25 美元和 1 美元），中国彩电企业的数字电视专利许可费至少每台 23 美元。

不幸的是，ATSC 标准的专利收费扩张仍未就此止步。

---

❶ 郎朗. ATSC 专利清单独家曝光 [N]. 21 世纪经济报道, 2006 - 12 - 27 (019).

❷ MPEG - LA 是 1996 年在美国成立的专利授权管理公司。MPEG - LA 是独立的授权管理人，与各标准机构无关，与各专利持有人无附属关系。MPEG - LA 实行一站式专利池管理模式：从多方专利权人手中获得非独占专利许可，而用户以单一交易的方式获取必需的适用于专门技术标准或平台的专利权，而无须单独与每一方谈判通过协议。2004 年 12 月开始，MPEG - LA 向各大专利权人召集 ATSC 专利，旨在组建 ATSC 专利池。2005 年 2 月，MPEG - LA 召集专利的目标初步完成，且专利权人在该日期之内已承诺所提交的专利均为必要专利。

2007 年 9 月，MPEG－LA 宣布成功组建针对 ATSC 数字电视标准的 ATSC 专利池，专利权人包括飞利浦、LG、松下、三菱、三星、亚特兰大科技、真力时等，纳入池中的专利与许可条款进一步明晰。根据 MPEG－LA 2007 年公布的专利清单，ATSC 专利池总共包括 117 件专利，其中，真力时 52 件，三星 19 件、LG 18 件、飞利浦 1 件、三菱 5 件、松下 18 件、亚特兰大科技 4 件，这些专利将向美国、韩国、墨西哥、日本、英国、德国、加拿大、中国大陆、中国台湾、俄罗斯等国家或地区的数字电视企业收取专利许可费。ATSC 专利池的许可政策是，每台按照 ATSC 标准制造销售的数字电视将从 1998 年 1 月 1 日起征收 5 美元的专利费，持续到 2016 年 12 月 31 日。[1]

然而，ATSC 专利池覆盖的专利权人还不是很全面，如索尼、汤姆逊、RCA、杜比、AT&T、TRI－VISION、ATI、SARNOFF、朗讯、MIT、加迪安、夏普、SUN、柯达、网景、BITSTREAM、OPEN TV、HARMONIC 等公司还拥有不少 ATSC 标准相关的专利，这些专利还没有纳入该专利池中。据深圳市中彩联科技有限公司（以下简称“中彩联”）统计，按照汤姆逊、LG、索尼在内的多家 ATSC 专利所有人向中国彩电企业发出的 ATSC 专利清单，每台中国制造的数字电视将会被征收 41 美元的专利费。

当时，我国出口到美国的 CRT 彩电的平均单价为 61.2 美元，液晶彩电的平均单价为 320.39 美元，彩电出口的毛利率不到 10%。在不涨价的前提下，按照每台 41 美元收取专利费，对本已利润微薄的中国彩电企业来说，每出口一台数字电视甚至还有可能赔掉至少 10 美元！中国彩电企业要获得专利许可，每年就不得不支出大约 15 亿美元的费用。而按照当时彩电行业乐观的估计，全行业的年利润也只有约 4 亿美元。

专利权人逼宫大战

一方面，ATSC 标准的专利权人不停地向中国彩电企业发送专利清单，要求

[1] 周春惠．“一站式标准专利技术准入”的专利管理模式［J］．电子知识产权，2007（12）：10.

缴纳专利费；另一方面，挥向中国彩电企业的专利大棒一次次垒高加码：各专利权人向中国彩电企业不断发起专利诉讼，逼迫企业缴纳专利费。

2007 年 2 月，LG 在美国得克萨斯州东区法院起诉 TCL 旗下 TTE（TCL－汤姆逊电子有限公司）及其控股子公司 TCL 多媒体侵犯其四项数字电视专利（这些专利均已列入 ATSC 标准中），其中包括数字电视频道操作技术和有关阻止电视节目播放的技术。TTE 公司成为首个卷入数字电视 ATSC 标准相关专利纠纷的中国内地企业。

2009 年 3 月，MPEG－LA 宣布数位公司 MPEG－2 专利组合许可证的持有人已分别向纽约南区联邦地区法院和德国杜塞尔多夫地区法院提起专利强制执行申请，寻求经济赔偿和法院禁令。其指控联想侵犯 MPEG－2 数字视频压缩标准中的核心专利权，而 MPEG－2 标准也被用于 ATSC 数字标准中。❶ 起诉书称，联想在美国和德国提供的多种产品均使用了受专利保护的 MPEG－2 方式，但联想未与各专利持有人签署授权协议，也未签署 MPEG－LA 提供的、包括所有这些专利在内的组合授权协议。

2009 年 4 月，加迪安在加州地方中区法院诉海尔、海信、康佳、创维等 25 家企业侵犯其专利权（US4930158 和 US4930160），要求法院判定被告故意侵权、赔偿原告损失、对于故意侵权承担三倍的惩罚性赔偿金等法律救济。

2009 年 8 月，MPEG－LA 向美国纽约南区地方法院起诉我国海尔公司在美国出售数字电视机等产品，但未与各专利持有人签署授权协议，也未签署 MPEG－LA 的组合授权协议。诉讼主张主要包括经济赔偿以及法院禁令，禁止海尔在其产品中使用或提供、销售、导入这些专利。此前，海信、长虹、TCL、康佳已经分别和 MPEG－LA 签署专利许可协议；创维拒绝签署，已经放弃美国市场，主攻国内市场。

---

❶ ATSC 专利池不包含 MPEG－2 专利，但 ATSC 标准中的视频部分采用的是 MPEG－2 标准，也就是说，符合 ATSC 标准的数字电视中涉及的 MPEG－2 专利需要另外收费。

知识产权分析评议救产业于水火

在这一系列纠纷中，交多少专利许可费合适，始终是双方争议的核心和焦点。由于不掌握ATSC标准的核心技术和相关专利，中国彩电企业和ATSC标准的专利权人没有可交换的谈判筹码，唯一能谈的，就是交多少钱。在这一痛苦卓绝的战斗中，知识产权分析评议的作用显现出来。

2007年3月，为了应对ATSC数字电视标准的专利收费，TCL、康佳、创维、长虹、海信、海尔、厦华、新科、上广电等中国彩电骨干企业，联合投资组建了中彩联，以图打破僵局、整合力量，通过系统协调来改变我国数字电视产业的被动局面。代表彩电企业进行集体谈判，把不合理的专利收费降下来，成为中彩联的首要任务。

接下来是一系列以知识产权分析评议为基础核心的应对措施。对方既然凭借专利要价，那就得评评它是否有资格要价，要多少钱才是合适的？

第一步，中彩联对全球涉案数字电视的专利进行了分析评议，内容包括：各项专利的稳定性、包含在哪些标准之中、权属状态等；明确我国企业共采用了哪些专利技术，哪些专利是无法绕开、必须缴费的，哪些专利是与企业使用的技术无关的，哪些专利是可能被宣告无效的等。

第二步，在对所有涉案专利进行了全面的知识产权分析评议后，中彩联以无关专利、无效专利和不稳定专利的有关信息作为谈判基础筹码，确定了极富针对性的谈判策略，从而将汤姆逊、MPEG－LA、索尼等拟收取的专利收费降低了40%。

另一方面，面对国外企业以事实标准作为手段的打压，中彩联也开展了知识产权分析评议：第一，对标准中涉及的专利的有效性和稳定性进行分析评议；第二，对国内企业所拥有的专利进行评估，找寻能够与国外厂商交叉许可进而降低缴费的有用专利，并通过自有专利池加强与国外专利联盟的谈判能力；第三，以宣告专利无效的方式缩小标准中赖以收费的专利。

知识产权分析评议为厘清专利收费中的不合理要素、确定合理的收费标准以及科学应对提供了依据，帮助中国企业打赢了漂亮的一仗，把彩电企业乃至整个产业从生死边缘拉了回来。

知识产权分析评议蹚出自主知识产权路

此后两年间，中国彩电企业又先后接到了来自美国的10多件专利收费律师函，这其中除了与国内产业存在竞争关系的一些消费电子巨头外，还有很多是专利许可公司的行为。在深入开展知识产权分析评议的基础上，中彩联全部给予了及时且恰当的回应和处理。例如，曾经有一家美国著名品牌企业以专利权人身份前来收费，声称持有1000多组8000多件专利。经过中彩联的知识产权分析评议，发现其所谓的“专利包”近乎一个“垃圾包”，专利过期、技术过时、技术含量低或者根本用不到、专利权属不清等问题比比皆是，所谓的核心专利并非权属该公司。

此事过后，中国彩电企业不仅看到了彩电行业时刻伴随的知识产权风险，也看到行业中蕴藏的知识产权资本盈利商机。中彩联接下来做了两项基础工作：

一是建设中国彩电专利信息预警平台。一台数字电视所牵涉的专利信息有上万条，哪些属于有效专利，哪些属于过期专利，哪些代表先进技术，通过知识产权分析评议将这些信息挖掘出来，为各彩电企业提供创新方向咨询和专利布局建议，为企业提供产品开发定位和市场销售决策指引和风险预警。

二是借鉴欧美日韩彩电专利的发展经验，13家彩电企业签署共建数字电视专利池协议、共同出资成立第三方专业公司，并启动了我国彩电领域的知识产权联合运营。在联合运营中，先是搜集各个企业手中有市场价值的专利，通过知识产权分析评议选择必要专利，组建中国数字电视专利池；再是建立了谈判组织开展向外许可专利的集体谈判工作[1]；最后是积极推动我国数字电视领域技术标准建设，将具有自主知识产权的专利纳入技术标准，并推动技术标准普及应用。当

[1] [EB/OL].(2006-11-25)[2013-4-25]. http://tech.163.com/06/1125/10/30P22JJP000915BD.html.

前，具有先进水平、巨大市场前景的中国标准正在紧张有序的协调编制过程中，它的建立和推广必将带来我国数字家庭领域的一场革命。

知识产权分析评议工作成功地帮助彩电企业在标准领域的较量中打赢多场硬仗，取得了一系列卓有绩效的成果。这些成果为企业避免了大量损失，更深层次的意义还在于在短时间内推动了国内彩电企业的经营者们高度重视知识产权，纷纷将知识产权与产品研发和企业营销深度结合，谋求更为长远的发展。“几年前，彩电企业一般不重视知识产权工作，而现在，即使是彩电企业的最高层也会很虚心、很耐心地倾听知识产权工作汇报”，长虹法律部代德健处长如是说。

第二节　回看数字多功能光盘业（DVD）专利收费

——从 DVD 专利收费看技术标准中的知识产权分析评议

案例概要

数字多功能光盘播放机（DVD 机）制造曾是中国电子行业的骄傲，也是出口创汇的高技术含量产业的代表。进入 21 世纪以来，我国成为 DVD 机的最大生产和出口国，产量一度占世界 85% 左右。

然而，由于 DVD 机的核心技术和标准几乎全部为国外企业掌握，国外“6C”组织以技术标准中专利为由前来收费，专利评议工作的缺失使中国企业在还没有弄清楚标准中到底有哪些专利，专利有多少、归属于谁、价值几何，自己的产品究竟是否侵犯专利权的情况下就“稀里糊涂”地签字画押缴了费。乖乖缴费并未息事宁人，反而引来了“3C”“1C”、杜比等更多组织纷纷效仿前来收费，专利费如雪球一般越滚越大，直至产业难于负担并最终衰落。

专利和标准的竞争日趋激烈。跨国公司频频凭借专利获得高额收益，并逐步深化到组建产业联盟，将技术专利化、专利标准化，并最终通过标准实现垄断化。我国很多企业都是国际标准或事实标准的“采标者”，引入知识产权评议帮助企业擦亮眼睛、辨析风险、明确价值，增加谈判筹码，降低专利许可费，或化解专利诉讼纠纷，将会是企业在专利标准化时代的有力傍身武器。

曾经风光无比的DVD行业

数字多功能光盘播放机（DVD机，以下简称“DVD”）是一件普通的家用消费品。然而，本世纪初一场沸沸扬扬的“DVD专利收费门”，在给整个行业带来一场浩劫的同时，也成为引发国人深刻反思的典型教材。

DVD最初是指数字视频光盘（Digital Video Disc），后来演变为数字多用途光盘（Digital Versatile Disc），DVD机用来播放标准电视清晰度的电影、高质量的音乐或大容量存储数据。DVD从1994年下半年提出初步规格到1996年形成初样机只用了一年多的时间，随后迅速占据市场主导地位，成为娱乐业公认的新一代标准的存储技术，广泛应用于光盘、计算机光驱、数字电视、家庭影院、视频游戏机、光盘数码摄像机、MP4播放器等领域。[1]

20世纪90年代初，美国电影制片业顾问委员会代表好莱坞七大电影制片公司起草了一份愿望书，其中一项就是要求能在一张CD中记录一部标准长度（135分钟）的视频节目，并要求高于LD的图像和声音质量。VCD（影音光碟，Video Compact Disc，简称VCD）的图像分辨率只有352×240（NTSC制式）或352×288（PAL制式），从清晰度上不能满足上述要求。鉴于好莱坞影视集团在世界娱乐业中的影响力，硬件厂商开始了新的努力，这也成为研制DVD的动因。

1994年底，以索尼、飞利浦两家公司为代表的阵营，提出了多媒体压缩光盘MCD的构想。不久，以东芝、松下、先锋、日立、汤姆逊、时代华纳和米高梅等七家公司为代表的另一阵营，也提出超高密度标准视盘SD标准。在微软、IBM、康柏和苹果等公司的压力下，双方在1995年底达成协议，形成“数字多用途光盘”标准。

我国的DVD机制造产业发展也十分迅速。1997年起步时，年产量仅为5万

[1] 魏衍亮．国内DVD及竞争性工业标准的专利部署［N］．中国知识产权报，2007-04-25（015）．

台，而到了2001年，急剧上升到近两千万台。从1997年到2000年五年间平均增幅高达400%。据有关统计，1999年，我国的DVD机世界市场占有率已进入前八位，2000年进入前三位。[1] 进入21世纪，我国成为DVD的最大生产和出口国，产量一度占世界85%左右，[2] 一时风光无两。

因专利收费而衰落

DVD行业技术和产品专利数量很多，专利权人已经筑起了一道密不透风的堡垒。它们分成"6C""3C""1C"和MPEG－LA等几个专利收费组织："6C"由东芝、三菱、日立、松下、JVC、时代华纳6家公司组成；[3]"3C"由飞利浦、索尼、先锋3家公司组成；[4]"1C"为汤姆逊公司；[5] MPEG－LA系16个专利权人组成的专利收费公司。

眼看着中国的DVD产业日渐成熟，海外DVD专利权人却开始"痛下杀手"。

2001年初，一批出口到欧盟的中国DVD产品遭到荷兰飞利浦等企业的阻挠，并以侵犯其知识产权为由，不惜动用欧洲议会法案，拒绝这批DVD产品登陆荷兰等欧盟国家。

2002年1月，以飞利浦为代表的"3C"组织在英国以DVD未交专利许可费、系侵权产品为由，申请海关扣押了深圳普迪公司运往欧洲的3864台DVD。紧接着，惠州德赛视听科技有限公司出口到德国的DVD机也因同样理由被扣押。

事实上，早在产品大规模被扣押之前，中国的DVD企业已经在与"6C""3C"等组织进行有关专利问题的谈判。

"6C"早在1999年6月即面向全球发表了关于"DVD专利联合许可"的声

---

[1] 中国电子音响工业协会．提高竞争力是关键DVD知识产权纠纷案的始末及思考［N］．国际商报，2003－02－20（005）．

[2] 魏衍亮．国内DVD及竞争性工业标准的专利部署［N］．中国知识产权报，2007－04－25（015）．

[3] "6C"专利池最初由五家日本企业（日立、松下、三菱、东芝、JVC）联合美国时代华纳公司组建，后来又吸纳了三星、夏普、三洋等公司加入。

[4] "3C"联盟最初由飞利浦、索尼、先锋三家公司组建，后来又吸纳LG电子公司加入。"3C"联盟的许可工作由飞利浦负责。

[5] 汤姆逊公司是法国最大的国家企业集团，为全球四大消费电子类生产商之一。

明。声明中规定，厂家应将DVD、DVD－ROM播放器净售价的4%或每台4美元（两者中以数额较高者计算）以及解码器净售价的4%或每台1美元（两者中以数额较高者计算）交纳给“6C”。另外，DVD（光盘）的专利费则为每碟7.5美分。

2000年11月，“6C”在北京宣布了它们的“DVD专利许可激励计划”，鼓励企业尽早交纳专利使用费，并言明早交可减少专利费，晚交还要另外付利息。与此同时，其与中国DVD企业就专利费缴纳问题正式开始谈判。至2002年1月的一年多时间里，100多家中国DVD企业的谈判代表与6C就DVD专利许可问题进行了多次谈判，但均告破裂。❶

2002年3月，“6C”向100多家中国企业发出最后通牒：务必在规定日期之前就专利使用费与“6C”达成协议，否则将向法院提出诉讼。“6C”开出的条件是专利使用费按产品单价的20%收取，每台约20美元。据悉，当时国内多数厂家对费用过高表示无法接受，希望每台DVD机收取专利使用费2～3美元，最多不超过5～6美元。❷

祸不单行，几乎同一时间，另一DVD专利联盟“3C”的当家人飞利浦也向中国企业伸出了索要专利费之手。此外，法国汤姆逊公司、拥有数码影音技术的DTS也都提出征收中国DVD企业每台1～10美元不等的专利费。

2002年4月，经过多次谈判，中国企业与“6C”的专利许可协议最终尘埃落定，中国厂商每出口1台DVD播放机将向“6C”支付4美元的专利使用费。随后，与“3C”签订的专利使用费协议使得中国厂商每出口1台DVD播放机支付5美元。其他专利使用费支付情况是：汤姆逊公司每台DVD收取售价2%（最低2美元）的专利使用费，杜比每台收取1美元的专利使用费，MPEG－LA每台收取4美元的专利使用费（2002年调整为2.5美元，参见表4－1）。

---

❶❷ 朱守力.“DVD专利事件”的前前后后［N］.国际金融报，2002－04－03（002）.

表 4-1　部分专利权人 DVD 收费清单

专利权人	成员名单	专利费
6C	东芝、松下、三菱、日立、JVC、时代华纳、三星、夏普、三洋	4 美元/台
3C	飞利浦、索尼、先锋、LG	5 美元/台
1C	汤姆逊	2 美元/台
MPEG-LA	由 23 个专利权人组成的专利收费公司	2.5 美元/台
杜比	杜比	1 美元/台
合　计		14.5 美元/台

昂贵的专利许可费，使中国的 DVD 生产企业迅速走入困境。而 DVD 国际市场销售价格却在持续下跌，美国市场上的 DVD 机零售价仅为 30~40 美元，但中国企业每出口 1 台 DVD 机就要交纳约 14.5 美元的专利费！据统计，2002 年中国 70% 以上的 DVD 企业安家在深圳保安地区，自从国外企业开始加收 DVD 专利费，企业开始大规模倒闭，DVD 生产企业从鼎盛时期的 140 多家锐减到 2004 年中期的 30 多家。[1]

2003 年，"6C""3C"等组织针对先科轮番发起专利战。2004 年，先科因专利收费负债 10 亿元而被迫重组。与先科相近似的金正电子，为了降低生产成本，将位于东莞的总部和 DVD 生产工厂，搬到了成本更加低廉的珠海，但仍然无法形成支付"6C""3C"等联盟专利许可使用费后的利润空间。2004 年 7 月，金正电子出现债务危机，DVD 生产车间和产品被法院查封。

我国海关统计资料显示，2005 年 1~9 月，DVD 出口领先的广东省共出口 DVD 达 8060 万台，其中以贴牌形式为国外品牌做加工贸易的产品出口台数为 7653 万台，占出口总量的 95%。中国的 DVD 产量约占全球市场的 80%，但不少著名国产品牌 DVD 开始从国际市场隐退，中国绝大多数 DVD 企业被迫退出国际市场或进入贴牌生产时代。对于此种结果，是国内 DVD 生产企业，甚至是当初参与 DVD 谈判的人员始料未及的。

[1] 黄贤涛，等．专利：战略管理诉讼［M］．北京：法律出版社，2008.

缺失的知识产权分析评议

知识产权问题引发整个 DVD 产业走向没落。然而时至今日，我们的企业也没能弄清楚自己到底是侵犯了哪一个企业的哪一件专利，自己需要缴纳的费用又是怎么计算出来的。十几年过去了，随着一批 DVD 专利权的到期以及 DVD 技术的发展，哪些专利应该停止缴费，现在的专利收费应该如何操作，仍然是一笔糊涂账。在采用技术标准过程中知识产权分析评议的缺失问题浮出水面。

在整个过程中，几个被忽视的重点问题恰是应当开展分析评议的核心内容。

第一，在标准中到底包含了国外公司或组织的哪些专利？这些专利全部都是不可绕开的必要专利吗？这是对标准本身的专利分析评议。

恰如“6C”组织提出的收费是基于持有 1500 余项专利，这 1500 余项专利全部与 DVD 技术标准息息相关吗？从经验角度看，未必。而对其专利没作任何分析评议，让我们的企业不得不囫囵吞了缴费这颗“苦果”。对标准的分析评议可以帮助厘清哪些是标准中的必要专利，这些专利都为谁所掌握；哪些是标准的关联专利，这些专利为谁掌握、是否有替代技术；在此基础上，可以预估采用该技术标准后的专利成本和侵权风险，对二者加以比较权衡，便可作出相对科学的选择。

第二，中国企业的产品到底有没有侵犯标准中的必要专利权？侵犯了哪些专利权？这是产品与标准中必要专利的比对评议。

当“6C”等组织提出侵权诉讼时，举证责任本应由控告我们侵权的外方承担，大量的涉案专利本将为其带来不小的举证负担和成本，或将推动和解或谈判中降低要价。然而，中国企业却显然没有意识到分析评议自身产品是否侵犯别人专利权是一件极其关键的事情，而在最初谈判中就签订同意缴纳专利许可费恰恰成为中国企业承认使用了别人专利的最有力证据。对产品与标准中必要专利的比对评议可以帮助进一步缩小引发冲突或缴费的专利要素，了解形势，增加谈判筹码。

第三，当厘清知识产权基本情况之后，应当选定怎样的应对和谈判策略？有没有可以请求无效的专利？有没有可以交叉许可的筹码？有没有可以发挥牵制作用的市场？这是对应对策略的分析评议。

在整个DVD产业的应对过程中，显然这些要素都被忽视了，中国企业在没有彻底弄清楚知识产权事项的情况下就匆匆卷入“专利收费门”，缴费成了中国企业在应对和谈判中考虑的唯一要素。事实上，专利谈判很多时候是双方各方面要素的较量，通过无效对方专利、提出交叉许可、以国内市场进行牵制等往往能够有效加强己方谈判筹码，拓展应对途径。

第四，即使需要缴费，究竟缴纳多少费用才是合适的？这是对标准中无法绕开的专利价值的分析评议。

在出口的20万台DVD机器被海关扣押之时，中国企业曾在谈判中迅速将每台机器20美元的专利收费要求谈到4美元，看似胜了。但积少成多，聚沙成塔。当这些利益集团分别对中国出口到世界各地的千万台DVD提出侵权要求的时候，这就是一个庞大的数目了。且引来了更多收费者，最后谈判下来，出口费用增加到14.5美元！标准中的专利到底应当缴纳多少费用，不应当只听信收费者的一家之言，亦不能指望其“施舍”去降低费用，而是应当清楚评估标准中的必要专利究竟价值几何，结合自身的缴费底限，以此作为谈判策略制定的依据。

专利标准化时代的应对

近些年，世界经济的竞争逐步由资本竞争转变为技术的竞争，核心便是专利和标准的竞争。跨国公司频频凭借专利获得超高收益，并逐步深化到组建产业联盟，将技术专利化、专利标准化，并最终通过标准实现垄断化。恰如DVD产业，便是外国企业结成产业联盟，采取高压以事实标准中的专利为由收取高额费用击垮了我们的整个产业。

在这样的大环境下，我国很多企业都是国际标准或事实标准的“采标者”，引入知识产权分析评议尤为重要。分析评议可以帮助企业擦亮眼睛、辨析风险、明确价值，增加谈判筹码，降低专利许可费，或化解专利诉讼纠纷，成为企业在专利标准化时代的有力傍身武器。

第三节　技术标准中的知识产权分析评议要点

在技术标准制定或采用过程中，标准审核部门或评估部门、标准制定参与者、标准采用者会遇到各类知识产权问题，其中以专利最为紧要。知识产权评议可以公开标准中的专利信息，平衡标准专利拥有者与标准采用者、社会公众之间的利益，最大限度保障技术标准的先进性和可实施性。

情形一：标准审核部门或评估部门

对于标准审核部门或评估部门，知识产权评议内容主要包括：

- 拟制标准的技术先进性、社会接受度和可实施性。
- 标准的实施是否会侵犯他人知识产权。
- 拟制标准是否隐藏了专利。
- 拟纳入标准的专利是否为必要专利，行业影响有多大，信息披露是否完整、准确、真实等。
- 拟纳入标准的必要专利的风险性，包括权利稳定性、实施是否依赖其他专利、是否存在权属纠纷等。
- 审查必要专利的许可方式、许可政策、许可费率是否合理。
- 对标准实施过程中可能形成的知识产权的权益进行合理安排。

情形二：技术标准制定的参与者

对于技术标准制定的参与者，除了配合标准审核或评估部门的审查外，还涉及以下内容：

- 判断本企业是否具备将专利纳入拟制标准的能力。①标准制定前，全面了解标准会员协议、相关文件和知识产权政策，判断标准委员会能否接受在标准中纳入专利。②通过分析国际国内标准、相关核心技术所有者、自身技术状况等，确定技术标准所需的技术范围和类型，判断本企业是否具备可能突破的技术点和将专利纳入拟制标准的实力。③对上述技术点开展专利保护可行性分析，分析国内外该领域的专利布局状况，理清核心技术和相应的专利状况，判断该技术点能否获得专利保护。

- 组织企业研发人员对上述技术点进行研发，研发过程中关注他人已授权专利，并适当开展规避设计，做好自身创新成果的专利布局谋划。启动创新成果的专利申请程序。评价专利获权预期和专利实施风险。
- 衡量申请专利纳入拟制标准给企业带来的收益和损失，进一步确定是否将申请专利的技术纳入拟制标准。建立专利申请与标准提案撰写互动机制，形成标准制定参与策略。
- 在申请专利的同时，进行专利信息披露与提案选择，提交独立评估材料和专利风险分析报告。若专利技术的实施依赖他人专利许可，则需获得专利许可，并提交书面专利实施许可声明。
- 监督其他标准制定者是否在标准提案中隐藏专利。
- 评估专利纳入标准后的许可条款是否合理，与许可机构商洽许可经营协议。

情形三：对于技术标准的采用者

对于技术标准的采用者，知识产权评议重点应当关注标准中所涉及的专利和许可策略，评估采用标准需要付出的成本。评议内容可包括：

- 分析技术标准中有多少有效专利，评估企业采用该标准需付出的成本。
- 判断标准管理机构拟收费的专利是否有效，调查专利权人情况，判断是否存在不合理专利收费等。
- 标准组织的许可政策是否公平、合理、无歧视，标准管理者是否存在滥用知识产权行为。
- 判断自身是否具备可供交换或交叉许可的知识产权，用以作为谈判筹码，降低知识产权许可费。
- 制定合理的谈判策略和应对措施。

第五章　技术引进

本章导读：

技术引进知识产权被忽视，专利费一付再付苦果自吞

20世纪90年代，我国某大型企业与加拿大GE公司联合投标并中标我国三峡工程六台水轮机，外资企业向中方进行技术转让，三峡总公司支付了约1.3亿元的技术转让费。然而，由于当时未充分分析评议技术引进合同中有关专利技术使用条款，致使在我国加入世界贸易组织（WTO）后，加拿大GE公司提出在原技术合作份额不变的情况下，要另收取合同金额4%的专利使用费。我国企业腹背受敌，陷于被动，被迫就范，“二次付费”使企业付出巨大代价。

技术引进优中选优，重庆造直升机梦想照进现实

2010年，重庆市将通用航空业作为重点培育的战略性新兴产业之一，积极争取国家直升机制造西南基地落户重庆，打造西南地区首个直升机制造基地。重庆在引进直升机制造技术的过程中，引入知识产权分析评议机制，运用知识产权信息对相关技术以及重点目标企业开展了分析评议，从参差不齐、优劣难辨的直升机制造技术中选择了合适的技术。2011年9月，重庆直投与阿古斯塔公司正式签署直升机合作框架，“重庆造”直升机梦想照进现实。

第一节 技术引进严把合同关

——从水轮机技术合同案看技术引进中的知识产权分析评议

案例概要

20世纪90年代，我国决定以三峡工程为契机，通过国际招标引进国外先进技术，提升我国发电设备领域的竞争力。其中，包括加拿大GE公司在内的VGS联合体中标六台水轮机，与我国某大型企业合作制造。为配合外资企业向中方进行技术转让，三峡工程要求中标的外资企业必须向中方全面转让核心技术，三峡总公司仅技术转让费就支付了约1.3亿元人民币。

然而，由于未充分分析和有效约定技术引进合同中有关专利技术使用条款，2002年4月，我国企业在与加拿大GE公司谈判共同参加龙滩水电站水轮机组投标时，加拿大GE公司提出在原技术合作份额不变的情况下，要另收取合同金额4%的专利使用费，并提出今后我国企业承担中国三峡右岸和其他已立项的中大型水电站发电机组若不与加拿大GE公司合作，将不被许可制造该水轮机转轮，水电站也不能使用有这种转轮的水轮机；若采用其专利技术都将另外收取合同额4%的专利使用费。技术引进中知识产权评议的缺失导致我国企业陷于被动，被迫就范，代价巨大。

技术引进助力三峡建设

举世瞩目的三峡工程是我国水电史上宏伟壮举，其中的水轮发电机组制造更是凝聚了世界顶尖技术，成为影响工程效益的关键。在三峡工程建设前，我国国产最大的水轮机组是1987年在青海黄河龙羊峡水电站投产的32万千瓦水轮机组，与美国、苏联在20世纪70年代研制的60万~70万千瓦机组有着相当大的差距。虽然我国从20世纪80年代早期就开始对三峡工程机电设备进行技术攻关，但在水轮机组方面仍缺乏实际制造经验。[1]

在这种情况下，国家决定以三峡工程为契机，通过国际招标，引进国外先进技术，并最终提升我国企业的实力和竞争力。我国两大国有企业负责牵头相关技术的引进，实现70万千瓦水轮发电机组国产化。在当时全球水电行业处于低谷的情况下，三峡工程这笔世界最大水电机组采购项目，对跨国公司无疑具有强大的吸引力。

1996年6月，三峡左岸厂房14台70万千瓦水轮发电机组正式进行国际招标，世界瞩目。长达2000多页的招标书中规定了技术标准和技术转让条款，文件规定：左岸14台机组一次招标，责任方为外商，前12台以外商为主，中方参与制造；后2台机组以中方为主，要求外商和中方联合设计，合作制造。

符合竞标条件的企业组成六家联合体参与投标。分别是：①GANP联合体（由法国GEC、阿尔斯通、Neyrpic和巴西圣保罗金属公司组成）；②VGS联合体（由德国福伊特、加拿大GE、德国西门子组成）；③瑞士ABB和挪威克瓦纳能源公司联合体；④三峡日本水轮机联合体（由伊藤忠、日立、东芝、三菱重工、三井物产、三菱商社组成）；⑤IMPSA（银萨）公司（代理乌克兰TURBOATOM科技工业公司和美国伍德沃德公司）；⑥俄德联合体（由俄罗斯动力机械出口有限公司、列宁金属加工厂和德国苏尔寿组成）。[2]

最终，GANP联合体中标八台水轮机、瑞士ABB联合体中标八台发电机。其余的六台水轮机（1~3号和7~9号机组）由VGS联合体中标，总额3.2亿美

---

[1] 顶中国制造 世界第一：三峡70万千瓦水轮机组！（3）[EB/OL].（2009-12-17）[2013-03-03]. http://www.chnqiang.com/article/2009/1217/mil_12337_3.shtml.

[2] 顶中国制造 世界第一：三峡70万千瓦水轮机组！（4）[EB/OL].（2009-12-17）[2013-03-03]. http://www.chnqiang.com/article/2009/1217/mil_12337_4.shtml.

元，采用该联合体开发的水力模型，与我国某大型国有A企业合作制造。❶

1997年9月，中国长江三峡工程开发总公司（简称“三峡总公司”）与外商分别签订合同，并要求中标外资企业必须向中方全面转让核心技术。为配合技术转让，三峡总公司支付1635万美元（约1.3亿元人民币）的技术转让费。

忽视知识产权的被动

根据合同规定，主承包商VGS联合体在分包给A企业制造发电设备31%份额的同时，必须向A企业转让水轮发电机组的技术。为此，加拿大GE公司许可A企业使用从挪威克瓦纳能源公司受让获得的一项专利技术，即“弗朗西斯型水轮机的叶轮”制造技术❷。但是，当时的合同对该项专利的后续使用却并未提及。A企业也并未意识到合同中的知识产权漏洞将为其带来巨大的损失。

2002年4月，A企业在与加拿大GE公司谈判共同参加我国龙滩水电站七台70万千瓦水轮机组投标时，加拿大GE公司却突然提出在原技术合作份额不变的情况下，要另收取合同金额4%（约5000万元人民币）的专利使用费，并提出今后A企业承担我国三峡右岸和其他已立项的中大型水电站的发电机组若不与加拿大GE公司合作，将不能制造该种水轮机转轮，水电站也不能使用有这种转轮的水轮机；若采用其专利技术都将收取合同额4%的专利许可费！❸

在20世纪90年代三峡左岸招投标时，中国尚未加入世界贸易组织（WTO），按照当时招投标的规则，外资企业不可以独立投标，要想投标，必须找一家中国的企业合作。于是加拿大GE公司和A企业一拍即合，共同投标并承担了三峡左岸厂房六台70万千瓦水轮发电机组。然而，当龙滩水电站及三峡右岸工程开始招标时，中国已经加入WTO。按照《与贸易有关的知识产权协议》（TRIPS）原则，中国要给予国外公司国民待遇。这样一来，外资企业就可以和

---

❶ 顶中国制造 世界第一：三峡70万千瓦水轮机组！（5）[EB/OL].（2009-12-17）[2013-03-03]. http://www.chnqiang.com/article/2009/1217/mil_12337_5.shtml.

❷ 中国专利号为CN97195388。

❸ 李启章，吴辉，张璇，等. 中国企业的知识产权之痛[N]. 知识产权报，2005-12-07（001）.

中国的公司在同等条件下竞标。在A企业参加龙滩水电站七台70万千瓦水轮机组投标时，加拿大GE公司也参加了投标，双方由原来的合作伙伴变成了现在的竞争对手。

这一角色变化和利益关系驱使加拿大GE公司向A企业发出律师函，告知其不得使用当初双方共同施工所用的技术——加拿大GE公司所拥有的中国专利。如果要使用，每台需要支付相应的费用。

这样一来，加拿大GE公司完全掌握了话语权。突如其来的发难让A企业措手不及，陷入两难境地。如果不支付专利许可费，则侵权风险难于规避；而如果支付了专利许可费，则价格一定会比加拿大GE公司的高。最终的结果亦不尽如意，A企业不得不与加拿大GE公司采取合作投标的方式，并被迫在使用加拿大GE的专利时额外增加一笔不菲的专利费用。

做好知识产权分析评议，避免“二次付费”

可以看到，加拿大GE公司运用知识产权争夺中国水轮机的市场份额、限制A企业竞标能力。而A企业在合作谈判和合同中则由于对知识产权条款的重要性不够重视，认识不到位，或者想当然地认为在一个项目中获得许可和授权就必然获得了其他项目中的使用授权，在技术引进和市场开拓中陷于被动。事实上，三峡总公司在引进左岸厂房14台70万千瓦水轮发电机组时，为配合外资企业向中方转让核心技术，就已向中标的外资企业支付了技术转让费1.3亿元。在承接三峡右岸和其他中大型水电站工程时再次支付不菲的专利许可费实属冤枉。

三峡水轮机技术合同案绝非个案，我国企业在技术引进过程中，因忽视知识产权而吃亏的不在少数。在引进真正需要的核心技术时，如何避免落入类似“二次付费”这样的知识产权“陷阱”，是值得重点关注的问题。

引进技术时开展知识产权评议分析工作，可以帮助企业在技术引进的过程中识别各种知识产权陷阱，是避免“二次付费”等问题的有力保障。重点关注的内容可包括：

一是为了避免日后出现“二次付费”等纠纷，在转让时应当明晰技术转让合同中的相关知识产权条款。例如，专利技术是“独占许可”还是“普通许可”，许可的年限许可范围、许可对象和许可费的支付方式等，这些内容都关系到日后对引进技术的使用范围和使用限制。

二是为了保障日后对再创新成果的合理权利，在转让时应当重点关注合同中对在引进技术基础上进行再创新取得的成果的权属约定。若失去对再创新成果的知识产权，则很有可能自己再创新投入都为他人做了嫁衣。当前，技术引进中国外公司对我国企业自主创新成果知识产权的限制问题较为突出和集中，应当在分析评议中予以重点关注。

三是为了避免缴纳“捆绑要价”等不合理知识产权费用，应当对其知识产权与产品的关联性进行合理分析，在转让时摆明理据，予以拒绝。当前，很多公司在输出技术时对专利进行“捆绑要价”，例如将非必要专利（有时甚至是失效或即将失效的专利）或其他相关性不强的知识产权与必要专利捆绑许可，按照整机售价的比例收取部分器件的专利费等。

四是为了避免引进技术后承担侵权连带责任，应当分析评议引进技术的专利侵权风险。如果发现拟引进技术存在潜在专利侵权风险，可通过与技术提供方约定侵权责任等方式进行合理规避。

在三峡水轮机技术合同案中，如果在技术引进时开展了有效的知识产权分析评议，“二次付费”的问题应该是可以避免的。企业应以此为鉴，在对外合作谈判和合同签订过程中重视相关知识产权条款约定的重要性，提前做好知识产权分析评议工作，避免陷入尴尬境地。

第二节　分析评议助力技术引进

——从重庆直升机看技术引进中的知识产权分析评议

案例概要

2011年9月，重庆直投公司与阿古斯塔公司签署直升机合作框架，计划在重庆两江新区设立合资公司，共同制造民用直升机，阿古斯塔公司将携其技术入驻重庆。

在引进直升机制造技术的过程中，知识产权评议适时介入，依据重庆直投的需求，从技术、知识产权角度对相关技术以及重点目标企业进行了深入而具体的评议，从纷繁复杂的直升机制造技术中选择了合适的技术，提供了合理的建议，解决了困扰投资者很久的技术合作难题。

重庆直升机的飞行梦

2011年9月，第十四届北京国际航空展在国家会议中心开幕。波音公司、欧洲直升机公司、空中客车、庞巴迪、阿古斯塔－韦斯特兰公司（以下简称“阿古斯塔公司”）、俄罗斯直升机公司等近200家国内外知名航空企业参展。其间，阿古斯塔公司与重庆直升机产业投资有限公司（以下简称“重庆直投”）签署直升机合作框架，双方拟定在重庆两江新区建立合资公司，合作生产民用直升机。预计在不久的将来，“重庆造”直升机就可翱翔蓝天。

重庆的直升机之梦，由来已久。直升机是制造业中高新技术集中的领域，属于先进技术制造业。2008年，通用航空业被定位为“成长型”“要大力发展”的产业，“十二五”国家战略性新兴产业发展规划也明确提出将直升机制造作为

国家战略性产业和优先发展的高技术产业。❶

当时，中国民用直升机总共不到200架，平均每百万人仅有0.13架，远低于全球每百万人5架的平均水平；据权威预测，未来10年中国民用直升机需求将达5000架，按平均每架300万美元算，市场蛋糕高达150亿美元。❷在那以后，重庆就在为它的直升机之梦而准备。

2010年，重庆市将通用航空业作为重点培育的战略性新兴产业之一，积极争取国家直升机制造西南基地落户重庆，打造西南地区首个直升机制造基地，并为此在“两江新区亿万板块”预留了相关地块，等待合适的对象入驻。2011年1月，重庆机电控股等参股成立重庆直投，主要负责直升机落地重庆的具体操作。

直升机制造业是一个高投入和高风险并存的行业，具有投入大、周期长、技术面广、集成度高、产业链长、经济带动效应大等特点，对新技术、新材料甚至新能源的需求也不断变化。尤其是直升机的导航系统、光纤陀螺仪、旋翼桨叶复合材料、铝合金结构件等重要组成部件的制造和应用，使直升机制造更具有综合性和复杂性的特点。此外，直升机产业在我国还只是个刚刚起步的产业，尤其在直升机制造——这个直升机产业的核心和关键环节，与美国、法国、俄罗斯等世界直升机强国相比还有很大差距。多方面的因素使得凭一己之力发展直升机产业并不现实。

事实上，发展直升机制造业不仅对于重庆，甚至对于整个国家来说，都是一个重大挑战。仅通过简单地整合国内现有资源，重庆实现直升机梦想之路可能还需要花很长时间。在这一技术复合度高、国内人才稀缺的行业，不仅需要国内企业作为“内援”，也需要来自国外的“外援”。重庆直投对制造直升机也备有两套方案：一是让国内的航空工业主要企业直接在重庆布局直升机项目，二是通过并购国外相关公司，并将其生产基地迁移至重庆，并最终在重庆建立直升机的制

---

❶《“十二五”国家战略性新兴产业发展规划的通知》（国发［2012］28号），2012-07-09发布。

❷ 孙黎明，冯雪莹．“重庆造”直升机2013年上天［N］．重庆商报，2011-07-21（002）.

造基地。❶

引进国际知名品牌直升机的产品技术、制造技术，可以以较高的起点、更加宽阔的视野进入通用航空行业，还可以减少前期投入、缩短投资回报周期，降低成本，并弥补企业在制造方面的短板，完善产业链条，增强国际竞争力。❷

然而，面对国内外如此众多优秀和顶尖的航空企业，重庆直投为何偏偏选择来自意大利的阿古斯塔公司？阿古斯塔公司又是凭借何种优势能够脱颖而出，打动了重庆直投的心并入主重庆？这一切，要从知识产权分析评议工作说起。

全球寻找合作伙伴

重庆直投成立后不久，就开始着手技术引进的工作，在全球范围内寻找合适的对象。由于直升机本身所属行业的特殊性，在技术引进时首要考虑的因素便是技术实力本身。除此之外，还需要对企业的市场策略、知识产权有效性、先进性、法律风险等进行评估，避免引进技术时遇到知识产权陷阱。

当时，重庆直投成立不久，本身技术积累少，核心专利技术缺乏，这也是其未来相当长一段时间内不得不面对和必须解决的问题。知识产权成为发展直升机最为关注和无法回避的课题之一，重庆直投寄希望于从知识产权方面入手，撬动其技术引进、消化、吸收、再创新战略的实施。

基于重庆直投的需求，2011 年 4 ~ 6 月，重庆市知识产权局启动了知识产权分析评议工作，组织人力迅速介入到重庆直投技术引进的前期工作中，并将其作为 2011 年国家重大经济科技活动知识产权分析评议试点项目之一。

此次知识产权分析评议工作，具体分两步进行：一是从众多企业中初步选择符合条件的几家企业作为备选对象；二是对备选对象进行进一步的细化考量，选择知识产权最优势、最符合当地资源特点的企业供重庆直投参考。

---

❶ 刘婷婷．中航集团投 300 亿在渝建基地重庆有望造直升机 不排除收购国外公司［N］．重庆时报，2010－12－28（02）．

❷ 孙黎明，冯雪莹．“重庆造”直升机 2013 年上天［N］．重庆商报，2011－07－21（002）．

在工作起步阶段，一方面，通过实地走访、座谈、信息查阅等基础调研方式，收集和研究直升机行业的背景资料，了解产业链构成，掌握国内外主要直升机厂商的经营状况和市场策略特点；另一方面，通过知识产权分析评议工作，从专利、品牌等知识产权角度，全面了解并掌握了整个直升机产业的发展态势、技术生命周期、关键技术和重点分支的发展状况、具有技术和知识产权优势的企业及其技术特征，评价目标企业的技术实力和价值。

知识产权分析评议初步结果显示，在全球范围内直升机领域的专利申请总体呈上升趋势，尤其自20世纪90年代以来，申请量迅速上升，其中美国、欧洲和日本是主要申请国，申请方向主要集中在机体和升力、航电系统，这两个技术领域的申请量达到总申请量的70%以上。国外直升机领域的专利申请主要以企业为主，排名前十的均为企业，占全球总申请量的33%以上。在国内直升机领域，高校、科研院所掌握大量专利技术。此外，国外企业在华专利申请占到我国专利申请的25.1%，且多为发明专利，说明国外企业在中国也紧密地进行着专利布局，而国内申请中有接近一半为实用新型和外观设计。总体而言，我国直升机产业的能力水平与先进国家相比，差距仍在15年以上。这进一步印证了国外技术的先进，而我国的直升机研发实力较弱的现实。评议结果增强了重庆直投把拥有先进技术的国外公司引入重庆的决心。

通过第一步工作，筛选出五家值得关注的企业作为技术引进的备选对象——欧洲直升机公司、美国西科斯基公司、法国国营宇航工业公司、阿古斯塔公司和波音直升机公司。在综合重庆直投及相关产业专家的意见之后，最终选择了欧洲直升机公司和阿古斯塔公司作为重点关注对象。

接下来开展的工作是围绕初步决策深入开展对两家公司的知识产权分析评议。在只有两家备选对象的情况下，知识产权分析评议工作就变得更加明朗和有针对性，需求也明确起来：一是比较技术实力和技术匹配度；二是比较二者的知识产权风险。

知识产权分析评议项目组人员分别对欧洲直升机公司和阿古斯塔公司在直升

机及四大技术领域的专利信息进行全面和深入的挖掘，对两家企业在七个主要国家（美、日、德、法、英、澳、俄）、两个组织（欧洲专利局和世界知识产权组织）以及中国的所有专利进行分析，以满足重庆直投的需求为目标，从专利数量、质量、技术和产业价值、风险等方面进行多角度的对比分析。

两家公司的专利实力和知识产权风险比较结果集合了两家公司的专利积累情况、专利技术布局和区域布局情况、核心专利情况等。基于对各种知识产权信息的梳理和分析评议，从技术价值和风险价值两方面出发，形成了针对重庆直投需求的知识产权分析评议报告，报告中列出了两家备选公司的技术和知识产权优劣和建议。

据此，重庆直投最终决策选定阿古斯塔公司为合作对象引入重庆。2011 年下半年，重庆直投和阿古斯塔公司达成合作框架，阿古斯塔公司将携其技术入主重庆。事后，重庆直投也直言，知识产权分析评议工作为其选择和甄别最终的合作对象提供了重要参考，也为其科学决策并作出正确选择提供了重要的依据。

知识产权分析评议融入技术引进

在经历金融危机之后，各国政府高度重视发展高端制造业，纷纷加大政策支持力度，加强知识产权保护。高端制造业具有技术含量高、资本投入高、风险高等特点，是振兴中国制造业的契机，更是推动“中国制造”向“中国创造”转变的主要突破口。由于我国产业目前资源有限，技术储备和研发能力与国外先进技术相比还有较大差距，通过引进国外先进技术、并在此基础上进行消化、吸收、再创新，是我国发展高端制造业的务实选择。

当前，全国各地都在大力发展制造业，引入全球技术领先的企业和先进技术，从而实现大踏步实现工业强国的梦想。然而，由于全球各个企业技术力量、经济实力的强弱不同，在技术发展路线上也各有优劣，这也增加了技术甄选的复杂度。如果在技术引进过程中不能够甄别“劣币”与“良币”，不能评判其价值，不仅可能花大价钱引入已经落伍的技术，更会延误发展高端制造业的时机。

如果忽视引进技术的法律问题，还可能引发产业化后的侵权风险，轻则交纳不菲赔偿金，重则项目下马。如果引进的技术或产品不能产生良好的效益，或由于知识产权的限制而导致今后的技术使用受制于人或者不能参与国际竞争，也无疑会阻碍我国发展高端制造业的进程。面对国外错综复杂的情况，在作出技术引进决策时，需要审慎评议和科学决策，而通过知识产权分析评议可以辨真假、明风险、估价值，是达成技术引进目的的重要保障。

在重庆直投实现梦想的旅途中，分析评议真正做到了将知识产权工作融入到经济活动中，成为知识产权服务经济发展主战场的一个重要支点。重庆直投将知识产权分析评议引入高端技术引进的做法，有三方面经验值得借鉴：

第一，从直升机技术引进一开始，重庆直投就明确提出了知识产权分析评议需求，重庆直投是技术引进活动的决策者，由决策者提出需求，使得随后开展的知识产权分析评议工作有的放矢，也有助于知识产权分析评议结果在决策中真正发挥作用。

第二，知识产权分析评议层次分明、内容有针对性、重点突出。在选择合作对象阶段开展广泛分析评议，摸清产业基本形势，筛选出合适的候选对象供产业专家决策；在确定合作对象阶段，开展有针对性的比较和风险分析，确保优中选优，并有效避免技术引进后产生知识产权问题。

第三，知识产权分析评议工作与技术引进活动有效衔接、紧密融合。知识产权分析评议工作从一开始就渗透到直升机相关技术和对象的选择和甄别工作中去，在各个工作节点及时衔接，有效辅助各方面工作有序推进，并终为重庆直投的飞行之梦插上了“翅膀”。

第三节　技术引进中的知识产权分析评议要点

技术引进过程中开展的知识产权分析评议，与企业并购知识产权评议有类似之处，但在与商业策略的结合方式和处置时机方面有区别。开展知识产权分析评议，有助于确定引进技术的方向，判断拟引进技术的价值，防控引进技术的知识产权风险。分析评议可聚焦在以下方面：

- 了解产业技术发展趋势和方向，定好技术引进方向。了解产业知识产权整体布局和竞争态势，包括专利技术发展历史、发展趋势、发展热点和竞争焦点，上下游厂商专利布局，产业的专利门槛，新产品与新技术的专利布局，现有竞争公司专利布局。结合区域产业发展资源禀赋和企业技术比较优势，分析实施企业未来发展对相关技术知识产权的需求，判断哪些技术和知识产权企业可以自行创造，哪些须由外部引进。

- 确定拟引进技术的目标企业。评估拟引进技术的知识产权权利人，考察其技术优势，了解这些权利人的生产经营及知识产权策略特点，初步判断合作可能性和可能的共同利益，确定引进技术的优选合作对象。

- 考察目标企业所属地区有关技术出口管理的政策法规。评估这些政策法规对引进技术的范围限制和程序要求。

- 确定拟引进技术的知识产权范围。基于已锁定的目标企业，对可能引进的知识产权进行辨析选择，确定拟引进的知识产权组合清单。包括：梳理与引进技术相关的知识产权，明晰目标企业是否拥有对清单知识产权的所有权和可处置权、知识产权的法律有效性和保护期限，评估知识产权布局完整性，了解知识产权许可与被许可情况、知识产权合同义务情况，并进一步确定这些技术的知识产权与本企业已有知识产权的互补性。

- 评估拟引进技术的知识产权风险。风险主要源于权利不稳定和不可执行风险、知识产权侵权风险、既往合同违约风险三个方面。评议的内容包括：

（1）权利不稳定和不可执行风险，主要评价专利权是否稳定、权利人是否通过不当行为获得知识产权、拟引进技术的保护措施是否到位、技术秘密是否已经泄露等。

（2）知识产权侵权风险，主要是评价拟引进技术是否依赖第三方的知识产权许可，或者行业内竞争者是否侵犯了拟引进技术的知识产权。

（3）既往合同违约风险，主要考察目标企业的既往技术合同是否限制了该企业的权利许可和权利转让，以及目标企业与拟引进技术的主要发明人之间是否签署了影响技术引进的权利义务关系的合同。

• 评价拟引进技术的知识产权价值。知识产权价值评议一般考虑法律、市场和技术三个维度。

（1）法律维度主要包括知识产权稳定性和保护强度（保护范围大小、在国外国内等不同地域布局情况、专利保护剩余期限、专利组合的水平）、是否属于核心专利、对第三方知识产权的依赖性等。

（2）技术维度主要指专利技术所处的生命周期、技术先进性、技术可实现性、技术可替代性和技术成熟度等。

（3）市场维度主要包括产品和技术的市场化程度、对产品市场竞争优势的贡献度、市场占有水平等。对于知识产权价值评估，同一知识产权在先许可费用和同类知识产权的许可费均可提供参考。

• 技术引进合同审查。技术引进合同审查主要包括：

（1）是否将清单中有价值的知识产权清楚地列入合同。

（2）合同中是否列入了限制本企业技术改进、知识产权保护和技术应用的条款。

（3）若发生与拟引进技术相关的各类知识产权风险，是否明确了责任承担方。

（4）是否与相关权益人签订了保密等限制协议等。

在引进技术之后，分析评议还可帮助企业作出进一步的知识产权发展规划。此阶段主要聚焦在以下方面：

- 引进技术后的知识产权发展规划，包括：引进后知识产权的分类分级管理、再创新的知识产权二次布局、知识产权应用策略等。
- 引进技术后的技术发展规划，包括：技术研发方向规划、在已有知识产权基础上的技术二次开发计划等。

引进技术后的商业发展规划，包括：产品的市场开拓计划、商业伙伴合作计划、投融资规划等。

第六章　产品出口

本章导读：

打破知识产权枷锁，终获出口印度500亿大合同

2007年，上海电气的火电设备准备试水印度市场。然而，就在上海电气与印度有关公司接洽不久后，来自国际某巨头公司的一纸信函却提出如果上海电气的设备出口印度，将要承担巨额的知识产权违约赔偿！然而，上海电气充分利用知识产权分析评议手段找出了双方技术差异，明确了自身技术价值，有力反击了巨头公司，击破了其知识产权围堵，并最终一举拿下印度36台火电机组、价值500多亿元的大合同。

踏平知识产权险阻，开辟走向澳洲的康庄大道

2007年9月，重庆三温暖电器公司的容积式燃气热水器作为国货中的优质产品进入澳大利亚消费者家庭。这是“中国造”容积式燃气热水器头一遭走出国门。然而，在三温暖进入澳大利亚市场后不久，其主要竞争对手就欲通过知识产权来威胁三温暖的产品市场。对此，三温暖并没有畏惧，而是引入知识产权分析评议，最终不仅扫除了产品的侵权风险，还为新产品研发指明了方向。

专利围剿特安纶，兵临城下产品出口寸步难行

特安纶是我国企业研发的、可与国际巨头公司的拳头产品Nomex相媲美和抗衡的纤维产品，性能优异。然而，却因专利布局缺失，未能对产品形成有效保护，被竞争对手抓住漏洞，迅速、广泛在全产业链和全球布局特安纶专利。这些专利围住了我国的特安纶产品，产品出不去，外面的客户不敢买。几年之后，Nomex全球销售额高达84亿美元，而特安纶在境外的销售额则仅有0.2亿美元。

第一节 打破枷锁 出口印度

——从上海电气500亿元订单看产品出口中的知识产权分析评议

案例概要

2010年，上海电气拿下印度36台火电机组、价值500多亿元的大合同，成为当时业界津津乐道的一件大事。在其带动下，国内主要火力发电设备制造商顺利进入印度火电市场，超过六成的在建设备都贴着“中国制造”的标签。

然而，背后的艰难却鲜为人知。上海电气在火电设备试水印度市场之初，即遭到了巨头公司的阻击。棋有胜招。上海电气通过知识产权分析评议突破了国外的技术壁垒，最终顺利进军印度市场，也为日后的发展壮大扫除了知识产权障碍。

在产品出口中，充分利用知识产权评议找出技术差异，分析评价技术和风险价值，可以助推反击国外公司的知识产权围堵，摆脱束缚，最终为产品顺利出口、进军海外市场扫清障碍。

上海电气拿下印度大订单

2010年10月，上海电气集团股份有限公司（以下简称“上海电气”）与印度信诚电力[1]在上海举行超大电厂项目合同签字仪式。由上海电气制造的36台

[1] 印度信诚电力是印度信诚工业公司下属的独立的能源公司，是印度最大的电力供应商之一。印度信诚工业公司是印度最大的私人工业集团，1966年创立，在印度的石化、纺织、金融服务、基础建设、电信、能源、零售业都扮演重要角色。2008～2009年度，集团营业收入约占印度GDP的3%，出口额约占印度全部出口的5%。

660MW超临界火力发电机组将出口印度，合同金额高达82.9亿美元，折合人民币500亿元。上海电气与印度信诚电力签订的合同，是印度历史上最大的进口合同，也是上海电气当时所承接的最大合同。

《解放日报》先后以“上海电气后来居上‘全包’印度三十六条超临界火电机组出口”❶、“上海电气拿下海外最大订单 出口36台火电机组，金额达82.9亿美元”❷为标题进行报道，各大网站和新闻媒体纷纷转载，为上海电气“大踏步”进军印度市场而欢呼雀跃。这不仅是上海电气发展高效清洁能源装备、拓展国际电力市场取得历史性进展的一步，也是我国装备制造业振奋人心的大事。

当时，印度的电力设备相当匮乏，本土制造商的供应能力有限，总装机容量仅为中国的20%，全国上下常年都基本处于缺电的状态，❸因而印度电力市场有着巨大的发展空间。由于电力产品回报巨大，吸引了大量印度财团和海外公司进行投资。印度电力市场不仅对我国的电力设备制造商来说是个极大的机遇与挑战，也成为各国电力巨头争相角逐的竞技场。

面对众多像阿尔斯通、西门子、通用电气和东芝等这样重量级竞争对手的围追堵截，上海电气却在一度被动的局面下后来居上，杀出重围，最终“全包”印度36台超临界火力发电机组。

知识产权壁垒森严

上海电气这一路走来却并非一帆风顺。

早在2003年，上海电气就获得我国第一座国产百万千瓦级超临界火电机组电厂——玉环电厂的供货合同。百万千瓦级超临界火电机组是当时国际电力市场最新崛起的高端产品，作为国内发展先进制造业的重要标志性项目而备受业界重

❶ 章迪思．知识产权战略助企业“攻城拔寨”上海电气后来居上“全包”印度三十六条超临界火电机组出口［N］．解放日报，2009－02－13（003）．

❷ 丁波．上海电气拿下海外最大订单 出口印度36台火电机组，金额达82.9亿美元［N］．解放日报，2010－10－29（07）．

❸ 有关统计显示，目前印度发电设备的生产能力为500万千瓦，而印度电力消费市场对发电设备的需求将维持在3000万千瓦/年，每年将有2500万千瓦的供应缺口。

视。当时，上海电气仅拥有60万千瓦级超临界火电机组的成熟技术，在百万千瓦级火电机组制造技术上可谓初出茅庐。为了少走弯路，提升火电机组的级别，上海电气选择了引进国外技术制造第一台百万千瓦级超临界火电机组。

国外公司掌握着百万千瓦级火力发电机组的核心技术——锅炉技术，此类核心技术对中国出口的合同通常带有限制性条款，上海电气从国外A公司[1]引进该技术时也不例外。合同中规定，A公司提供的锅炉技术仅以图纸的形式提供。此外，还约定相关技术仅在中国范围内使用。换句话说，A公司对上海电气使用该技术制造的火力发电机组设备的出口进行了限制，只要设备中含有A公司的锅炉技术，则只能在中国境内销售和使用。

引进技术后，上海电气先是将整个研制工作分为26个子课题，设立了75个攻关项目，联合相关企业、高校、科研院所进行多方面的合作开发，努力将技术图纸变成产品的同时对相关锅炉技术进行消化吸收再创新。[2] 2006年底，玉环电厂超临界火电机组投产，成为我国电力工业发展的一个里程碑，这也意味着上海电气已经掌握了制造百万千瓦级超临界火电机组的技术。

随着国内市场供电量与需求量的逐渐平衡，国内不少企业都考虑将电力设备卖出国门，上海电气也不例外。通过前期的深度调研，上海电气逐步确立印度作为海外的主战场，并正式决定在印度开疆拓土。

2007年，当得知印度有意发展超临界火力发电机组并在寻找合作伙伴的消息后，上海电气便跃跃欲试。然而，就在上海电气与印度有关公司接洽不久后，来自A公司的一纸信函却给当时信心满满的上海电气迎头泼来一盆冷水。A公司指出，如果上海电气的设备出口印度，将要承担巨额的违约责任。根据当时引进A公司相关锅炉技术时的合同规定，使用了A公司锅炉技术的火电机组的出口是被严格限制的。换句话说，上海电气出口印度的大门是紧闭的。

事实上，印度是全球此类设备最大的市场之一，是全球重要供应商的角斗

---

[1] A公司为化名，下同。

[2] 励漪. 上海电气攻克世界顶尖火力发电技术［N］. 人民日报，2007-08-11（002）.

场。A 公司也对印度的火力发电市场觊觎已久，并有意涉足。因此，A 公司显然不愿意让设备价格成本更具有优势的上海电气分食大餐。A 公司此前也曾对上海电气出口发电设备到国外、违反合同原则的问题进行公开指责，上海电气方面也予以反驳，但因为都是零星的出口，双方仅停留在打口水仗这个层次。但这一次，巨大的利益促使 A 公司决定直接以知识产权为武器，采取法律手段压制上海电气进军印度。

知识产权分析评议打赢翻身仗

如果直接放弃印度市场，上海电气心有不甘；而如果因将火力发电设备出口印度而承担违约责任的话，上海电气不仅将成为 A 公司的附庸为其打工，甚至也会永远失去印度市场。一边是印度巨大的火力发电市场，一边是与 A 公司合同中的出口枷锁，上海电气何去何从？

三个问题至关重要：一是上海电气是否在超临界火电机组的设计和生产方面实现了技术突破并拥有独立的知识产权；二是 A 公司的技术壁垒和技术引进合同的束缚可否绕开或打破；三是上海电气是否能够适应海外知识产权规则和环境与拥有核心技术的跨国公司同台竞技。

一开始，上海电气显得有些底气不足。然而，要想拿下印度的订单，必须正视合同中技术出口限制的问题。证明上海电气引进技术后已经再创新出了新技术并已拥有核心知识产权是规避出口风险的唯一出路。

上海电气决定放手一搏。A 公司以知识产权说事，上海电气亦从知识产权入手。2008 年，上海电气邀请上海市知识产权局产权服务中心介入，要从知识产权上打破僵局。

知识产权专家通过对上海电气在引进技术基础上创新的技术、形成的专利等相关知识产权进行全面分析，并与引进的 A 公司技术进行对比评议，发现上海电气已经拥有了自己的技术点。为了进一步证明上海电气的自有技术具有足够的创新性，能够与 A 公司“叫板”，知识产权专家根据整个领域相关技术的横向和纵向分析评估，找准上海电气拥有的技术的创新点并分析其创新程度，充分评估其知识产权对A公司知识产权的依赖性和替代性，并最终认定上海电气不构成对引进技术知识产权的侵权。

2008年底，上海电气出口印度首批价值60亿元的供货合同就落了地，拿下了印度6台超临界火力发电机组生产线订单。2009年2月，上海电气又签订了另外30台超临界火力发电机组生产线订单的出口意向书。2010年10月，上海电气与印度信诚电力举行超大电厂项目合同签字仪式，合同金额高达500多亿人民币。至此，上海电气将36台超临界火力发电机组的生产订单全部收入囊中。

知识产权分析评议为上海电气进军印度市场扫清了知识产权障碍、打破了出口枷锁、铺平了道路，并成为上海电气在双方谈判较量中的筹码，有效避免了因知识产权问题而延误出口时机。知识产权分析评议使上海电气有了足够的资本和底气进入印度，正如其相关负责人所说，"如果不是知识产权工作做到位，根本不可能打赢这场翻身仗。"❶

此后，上海电气继续发力印度电力市场，占据了印度新增电力设备市场25%的份额，在印度已经拥有了140亿美元的电站项目，已完成或正在执行的装机容量达2万MW，拥有12个电站建设项目，占到中国出口印度电力设备的一半。2012年3月，上海电气的全资子公司上海电气印度公司正式成立，继续加快抢占印度电力建设市场份额的脚步。可以说，加上后期的进一步市场开拓与运营，上海电气获得的潜在收益将远大于该项目本身的收益。上海电气电站集团总裁邓建华认为："未来30至50年，印度将成为继中国之后（市场）发展潜力最大的国家。"❷

借力知识产权分析评议走出国门

上海电气凭技术创新之实、借知识产权分析评议之力，对症下药，最终赢得

❶ 章迪思．知识产权战略助企业"攻城拔寨"上海电气后来居上"全包"印度三十六条超临界火电机组出口［N］．解放日报，2009-02-13（003）．

❷ 毛晓晓．中国电力设备占据印度近半市场［N］．经济参考报，2012-03-07（07）．

了海外市场。而如果面对出口限制未能有效加以应对、任由国外公司摆布，那上海电气除了要向 A 公司支付销售提成费用外，在市场开发、产品出口等方面都将持续受制于人，路会越走越窄。

上海电气出口印度的知识产权应对模式，对其他企业也有借鉴意义。推而广之，在许多先进制造业领域，中国是后来者、追随者，许多技术一开始都源自对国外先进技术的引进，引进时的知识产权使用权、引进后新形成知识产权的利益分配等，都是绕不过的坎。知识经济发展不断酝酿深化，寻求海外市场“走出去”是众多国内企业参与国际竞争、实现高端发展的有效途径。然而，海外知识产权竞争压力、高额诉讼让众多国内企业望而却步。国内企业在出口产品、进军海外市场前做足知识产权功课，切实发挥知识产权分析评议作用，定会获得事半功倍的效果。

上海电气的三个经验值得借鉴：

一是敢于并最终能够挣脱技术合同中的权利限制枷锁。在引进技术之初，国外企业往往会迫使国内企业签订附带条件的合同，以限制国内企业再创新的知识产权或产品出口市场等未来利益作为交换。此后若要挣脱这些束缚，首先要对合同中的相关知识产权内容进行梳理，对双方的技术进行全面的分析对比，在知己知彼的基础上消化吸收，并进行以创造知识产权为目的的再创新。这包括：学会技术交换，用新创造的外围技术知识产权换取对方技术限制松绑；学会规避设计，在全面了解对方技术优劣的基础上，进行替代技术研发，并形成知识产权，以彻底摆脱对方的知识产权限制；要有法律筹码，例如准备一些可以无效或能够限制其知识产权的证据，对属于商业秘密的知识产权的重新评估和认定等，若能取得成效，就能找到扩大目标出口市场的途径。

二是有敢于面对的勇气，积极应对风险。当我国企业出口产品遇到国外公司的知识产权侵权威胁时，要敢于接招，积极作为。一方面明辨自身产品的优势与劣势，找到可以与对方谈判和解的筹码，一方面找寻国外公司证据和诉求中的漏洞和问题，不轻信国外公司的一面之词，积极搜索证据，应对对方诉求。

三是产品出口，评议先行，防患未然。往国外出口产品，敢于走出国门只是第一步，真正能落地目标市场是更重要的一步。因此，需要在出口前做足知识产权功课。首先，应详尽了解目标市场的知识产权保护状况，包括知识产权制度、行政司法程序、侵权判定标准、知识产权保护水平。其次，分析出口产品是否会侵权。界定出口产品的技术要素之后，围绕目标市场的竞争对手知识产权布局，仔细比对是否会被目标市场的有效专利所覆盖，是否会遭遇竞争对手的侵权诉讼，做到知己知彼，心中有数。最后，在了解这些基本情况后，制定产品出口策略，以最合适的时机和合理的代价解决问题。

总之，对知识产权问题进行分析评议是产品成功打入外国市场的基础保障。企业应当充分发挥知识产权分析评议在突破技术协议限制、规避出口风险上的重要作用，做到“攻防有道，应景活用”，为企业“走出国门、开疆拓土”保驾护航。

第二节　走进澳大利亚消费者家庭

——从三温暖澳洲开拓市场看产品出口中的知识产权分析评议

案例概要

2007年9月，重庆三温暖电器公司的容积式燃气热水器进入澳大利亚消费者家庭。这是“中国造”容积式燃气热水器头一次走出国门。此后，三温暖不仅成功在澳大利亚市场上占据一席之地，产品远销新西兰、印度等地，还成功牵手博世等知名企业。

然而，三温暖踏出国门并非一帆风顺。在进入澳大利亚市场后不久，三温暖的主要竞争对手就欲通过知识产权来威胁其产品市场。对此，企业并没有畏惧，而是引入知识产权分析评议，不仅排除了产品的侵权风险，还为新产品研发指明了方向。

在走出国门的过程中，面临来自竞争对手知识产权方面的压力时，企业应当正视压力，充分发挥知识产权分析评议的作用，寻找风险突破口，并有效利用知识产权信息，把脉研发方向。

重庆造热水器走向澳洲

2007年9月，由重庆三温暖电器有限公司[1]（以下简称“三温暖”）自主生产的2500台容积式燃气热水器装箱启运，进入澳大利亚家庭。这不仅是重庆造，也是中国造容积式燃气热水器头一次走出国门。

---

[1] 重庆三温暖电器有限公司成立于1995年，专业从事中央供热系统产品的研发、制造、销售，是中国第一家生产容积式燃气热水器自主产品的厂家。其前身是一家知名摩托车企业配件厂。

容积式燃气热水器具备环保、节能、安全、舒适的特点，是当今欧美、澳大利亚等发达国家强制推行的家庭、商用场所热水供应系统，仅澳大利亚的年销售量就有65万台，美国的年销售量高达600万台，全球市场年销售额高达百亿美元之巨。三温暖此次出口澳大利亚，也意味着中国品牌在这场盛宴中不再是旁观者。

三温暖与澳大利亚厂商结缘于2006年春季的中国进出口商品交易会（即广交会）。随后，澳大利亚维斯公司专程派人先后多次到重庆实地考察，对三温暖的国家认证、工厂环境、生产标准、工艺流程、机械设备等多方面进行了严格的考察，得到满意的结果后，在2006年10月与三温暖签订了销售意向协议。然而，三温暖的产品出口到澳大利亚还有最关键的一个门槛：产品必须通过澳大利亚国家AGA标准要求，生产出样机送澳洲检测。澳大利亚的容积式燃气热水器国家标准是国际上的最高行业标准，如果三温暖的产品能够获得澳大利亚AGA认证，不仅意味着出口澳大利亚，更意味着三温暖获得了走向世界的通行证，其产品可以在欧美市场畅行无阻。

经过近一年的努力，三温暖的产品通过检测并获得了澳大利亚AGA认证，为三温暖打开欧美市场之门、走向世界舞台扫清了最后一个障碍。此后，三温暖的产品不仅出口到澳大利亚，还远销新西兰、哥伦比亚、印度、菲律宾等国家。

2008年金融危机爆发后，三温暖的产品出口受到了很大影响，很多订单出现撤单或推迟，最糟糕的时候，出口下降了六成。后来，三温暖了解到澳大利亚即将启动环保家电推广计划，对高热效率的容积式热水器实行政府补贴购买，但没有合适的产品。三温暖以此为契机，成功研制出中国第一台冷凝式容积式燃气热水器。

2009年底，澳大利亚维斯公司一行专程到三温暖，经过一系列严格的考察，在合作多年后再一次选择了三温暖，决定全面代理三温暖冷凝式容积式燃气热水器在澳大利亚的销售。

2010年的广交会上，三温暖的展位异常热闹，来自世界多个国家和地区的采购商对其燃气热水器产品都非常感兴趣，其中之一便有来自世界500强企业之一的德国博世（BOSCH）。

2011年初，在重庆悉尼对接会上，三温暖一举签下700万美元的外销合同。4月，博世澳大利亚公司专程到重庆进行考察，并最终决定与三温暖签约，不仅订购了总金额600万美元的冷凝式容积式燃气热水器产品，还要求三温暖帮助其进行产品技术改良。从此，三温暖正式与世界500强企业博世公司牵手，未来充满希望。

竞争对手磨刀霍霍

然而，随着三温暖市场份额的逐步扩大，触动了行业龙头企业的敏感神经，不速之客纷纷而来，其中之一便是容积式热水器领先品牌A公司[1]。A公司对三温暖的销售动态极为关注，尤其是对潜力巨大的澳大利亚市场更加关注。

A公司准备以知识产权限制三温暖拓展澳大利亚市场。虽然三温暖的产品通过了澳大利亚的AGA认证并获得了一定的市场份额，但产品是一回事，知识产权是另一回事。A公司在容积式热水器方面国际领先，有多年的技术积累，在澳大利亚也早有专利布局。三温暖的产品被认可并不意味着其产品或技术专利与A公司的产品或技术专利没有关联。

彼时，三温暖的知识产权工作刚刚起步，对涉外贸易相关的知识产权工作也知之甚少。

知识产权分析评议规避风险

知识产权问题不解决，三温暖前行的路就难是一片坦途。2009年6月，为了做到知己知彼，规避潜在的知识产权风险，保护市场，三温暖决定开展知识产权分析评议工作，在短期内组建了由行业专家、企业工程师、专利分析师等组成

---

[1] 本文采用化名。

的专家团队，深入分析A公司在澳大利亚的全部相关专利，找到知识产权风险和规避方法。

在知识产权分析评议工作中，专家团队先是在详细分析了容积式热水器的工作原理之后，通过检索整理和多途径收集，最终得到A公司在澳大利亚的所有与容积式热水器相关专利共计400余件。针对这些专利，专家团队逐一对其各种信息进行深入分析：先是对各专利的有效性进行核实，剔除其中已经失效的专利；再是对有效专利进行阅读、理解、筛选与标注，最终筛选出与三温暖产品密切相关的关键专利20余件，外围专利100余件；最后是对关键专利以及相关外围专利的权利要求进行深入分析，并与三温暖的产品进行严格比照，并据此列出专利侵权风险等级。

最终，通过知识产权分析评议，得出了A公司在澳大利亚的相关专利不会对三温暖构成重大威胁，但仍然有3件专利会限制三温暖新产品研发的明确结论。对此，专家团队也给出了相关建议：一是三温暖现有出口澳大利亚的产品不会侵犯A公司的专利权，继续大力开拓澳大利亚市场是可行的；二是三温暖在研发新产品的时候需要规避A公司的3件相关专利并对新研发成果进行积极有效的专利布局。

根据知识产权分析评议的结果，三温暖在进一步开拓澳大利亚市场的同时，对新产品的研发设计作出调整，有效利用知识产权信息，为研发方向把脉，规避了竞争对手的相关专利；有了新的研发成果后积极申请专利，目前三温暖除了手握着20多件中国专利外，还申请了3件关于冷凝式容积式燃气热水器关键技术的澳大利亚专利。

知识产权分析评议工作使得三温暖对A公司的知识产权实力了然于胸，对自己前进路上的知识产权情况胸有成竹，由此手握胜券，在澳大利亚市场中放开手脚；知识产权分析评议工作有力保障了三温暖在澳大利亚的持续健康发展，使其并没有受到来自A公司以知识产权为手段的实质“骚扰”，避免了因知识产权纠纷而浪费大量的物力和人力；知识产权分析评议工作也使得三温暖的自主知识产权之路越走越坚实，并最终成为世界500强企业、以创新尖端技术产品及系统解决方案闻名于世的博世公司主动找上门寻求合作的重要原因。

把脉出口的有力武器

三温暖在澳大利亚开拓市场的成功之路，值得我国很多希望“走出去”发展的企业借鉴。

出口型企业往往会像三温暖一样面临压力。

一方面是竞争对手以争夺市场为目的、以知识产权为手段的威胁和打压。对手的知识产权阵地往往是一个“迷魂阵”，其中的各种权利真真假假、虚虚实实。对此，应当通过知识产权分析评议确认竞争对手的知识产权状况，评估其技术和知识产权实力，通过竞争对手知识产权与自身产品的比较明确是否存在侵权风险。三温暖正是基于自身产品不侵犯A公司的专利权这一基本判断打破了对手设下的阻碍。

另一方面，“打铁还需自身硬”，企业自身产品在出口地的知识产权积累和布局，是其技术实力的象征，也是保护自身创新成果和产品市场的必要工作。对此，应当像三温暖一样，通过知识产权分析评议识别在专利丛林中哪里荆棘密布，哪里一片坦途，进而在研发过程中规避风险，积极开发新产品并充分利用规则在海外目标市场进行知识产权布局。

第三节 专利围城 产品难行

——从特安纶专利布局看产品出口中的知识产权分析评议

案例概要

特安纶是我国自主研发的、可与国际巨头公司的类似产品 Nomex 相媲美和抗衡的纤维产品，性能优异。

然而，就在特安纶产业化启动不久，Nomex 企业抓住特安纶专利布局上的漏洞，通过迅速、广泛和全产业链专利布局，筑起了特安纶的专利堡垒，使特安纶的产品出不去，国外的客户不敢买。专利围剿使得特安纶产品的出口举步维艰，Nomex 则不断巩固并壮大其全球市场，维护了霸主地位。2011 年，Nomex 全球销售额高达 84 亿美元，而特安纶在中国境外的销售额仅有 0.2 亿美元。

专利布局成为左右这场市场竞争的核心武器。企业的专利布局应当“以终为始”，即从经营目标的需求出发，运用不同的策略，有针对性地开展布局。知识产权分析评议通过运用知识产权信息、分析知识产权和技术情报，可以帮助企业制定申请策略、挖掘可以申请专利的相关技术、确定合适的申请和公开范围，以及运用组合申请等方式实现战略性部署，是企业进行专利布局的有力武器。

叫好不叫座的特安纶

20 世纪 60 年代，Nomex 系列芳纶产品由美国 A 公司（以下简称“A 公司”）成功开发并上市。Nomex 有机耐高温阻燃纤维材料产品以其优异的耐热阻燃性能畅销全球40余年而不衰，拥有着不错的口碑和市场占有率，是全球有机耐高温阻燃市场最主要的产品之一。

几乎在Nomex成功开发上市的同期，我国的技术人员也自主研发出了一种新的有机高温阻燃纤维材料——特安纶系列芳砜纶产品。这种纤维历经三代研究人员的技术研发、实验室生产、小批量生产，直到2007年10月由国内B企业（以下简称“B企业”）真正完成产业化。❶

Nomex和特安纶产品均可以运用于防护制品、电绝缘材料、高温过滤材料、蜂窝结构材料等，在耐高温应用领域两者可以互换。更可贵的是，与Nomex相比，国产特安纶在耐热性、纤维加工性、阻燃性、穿着舒适性、易染色性等方面表现更为优异。2003年，还处于小批量生产阶段的特安纶便以其优异的性能表现击败了包括Nomex在内的发达国家的王牌纤维产品，成为“神州五号”特制宇航用品。❷随着市场对特安纶的逐渐认可，取代Nomex、分食耐高温纤维市场这块大蛋糕似乎已是大势所趋。此外，特安纶在价格上也极具竞争力。进口一套使用Nomex材料的防护服约为5000元，而一套使用特安纶材料的防护服的成本仅约为1000元。❸

全球耐高温纤维市场需求不断增长，国外市场巨大，利润可观。“优等生”特安纶也踌躇满志，努力走出国门。

然而，事与愿违的是，这个“优等生”并没有因其优异性能而在国际市场上大卖。在产业化后的5年多时间里，特安纶的产能也未随着市场需求的上升而扩大。更令人想不到的是，时常有国外代理商表示要停止代理特安纶产品，转投代理Nomex。这种“不受待见”的节奏使得特安纶产品“走出去”的步伐显得颇为艰难。

---

❶ 陆慕寒. 芳砜纶尽显中国实力［N］. 中国纺织报，2003－11－25.

❷ 2002年，建立特安纶产业化基地开始初试。2005年，完成年产50吨的中试。2007年10月，建立年产1000吨的特安纶生产线。2003年击败Nomex的产品为特安纶的初试产品。

❸ 上海：耐火衣有望减少矿难死伤［J］. 亚洲消防，2006（1）：13.

专利围攻特安纶

事实上，B 企业一开始并未意识到特安纶产品“走出去”受阻的背后是因知识产权存在问题。导演这出戏的正是 A 公司。

原来，早在 2003 年竞标“神舟五号”项目落败后，A 公司便开始关注特安纶产品。随后，A 公司一边对其主打产品 Nomex 进行升级换代，一边密切关注着特安纶的产业化动态。随后，特安纶产业化项目启动、准备批量生产的消息让 A 公司意识到特安纶很有可能会在不久的将来对其全球市场产生较大冲击。

对此，A 公司准备了两套方案。

第一套方案是并购。2007 年初，A 公司的首席科学家造访 B 企业。在了解了特安纶的产业化进展和知识产权状况后，便提出了全面收购 B 企业的特安纶业务的方案。A 公司的目的非常明确，花点钱买下特安纶，把旗下的有机耐高温阻燃纤维市场做得更大。然而，这一提议当即便被回绝了。

第二套方案便是专利围剿。A 公司不研发、生产、销售任何特安纶产品，却通过专利布局迅速又滴水不漏地给特安纶产品围起了的一道密不透风的专利之墙。

从时间上来看，2007 年初 A 公司造访 B 企业收购失败，之后很快便开始专利布局：2007 年 4 月至 12 月期间 A 公司便提交了 14 项与特安纶相关的 PCT 申请，短短几个月内便迅速建立起对 B 企业的巨大优势。2008 年和 2009 年 A 公司又分别继续提交了 2 项和 1 项 PCT 申请。

从区域上来看，这些专利申请随后根据 PCT 规则进入了美国、中国、欧洲、日本、韩国、加拿大、墨西哥、德国等国家或地区。A 公司对特安纶相关的专利布局与其主打产品 Nomex 的市场份额息息相关：哪里有 Nomex 的市场，就在哪里布下特安纶的专利；Nomex 市场份额较大的区域，往往都进行了大量的专利布局（见图 6－1）。A 公司的专利布局目的性明显，就是通过布局特安纶专利阻止特安纶产品进入相关国际市场，从而为其自身主打产品 Nomex 占领市场扫清障碍。

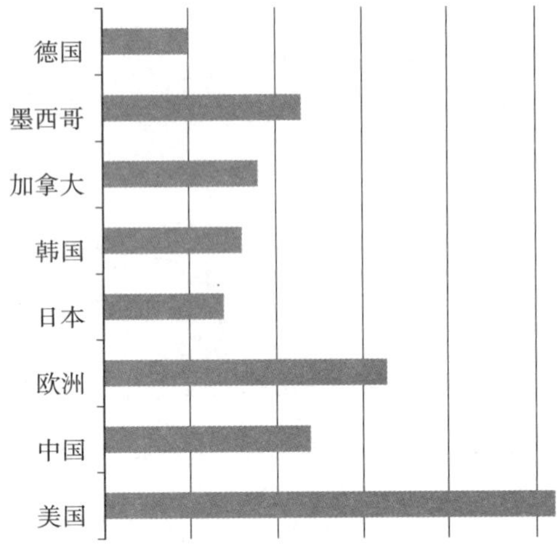

（a）Nomex市场份额

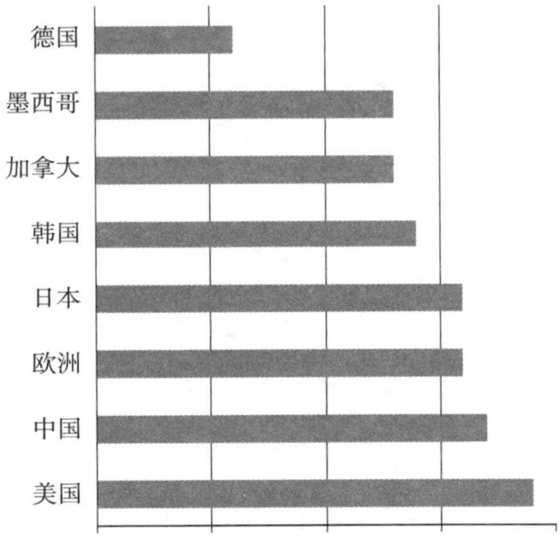

（b）A公司对特安纶专利申请量

图6－1　A公司对特安纶的专利布局与Nomex市场份额比较

从专利涵盖的范围来看，A公司的这些专利申请涉及特安纶纤维的制造方法，纤维布、纤维纸、使用特安纶制造的材料及其制造方法，全面覆盖了耐热阻燃材料相关的防护器具、过滤器、耐火纸材、高温过滤毡等多个产业的全产业链。[1] 也就是说，A公司在特安纶的上、中、下游整个产业链进行了严密专利布局。

一面是A公司的步步为营，一面是B企业的茫然不知。随着A公司的专利申请逐渐进入相关国家和地区并纷纷获得授权后，B企业面临着这样一种尴尬局面：虽然特安纶纤维本身不会侵犯A公司的专利权，但用特安纶纤维生产相关的应用产品，全都难逃其布下的专利网。这样一来，特安纶纤维产品便成了中下游厂商不敢触及的烫手山芋，中下游厂商只敢去买属于A公司的Nomex，而不再敢买B企业的特安纶纤维产品。

A公司的专利围剿使得特安纶产品的出口举步维艰，Nomex则不断巩固并壮

---

❶ 杨铁军．产业专利分析报告（第14册）——高性能纤维［M］．北京：知识产权出版社，2013：111－112．

大其全球市场，维护了霸主地位。2011 年，Nomex 年产能 2.5 万吨，全球销售额高达 84 亿美元（含中国大陆 10 亿美元销售额），而特安纶年产能仍停留在 1000 吨，在中国境外的销售额仅有约 0.2 亿美元。Nomex 在国际市场的销售额达到了特安纶的 370 倍！可谓一面是火焰，一面是海水。

专利布局左右市场格局

专利布局成为左右这场市场竞争的核心武器。A 公司跳出了“专利保护自有研发成果不被侵犯”的常规思路，转而以保护自身产品为出发点，围绕竞争对手的产品进行了严密专利布局，围住了竞争对手的发展空间，攻下了自己的市场空间。

与之形成鲜明对比的则是 B 企业。特安纶产品出口受阻、市场惨败于 Nomex，没有输在纤维性能、没有输在产品品质，而是遗憾地败在了知识产权的阵地上。在 2002 年之前，历经 30 多年研发的特安纶却没有任何专利保护。直到 2002 年启动特安纶产业化项目时，B 企业才申请了第一件专利，用来保护特安纶纤维的制备方法。2004 年，特安纶在实现了量产前“临门一脚”的同时，又申请了一件关于特安纶纤维原料制备方法的专利，并注册了商标“特安纶”。两件国内专利和几件“特安纶”国内注册商标，没有任何国际申请，这就是产业化前夕特安纶所有的知识产权。A 公司之所以能够在特安纶产业化项目启动后仍能建立密不透风的专利网，正是 B 企业因专利布局的缺失将空间拱手让与对手；没有必要的专利、缺乏整体布局也是 B 企业在后期应对 A 公司的专利“防护网”时，显得力不从心、无从下手的根本原因。

知识产权分析评议助力专利布局

当前高新技术企业之间的市场竞争，正逐渐演变成知识产权的竞争，主要便是专利的竞争。企业参与市场竞争、出口产品，都离不开专利布局的支撑，专利布局日益成为保护市场、获取利润的保障。尤其像 B 企业这样，当拥有好的技术、好的产品时，专利布局更是在激烈的市场竞争中生存发展的关键要素。

企业的专利布局应当“以终为始”❶，即从商业目标出发，运用不同的策略❷，有针对性地开展布局。知识产权分析评议通过运用知识产权信息、分析知识产权和技术情报，可以帮助企业制定申请策略、挖掘可以申请专利的相关技术、确定合适的申请和公开范围，以及运用组合申请等方式实现战略性部署，是企业进行专利布局的有力武器。具体而言，知识产权分析评议在专利布局中可以发挥如下作用：

第一，可以了解分析自身在某一领域的已有专利情况，包括数量、类型和保护范围等，确认这些专利是否对相关产品进行了有效的保护；可以分析产业链中的技术焦点和技术空白点等内容，结合企业的已有专利和发展策略，确定未来专利布局的方向和内容。

第二，可以获知领域内的主要申请人是谁、出现潜在竞争对手的可能性；可以获知主要竞争对手的专利情况、及时跟踪竞争对手的技术发展方向、专利动态和布局策略等。有了“知己知彼”的基础，企业可以制定专利布局策略，如选择对抗竞争对手而申请专利等。

第三，可以详细分析竞争对手的专利保护范围，深度了解其“专利壁垒”效用几何，寻找可以击破壁垒的路径。例如，如竞争对手拥有无法攻破的核心专利，可以通过评议了解申请外围专利与专利组合的可行性，找寻可以进行专利再布局的领域和区域，寻求突破专利“篱笆墙”的空间，并在外围构筑自己的“篱笆墙”，以期最大程度地争取市场。

---

❶ 李丽. 企业专利价值取向与价值兑现 [J]. 中国知识产权，2013 (11)：46.

❷ 如可采用路障式布局、城墙式布局、地毯式布局、围栏式布局、糖衣式布局等多种模式，参见：谢顺星，高荣英，瞿卫军. 专利布局浅析 [J]. 中国发明与专利，2012 (8)：24.

第四节　产品出口中的知识产权分析评议要点

产品出口过程中开展知识产权分析评议的目的在于，防控产品出口目的地发生知识产权纠纷，确保自身产品和服务获得有效的知识产权救济。知识产权分析评议一般包括以下内容：

- 了解产品出口目的地的知识产权保护环境。例如，知识产权基本法律制度、知识产权侵权判断标准、海关知识产权保护模式、司法诉讼程序、行政执法程序等。

- 评价在贸易目的地自己是否围绕自主创新产品形成了有效的知识产权布局。准备相关证明材料。

- 判断产品在出口目的地是否存在侵犯他人知识产权的风险。主要是对出口目的地竞争对手及其客户供应商的产品市场占有情况、知识产权情况进行分析，并进行技术特征对比，判断出口产品是否侵权他人知识产权，并基于竞争对手的诉讼习惯和策略特点，预测本企业遭遇侵权诉讼或贸易排除令的可能。

- 分析竞争对手的产品是否会侵犯自己的知识产权。对出口目的地的同类产品进行分析，分析其是否包含了自己的知识产权，在遭遇竞争对手的诉讼时，评价其能否作为谈判筹码。若发现竞争对手侵犯自己的知识产权，也可收集证据，适时发出律师函并启动维权程序。

- 形成产品出口的知识产权风险控制预案。若发现出口产品可能侵权他人知识产权，应及早开展规避设计，或者主动联系权利人进行专利许可；收集对手知识产权瑕疵、对方侵犯自己的知识产权或者合作企业侵犯自己的知识产权的反诉材料和证据；若涉嫌专利侵权的产品已经出口，及早准备应诉材料，制定诉讼应对策略。

第七章　海外知识产权纠纷应对

本章导读：

地板企业全军覆没，分析评议见奇效：燕加隆独善其身

2007年1月，美国国际贸易委员会（ITC）裁定我国16家地板企业侵犯了地板业巨头UNILIN公司的专利权，并签发了普遍排除令。中国地板就此被挡在美国的市场之外！燕加隆公司是我国唯一未受波及的被诉企业，独善其身突出重围的关键，恰在于其预先开展了知识产权分析评议，提前进行了必要的规避设计，最终被认定不侵犯专利权，进而拿到了通往美国的通行证。

六年海外知识产权诉讼战，电池企业苦尽甘来

2003年4月，劲量公司向美国国际贸易委员会（ITC）提出“337调查”申请，来自中国内地、中国香港的11家企业卷入海外知识产权纠纷的漩涡！我国电池行业面对重重困难，经过六年申诉拉锯战，探索了一条“企业为主、协会牵头、商会配合、政府协调、律师支持”的应诉工作模式，并最终取得了“337调查”的胜利，被誉为我国“337”抗战的“平型关大捷”。扎实的分析评议工作为制定有效的知识产权战略提供了重要支撑。

输了官司又如何，炬力多途径反击赢下市场不手软

2006年，美国国际贸易委员会（ITC）裁定我国炬力公司违反了“337条款”，签发有限排除令和停止令，炬力的产品被挡在美国大门之外。输了官司的炬力却没有一蹶不振，反而在知识产权分析评议的基础上，多途径发起知识产权反击，并最终成功迫使对手和解。更为可贵的是，和解后的炬力市场销量不断增长，成为市场赢家；发起“337调查”的竞争对手却每况愈下，最终被收购。

专利大棒打不倒，分析评议助小企业逆袭成长一强再强

2005年初，小企业飞天诚信踌躇满志拓展北美市场，参与美国某著名公司上千万美金项目的投标。然而，就在即将顺利拿下项目之际，竞争对手以色列某公司一纸专利侵权诉状，直接导致飞天诚信在投标中出局！企业失去了利润可观的项目，北美市场产品销售一度停滞，海外发展压力陡增。关键时刻，企业通过知识产权分析评议及时认清形势，选对策略，并将其贯穿到每一个重要决策之中，最终在重重压力下杀出一条血路。企业也随着知识产权实力的增强逐步发展壮大。

第一节 燕加隆地板未雨绸缪突出重围

——从燕加隆木地板案看企业“走出去”中的知识产权分析评议

案例概要

2005年7月，地板业巨头UNILIN公司向美国国际贸易委员会（ITC）申请启动“337调查”，指控包括17家中国企业在内的全球30家企业侵犯了其在美国的四件地板锁扣专利。2007年1月，ITC作出终裁，认定除燕加隆公司外的其他中国被诉企业侵犯了UNILIN公司的专利权，并签发了普遍排除令。

燕加隆公司能够突出重围取得胜诉的关键，恰在于其预先开展了知识产权防侵权分析评议，提前进行了必要的规避设计，成功地开发出新概念锁扣“一拍即合1号”和“一拍即合2号”，并将创新成果专利化。燕加隆公司的地板与UNILIN公司的产品采用了完全不同概念的锁扣，最终被认定不侵犯专利权，进而拿到了通往美国的通行证。在“337调查”前未雨绸缪，采取合理的知识产权分析评议，可以为企业“走出去”开发更广阔的市场提供有力保障。

燕加隆公司突出铁壁合围

2005年7月，荷兰UNILIN公司、美国UNILIN北卡罗来纳地板公司和爱尔兰地板工业公司（以下统称“UNILIN公司”）联合向美国国际贸易委员会（ITC）起诉，指控来自全球30家木地板企业（包括17家中国企业）的复合木地板进口及销售侵犯了其在美国的“地板锁扣”等四件专利，申请启动“337

调查”，并请求ITC发出普遍排除令和停止令，采取正当和适宜的进一步救济措施。

UNILIN公司是世界上最早发明免胶地板锁扣技术的公司之一，这种锁扣技术实现了以简单、快速、无胶的方式铺设地板。据UNILIN公司称：“1989年强化复合地板被发明，同年Quick Step❶发明了DPL直接层压技术，将强化复合地板真正地实现工业化生产，并成为行业标准。1996年Quick Step发明了尤尼林克（Uniclic）免胶锁扣技术。从此，地板进入了免胶安装的环保时代。时至今日，欧美有2/3的地板企业采用此专利技术，该技术也成为行业内的通行标准。”❷

UNILIN公司是一家非常重视技术专利保护和维权的公司，鉴于锁扣地板较强的市场接受度，各国不乏技术仿冒者和跟随者。为了巩固锁扣地板的市场垄断地位，UNILIN公司在全球范围内不断加大产品营销力度的同时，通过积极的专利侵权调查和维权诉讼收取专利许可费。发起此次“337调查”前，UNILIN公司已在全世界收取了30亿美元专利费，并号称在20多场专利官司中无一失利。❸

涉案的17家企业几乎包括了我国复合木地板产业的所有骨干企业。据业界专家介绍，被指控锁扣专利侵权的中国木地板企业产量超过中国市场60%的比例。❹此外，涉案企业还包括三家加拿大企业、一家马来西亚企业和九家美国国内企业。

2005年7月，ITC决定对UNILIN公司的申请正式立案❺。案件涉及四项美国专利：第6006486号专利（以下简称“486专利”）、第6490836号专利（以下简称“836专利”）、第6874292号专利（以下简称“292专利”）和第6928779号专利（以下简称“779专利”）。其中486专利为基础专利，而836、

❶ Quick Step为UNILIN公司旗下地板品牌。

❷ [EB/OL]. [2012-11-25]. http://www.quick-step.com.cn.

❸ 张平，黄贤涛. 产业利益的博弈——美国337调查[M]. 北京：法律出版社，2010：285.

❹ 肖可，常怡. 锁扣专利发难 地板行业遭遇337条款[N]. 经济观察报，2005-08-01 (021).

❺ 案卷号为337-TA-545。

292、779 专利均为 486 专利的后续专利。具体如表 7－1 所示。

表 7－1 复合木地板“337 调查”涉案相关专利简介

专利权人	专利号	申请日	发明名称	授权日
UNILIN	US6006486	1997－06－10	带有边缘连接器的地板块	1999－12－28
UNILIN	US6490836	1999－12－23		2002－12－10
UNILIN	US6874292	2002－10－09		2005－04－05
UNILIN	US6928779	2002－10－08		2005－08－16

UNILIN 公司要求保护的权利要求集中表现在两项技术特征上：第一项技术特征，是在榫头安装入榫槽后，榫槽因外弯而产生对榫头的握力从而使榫头、榫槽扣紧；第二项技术特征，是榫头能够水平插入榫槽。❶

2006 年 7 月，行政法官保罗·卢克恩作出初裁，认定 779 专利的诉争权利要求无效，认定 836 专利和 292 专利有效，且部分被申诉人侵犯了 836 专利的部分权利要求。因此，行政法官建议针对侵犯 836 专利有关权利要求的产品发布普遍排除令，对缺席的美国国内企业签发停止令。

根据最初裁定，来自中国的四种锁扣不侵犯 UNILIN 公司的锁扣专利，其中包括燕加隆公司的“一拍即合 1 号”“一拍即合 2 号”，以及另外两个公司的“Lock 7”和“Arc Locking”。其中，燕加隆公司对自己的“一拍即合 1 号”和“一拍即合 2 号”技术拥有专利权，而另两个公司对“Lock 7”“Arc Locking”则不享有专利权。初裁意味着部分中国复合木地板可以继续进入美国市场。

然而好景不长，UNILIN 公司很快对初裁结果提出了复审要求。2007 年 1 月，ITC 作出终裁，部分推翻了初裁，我国企业产品中除燕加隆公司发明设计的“一拍即合”锁扣地板产品外，其他产品均构成专利侵权，被 ITC 签发了普遍排除令和停止令。燕加隆公司成为中国 12 家应诉企业中唯一获得最终裁决胜诉的企业。燕加隆公司将不受影响，其锁扣产品可自由进入美国市场，而其他中国地板出口企业如果不向 UNILIN 公司支付专利费，将不能再向美国出口侵犯 UNILIN

❶ 刘松涛．337 调查：反思复合木地板案［J］．WTO 经济导刊，2006（8）：35.

公司锁扣专利的地板产品。

终裁结果与初裁结果大相径庭，大大出乎中国企业的意料，这一结果沉重打击了中国复合木地板业。2007 年 5 月，曾有三家公司向美国联邦巡回上诉法院提起上诉，要求重审 ITC 对于复合木地板“337 调查”案的终裁裁决。然而 2008 年 7 月，美国联邦巡回上诉法院作出判决，维持 ITC 的终裁裁决。

未雨绸缪成为胜诉关键

燕加隆公司能够成功突围，并非一时侥幸，对知识产权分析评议的一贯重视发挥了重要的作用。

在欧洲，燕加隆公司曾经吃过知识产权的亏。2005 年 1 月，在德国汉诺威举办的 Domotex 地板展会上，UNILIN 公司在当地有关部门的协助下查封了涉嫌侵犯其地板锁扣专利的中国企业的参展产品，并以侵犯其锁扣专利为由将有关企业诉至德国法院，这一突然袭击使参展的中国企业十分被动和狼狈。燕加隆公司也遭遇了欧洲参展被封存产品、现场调查、收缴的尴尬。由于当时参展的中国企业没有给予足够重视，大多都没积极应诉，于是多数企业被认定侵权，其向欧洲开拓市场的步伐和进程受阻。

此次事件则给燕加隆公司敲响了警钟。从那一刻起，燕加隆公司认识到，要在国际市场占据一席之地，必须拥有自主知识产权，摆脱受制于人、被动挨打的局面。燕加隆公司深度开展知识产权分析评议，并在此基础上开展逆向工程和消化吸收再创新，形成了自己的知识产权。知识产权分析评议与研发过程并轨融合，使燕加隆公司成功地开发出新概念锁扣地板产品“一拍即合 1 号”和“一拍即合 2 号”，并获得了相关专利。燕加隆公司立志研发出自己独有的知识产权以彻底摆脱受制于人的局面，知识产权分析评议的全过程介入不仅提高了创新效率和质量，而且通过针对性的规避设计提前消除了专利侵权隐患。

一切发生得让人猝不及防，但又似乎合乎逻辑。此后不到半年，UNILIN 公司就正式向 ITC 提起了前面提到的“337 调查”申请案。或许这对其他企业犹如晴天霹雳，但对燕加隆公司来说，应对底气十足。燕加隆公司的“一拍即合”锁扣地板产品并未采用此次调查所涉及的专利技术。燕加隆公司通过逆向工程，首创“垂直嵌入”型锁扣，不仅改变了普通锁扣技术的榫头形状，还通过使用一种新型的“凸－凹”结构和地板长短边锁扣装置，保证了凸部、凹部之间的横向连接和水平方向锁定，从而使地板连接更紧密。这无疑突破了当时欧洲通用的“水平锁入”锁扣理念，是绿色、环保、低碳的新一代地板锁扣技术（见图7－1和图7－2）。

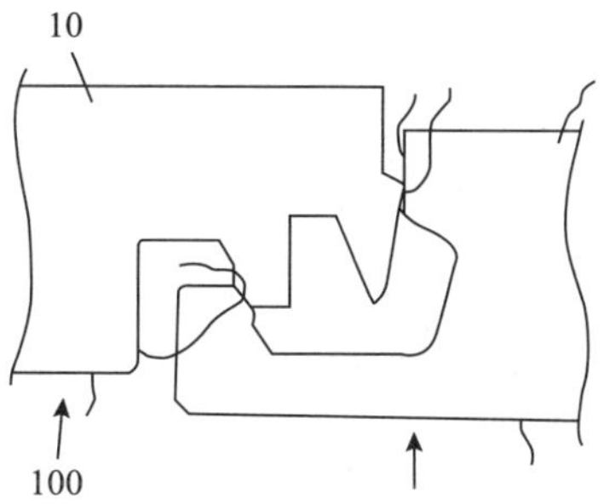

图7－1 燕加隆公司锁扣地板技术示意图❶

图7－2 UNILIN锁扣技术示意图❷

由于燕加隆公司的“一拍即合”锁扣与UNILIN的锁扣采用了完全不同的设计理念，被ITC认定不侵犯UNILIN的专利，并最终拿到了通往美国的通行证。燕加隆公司也由此成为本次“337调查”中唯一胜诉的中国企业。

燕加隆公司“一拍即合”锁扣技术打破了欧美企业在地板锁扣领域长期垄断的局面，不仅获得了进入美国、欧洲市场的入场券，并逐步将因中国企业退出而损失的部分市场纳入囊中。此外，“337调查”事件之后，有多家中国地板企业从燕加隆公司购买了锁扣专利的使用权，而专利许可费也已成为燕加隆公司的一

❶ 深圳市燕加隆实业发展有限公司．地板块和地板系统：中国，200620011250.7［P］．2007－07－25.
❷ ［EB/OL］．［2012－10－12］．http：//www. quick－step. com. cn/cn/products/installation_ az. asp.

个新的利润增长点。从中国木地板产业发展利益上讲，燕加隆公司在此次“337调查”中成功获胜，一战成名，不但成就了自己，也给中国地板业带来了希望。2007年7月，燕加隆公司被中国木材流通协会、木地板流通专业委员会等机构联合授予“中国地板行业特殊贡献奖”。

企业“走出去”中的知识产权分析评议

燕加隆公司胜诉的关键，得益于其进入美国市场前的厉兵秣马、未雨绸缪。此案的重要启示是，企业拓展国际市场时，必须重视知识产权分析评议，了解产业技术发展趋势，准确判断研发方向，坚持自主创新，并进行合理的专利布局，形成竞争优势；同时关注竞争对手的专利布局，做到心中有数、防患未然；遇到诉讼纠纷不逃不躲，积极运用知识产权分析评议形成应对策略并加以妥善应对。

市场属于敢拼敢打的有心人。对实施“走出去”战略的企业，知识产权分析评议往往会发挥事半功倍的效果。

第一，产品设计过程中开展知识产权分析评议，可以了解竞争对手的专利布局，判断技术发展方向和竞争热点，比较自身技术和产品与竞争对手之间的区别，并可以通过逆向工程获得创新启示并进行技术规避设计。如果通过分析发现产品涉嫌侵权，应暂缓产品出口，并及时对产品进行规避设计，或者通过更换非专利方法来避免侵权。制定必要的专利申请和许可策略，加大专利申请布局力度，避免由于知识产权缺失而被频频提起专利侵权诉讼。此外，聘请专业律师出具知识产权分析评议报告，可以避免在“337调查”或专利诉讼中被判故意侵权、进而承担三倍赔偿金的风险。

第二，产品进入目标市场前开展知识产权分析评议，主要掌握目标市场的知识产权保护环境，包括了解知识产权制度特点、司法程序和审判标准、本领域已有的司法判例等；了解目标市场的竞争对手知识产权情况，包括企业知识产权竞争策略、专利布局情况、专利强度和有效性、已发起的专利纠纷、专利许可基准价格等；评估出口产品可能存在的知识产权风险，对于那些无法规避而又必须使用的核心专利技术，要积极准备谈判，形成应对预案。

第三，产品进入目标市场后开展知识产权分析评议，重点是关注自身产品在目标市场份额的变化和竞争对手的反应，比如产品在目标市场的市场份额是否迅速增长，竞争对手是否有发送“停止侵权警告函”或收取专利许可费的行为，竞争对手在展会和海关等采取取证或执法行动，同行业其他公司的知识产权纠纷等。当争议产品明显影响专利权人的利益时，专利权人可能选择针对整个行业采取行动，企业要提早预防、密切关注，也可主动和解。

第四，遇到知识产权纠纷时开展知识产权分析评议。出口企业面临的知识产权麻烦主要包括：竞争对手在目标市场提起专利侵权诉讼，要求巨额赔偿；竞争对手在目标市场提起“337 调查”等贸易调查，并要求普遍排除令；他国执法机关主动发起的专利保护执法行动等。虽然程序不同，但核心内容只有一个：出口产品侵犯了当地的有效专利权。对此，首先，要通过分析分析评议确定是否真的侵犯对方专利权，将出口产品的技术要素与对方专利权的权利要求进行一一对比，形成基本判断；其次，寻找解决途径，例如，通过知识产权分析评议评价对方专利的权利稳定性和有效性、对方产品是否侵犯己方专利权、对方的关联客户或供应商是否侵犯己方专利权、在中国反诉对方有无可能、对方是否存在其他可能的违法行为等。再次，如初步判断己方侵权，则需通过分析评议权衡利弊，在支付法庭侵权赔偿、逼迫对方撤诉、产品退出市场和进行庭外和解之间作出选择，将损失减少到最低。一般而言，采取交纳专利许可费、购买专利权或者合资、合作的形式，能避免失去目标市场。

第五，知识产权运营中开展知识产权分析评议，可以确定向谁许可专利，在哪个市场许可，许可费应多少，许可方式如何确定，应当附什么样的许可条件等。一般而言，企业向外许可专利需平衡产品市场营销与获得知识产权许可收益的关系。在不重要的产品市场，许可费可以低一些，许可对象多一些，附加条件少一些。而在存在产品同质竞争的产品市场，必须审慎选择许可对象，防止其影响自己的市场份额。

第二节　电池企业运筹帷幄合力应对“337 调查”

——从无汞碱性电池案看应对“337 调查”中的知识产权分析评议

案例概要

2003 年 4 月，劲量公司向美国国际贸易委员会（ITC）提出“337 调查”申请，要求对来自中国内地、中国香港、新加坡等国家或地区的 24 家企业生产的无汞碱性电池产品展开“337 调查”。我国电池行业面对重重困难，经过六年申诉拉锯战，探索了一条“企业为主、协会牵头、商会配合、政府协调、律师支持”的应诉工作模式，并最终取得了“337 调查”的胜利，被誉为我国“337”抗战的“平型关大捷”，亦为我国今后应对美国“337 调查”提供了宝贵经验。

目前，“337 调查”因原告企业成本小、审理时间短、申请门槛低、救济时间长，被诉企业应诉时间紧、诉讼费用高、调查范围广、制裁力度大等特点，已经成为美国企业阻止竞争者产品进入美国市场的一条省钱、省时而省力的法律途径。在“337 调查”中，扎实做好知识产权分析评议工作，有助于帮助企业制定有效的知识产权战略，更好地应对“337 调查”。

11 家中国企业遭遇“337 调查”

2003 年 4 月，美国劲量电池公司（以下简称“劲量公司”）和其旗下永备电池公司（以下简称“永备公司”）向美国国际贸易委员会（ITC）提出“337 调查”申请，要求认定来自中国内地、中国香港、新加坡等国家或地区的 24 家企业生产的无汞碱性电池产品侵犯了其“无汞碱锰电池”专利（专利号为US5464709），并申请执行普遍排除令，禁止涉案相关产品进入美国市场。[1]

劲量公司此次“337 调查”的矛头主要指向了中国电池企业。在被诉的 24 家企业中，有 7 家来自中国内地、4 家来自中国香港，占了被申诉人的近半数。与此同时，劲量公司也准备在欧洲等市场利用该专利起诉中国企业。

劲量公司是世界上最大的电池和便携式照明设备的生产商，在电池界有着雄厚的知识产权实力并长期占据市场主导地位，产品销往全球 175 个国家。自 1896 年以来，劲量公司凭借其技术革新，不断刷新着电池能源行业中的多项“第一”。在美国市场，劲量公司每天的销量就超过 350 万粒，每三粒电池中就有一粒是劲量公司生产的，电池界的霸主地位可见一斑。

无汞碱性电池技术在当时属于新一代环保技术，也是全球电池业的发展方向。相对于污染环境的碳性电池，碱性电池不含汞、镉等有害物质，即使不慎被遗弃在野外，也不会因汞泄漏而污染水源和土壤。虽然碱性电池价格比普通碳性电池要贵一些，但电量却是其四倍，这意味着使用一节碱性电池可以避免四节碳性电池带来的环境污染。所以，碱性电池逐渐成为电池业发展的“兵家必争之地”。

彼时，中国电池业迅速发展，出口量连续增长，对劲量公司在美国市场的地位造成了不小的威胁。劲量公司将“337 调查”的矛头主要指向中国电池企业似乎在所难免。另一方面，由于我国电池行业以出口为主，该案的胜败也将直接影响我国电池产业的发展。

联合应诉终获胜

2003 年 5 月 2 日，中国电池工业协会得知“337 调查”的消息后，立刻通报有关电池企业。

---

[1] 程敢．中国电池行业应对美国“337 电池调查案”彻底胜诉［J］．轻工标准与质量，2008（3）：46．

5 月 21 日，浙江省对外经贸厅发布《无汞碱性电池“337 调查”情况最新通报》，将“337 调查”情况通知涉案企业，并公布了浙江省涉案企业名单，要求涉案企业予以重视，积极配合中国机电商会做好应对工作，并要求各级外经贸部门做好应诉协调工作。

5 月 28 日，ITC 对劲量公司的申请正式立案，并开始对涉案电池企业进行调查。[1] 而与此同时，中国电池工业协会组织我国九家企业联合应对，同时动员和发动全行业的力量开展应对工作。双方的较量由此进入了短兵交接、正面对抗的阶段。

5 月 30 ~ 31 日，商务部进出口公平贸易局、中国机电商会和中国电池工业协会在宁波召开“337 调查”应诉协调会，协商涉案企业按出口比例承担律师费。除九家被诉的电池企业之外，另有九家有关企业参与应诉，组成 18 家企业联合应诉团队。具体名单如表 7 - 2 所示。

表 7 - 2　我国应诉“337 调查”的 18 家电池企业名单[2]

九家被诉企业	九家未被诉企业
四川长虹电池有限公司	厦门三圈电池有限公司
福建南孚电池有限公司	上海天鹅白象电池有限公司
广东正龙股份有限公司	宁波野马电池有限公司
广州虎头电池集团公司	浙江嘉兴永高电池有限公司
宁波豹王电池有限公司	梧州新华电池有限公司
浙江三特电池有限公司	重庆力可达电池有限公司
中银（宁波）电池有限公司	浙江甬微科技股份有限公司
香港金力实业有限公司	温州三金电池有限公司
香港高力电池实业有限公司	丹东金丸集团公司

2003 年 6 月起，我国涉诉企业陆续提交了答辩材料。8 月 5 日，劲量公司提

[1] 案卷号为 337 - TA - 493。
[2] 张平，黄贤涛. 产业利益的博弈——美国 337 调查［M］. 北京：法律出版社，2010：285.

出申请，要求增加八家被诉人，这八家公司分别是日立万胜公司、Encore销售有限公司、Expocell工业公司跨国电池公司、福州金孚电池有限公司、Pure Energy电池公司、SharkEyes公司、Supreme科技公司和温州三金电池有限公司。

8月20日，ITC发布16号和17号令，同意增加日立万胜公司为被诉人，拒绝增加除日立万胜公司之外的七家公司为被诉人的申请。

第一回合，劲量公司层层施压，中国企业团结应战，没有输在起跑线上。

随后，中国电池工业协会组织国内企业深度开展知识产权分析评议，分析劲量公司专利的稳定性，在得出该专利并非无坚不摧的结论的基础上，在最短时间内最大限度地收集证据，并与日本、新加坡等涉案企业组成应诉联盟，实现资源共享。

劲量公司在得知企业联合应诉后，采用拉打结合的方法，分化瓦解联合应诉联盟，在开庭前一周与日本、新加坡以及中国香港的部分企业达成和解，并与这些企业签订了信息资源不能与中方共享的协议，原来的国际应诉联盟被瓦解。

形势变化使中国企业措手不及，劲量公司则认为我国涉案企业在短时间内不可能收集到证据，将不战而败。在紧要关头，中国电池工业协会动员了各方力量。此后，在最短时间内重新搜集证据，该案顺利开庭。❶

第二回合，劲量公司小施策略，中国企业依然坚定，并且有了知识产权分析评议的助力，双方的较量进入了关键阶段。

9月5日，被诉人金山集团（包括香港金山电池有限公司、金山电池国际有限公司、新加坡及北美的金山公司）提出终止“337调查”的联合动议，除大部分中国涉案企业外，被申诉人如日本的富士、日立万胜等，先后以支付数百万美元赔款的代价与劲量公司达成了和解协议。ITC在此基础上根据联合动议，也终止了对这部分被诉人的调查。其实，在劲量公司申请本次无汞碱性电池“337调查”案之前，已经向世界上主要电池生产商，包括美国金霸王、日本松下、

❶ 程敢．中国电池行业应对美国“337电池调查案”彻底胜诉［J］．轻工标准与质量，2008（3）：46.

美国雷诺威等电池公司分别提起诉讼，它们也均已与劲量公司和解并支付巨额专利许可费。

在涉案的我国11家电池企业中，除香港金山电池有限公司与劲量公司达成和解外，其余10家均坚持应诉，其中9家企业组成了应诉联盟，中国香港松柏电池厂有限公司则单独应诉。

2004年6月2日，ITC主审法官作出初裁，认为原告专利有效，中国内地和香港共10家电池企业生产的无汞碱性电池构成专利侵权。

第三回合，ITC的初裁判决使中国企业陷入了被动的局面。

在对中方不利的初裁结果公布后，劲量公司“以退为进”，提出苛刻的和解条件，以阻止中方继续上诉。除了一次性支付100万美元赔偿费用外，劲量公司还要求我国今后出口美国的电池支付3美分/节的专利费，这样一来，中国企业每节出口电池的利润将只剩1美分，无疑这是要中国企业放弃美国市场。初裁败诉，我国涉案企业的信心受到极大打击，对于是否上诉，意见也开始出现分歧，律师甚至曾表示，初审失败后，上诉再扳回来的几率很小。

但涉案的企业并没有被打倒，他们以案件材料为基础，深入分析评议有关知识产权信息，得出初审法官未对我方证据作出有效解释的结论，可以并应该继续上诉。6月9日，中国电池企业联合上诉，要求ITC对初裁结果进行全面复审。

10月2日，经过我国电池企业强有力的举证、抗辩，ITC终裁认定劲量公司第5464709号专利因说明书公开不充分而无效，变更了初裁裁定。

第四回合，对初裁结果的变更使得形势发生了逆转，劲量公司感受到了风雨飘摇，而中国企业则在较量中看到了曙光。

10月7日，劲量公司向美国联邦巡回上诉法院提出上诉，要求撤销ITC对其专利无效的裁定。

2006年1月25日，美国联邦巡回上诉法院将该案发回ITC重审。

2007年2月23日，ITC裁定劲量公司第5464709号专利因未能满足《美国专利法》第 112 条[1]有关书面描述的要求而无效。此后，劲量公司再次向美国联邦上诉巡回法院上诉。

2008 年 4 月 22 日，美国联邦巡回上诉法院对劲量公司诉中国电池企业碱锰电池专利侵权一案作出终审判决：维持 ITC 的裁定，劲量公司第 5464709 号"无汞碱锰电池"专利全部无效。

6 月 5 日，劲量公司和永备公司第三次提出上诉，要求美国联邦巡回上诉法院全体法官参加再审；8 月 8 日，美国联邦巡回上诉法院驳回劲量公司要求全体法官审理的请求，维持了 ITC 的裁定；10 月 30 日，劲量公司和永备公司又向美国联邦最高法院递交了请求调卷令的申诉状。

11 月 18 日，我国涉案企业在了解了美国联邦最高法院与美国联邦巡回上诉法院审理的区别，以及分析了该案对我国电池产业和企业影响的基础上，一致表示，为了维护来之不易的成果，维护我国企业的合法利益，我国企业将继续联合应诉，并提交我方的报告，澄清法律事实，提出我方意见，并对原告的立案申请提出反对意见。

2009 年 3 月 23 日，美国联邦最高法院驳回了劲量公司和永备公司的请求。这意味着，我国电池企业六年的艰辛应诉终于以中方企业的完胜画上了圆满的句号。

六年应诉的成败得失

随着美国联邦最高法院判决劲量公司的无汞碱锰电池专利全部无效，一场历时六年的电池"337 调查"案，穷尽了与"337 调查"相关的所有诉讼程序，

---

[1] 《美国专利法》第 112 条规定如下：说明书应该对发明、制作与使用该发明物的方式和工艺过程，用完整、清晰、简明而确切的词句加以叙述，使任何熟悉该项发明所属的或该发明密切相关的技艺的人都能制作及使用该项发明。说明书还应该提出发明人所拟定的实施其发明的最好方式。在说明书的结尾，申请人应该提出包括一项或一项以上的权项，具体指出并清楚地主张认为是其发明地内容。权项的每一项可以用独立权项或非独立权项的形式编写；如果用非独立权项的形式写成，应认为已用参考对照的方式把非独立权项中有关权项的一切限制都已说明。关于组合物的发明，权项中可有一部分说明实现特定功能的方法或步骤，而不用细述其结构、材料或作用。这种权项说明应认为已包括说明书及其相当文件所叙述的相应的结构、材料和制法。

在2009年的春天以中国电池企业的大获全胜而告终。我国电池企业终于可以继续向美国出口无汞碱性电池。

客观地讲，本次“337调查”，应诉双方各有损失，又各有斩获。一方面，没有人计算过中国企业在这场持久战中消耗的人力、物力和财力，但可以肯定的是，原告虽然没有获得专利赔偿，但美国律师事务所的法律服务收入不菲。美国“失之东隅，收之桑榆”，中国电池企业却因“337调查”案浪费了大量的时间、金钱、人力、市场声誉以及宝贵的发展机遇，这些损失是不能仅靠胜诉就能弥补的。当事双方围绕无汞碱性电池之间的较量结果，也使劲量公司每年失去数千万美元的专利许可使用费收入。另一方面，由于劲量公司与部分厂商达成的和解协议中有关“专利交互许可使用”的条款也可能相应失效，劲量公司将不能再无偿使用对方的专利技术，其市场竞争力也被削弱。

然而，中国被诉企业经受重重考验，始终坚持团体作战，探索了一条“企业为主、协会牵头、商会配合、政府协调、律师支持”的应诉工作模式，充分发挥了企业为主体、行业协会组织协调的作用，动员和组织全行业的力量联合应诉，为“337调查”的最终胜利作出了突出贡献，也给我国应对“337调查”提供了很好的启示。“无汞碱性电池337调查案”的胜诉，不仅是中国电池行业的胜利，也为其他行业提供了有益的借鉴。不仅为中国企业继续向美国和欧盟等发达国家出口无汞碱锰电池扫清了障碍，保护了中国企业的合法权益，也为我国积极应对国外各类非关税贸易壁垒起到了示范作用，为其他行业协会在涉外维权中如何发挥作用提供了可借鉴的经验。[1]

“337调查”中的知识产权分析评议

当前，“337调查”已经成为美国企业阻止竞争者产品进入美国市场省钱、省时又省力的法律途径，具有原告企业申诉成本小、审理时间短、申请门槛低、

[1] 程敢. 中国电池行业应对美国“337电池调查案”彻底胜诉［J］. 轻工标准与质量，2008（3）：46.

救济时间长，而被诉企业应诉时间紧、诉讼费用高、调查范围广、制裁力度大等特点。截至2010年底，发起“337调查”的企业（或自然人）有928家，被调查的企业高达4510家，比例为1:4.9，尽管数量悬殊，原告方却经常以少胜多，被诉方损失惨重，胜诉难度极大。而在“337调查”中，扎实做好知识产权分析评议工作，制定合理的应对策略，将是企业获胜的法宝。

第一，在“337调查”中，企业可以通过知识产权分析评议，根据具体情况权衡是否应诉。由于被调查企业的具体情况不同，不能一味强调积极应诉，是否应诉则要取决于产业特点、企业类型、应诉成本、美国市场重要程度以及对方的诉讼目的等多种因素。由于“337调查”技术性强、工作量大、涉及面广且问题复杂，因此需要花费巨大的人力、物力和财力，对大多数企业来说，上百万美元的诉讼成本十分高昂。如果分析评议发现企业参与诉讼的成本高于出口美国创造的利润，则应当慎重权衡是否应诉；如果企业的诉讼成本低于利润、企业可以承受或者虽然诉讼成本高于利润但从发展战略角度重视美国市场，则应该积极准备应诉。此外，基于原告调查目的差异，例如有以驱逐竞争对手为目的的，有以收取专利许可费为目的的，通过综合的知识产权分析评议，企业可以选择和解还是全程应诉。

第二，在“337调查”中，企业通过知识产权分析评议对涉案知识产权的有效性进行分析，可以起到釜底抽薪的作用。“337调查”案件大部分针对专利侵权行为，截至2010年底，涉及专利侵权的“337调查”为665起，占总量的88.7%。在应对“337调查”的过程中，若通过知识产权分析评议发现了影响专利权有效性的证据，可以通过专利无效程序申请对方指控的涉案专利无效，从根本上打掉“337调查”的根基。对于外观设计专利、商业秘密等亦可考虑是否可以提出无效抗辩。因此，对涉案知识产权进行具体分析评议，是企业更好应对“337调查”的重要武器。

第三，在“337调查”中企业可以通过知识产权分析评议制定合理的应诉策略。如果证据的证明力很强，可以积极地申请宣告对方专利无效；如果证据证明力比较强，可以进行不侵权抗辩；如果证据的证明力一般，则应当通过谈判寻求和解或达成专利的交叉许可；如果证据的证明力非常弱，则应考虑对产品进行重新设计。根据原告举证指控理由的不同，被诉人也可以提出无侵权行为、专利不具可执行性、美国没有使用该专利的产业、证明产品并非来自进口等抗辩理由进行抗辩。此外，通过知识产权分析评议，还可明确是否采用“337 调查”中止程序延缓时间，是否向有管辖权的法院提起反诉，是否通过谈判进行和解，是否启动新的贸易调查反制对手，或采取其他方式迫使对方让步等。

第四，在“337 调查”中企业可以通过知识产权分析评议选择并组建合适的应诉团队。“337 调查”属准司法程序，程序快捷复杂，技术性和专业性强。此外，中美知识产权保护的法律体系也存在很大差异。聘请既懂得“337 调查”程序，又熟悉中美知识产权差异的专业律师代理企业参与案件应诉工作，可以帮助被申诉企业确定有效的应诉策略，全面保护被诉企业的合法权益。只有通过科学的知识产权分析评议，了解有应诉经验、愿意为中国企业服务的应诉团队，才能明确相关律师事务所和律师是否符合案件的实际需要。

第三节　炬力逆转乾坤赢市场

——从炬力芯片案看遭遇海外知识产权纠纷时的知识产权分析评议

案例概要

2005年3月，矽玛特在美国发起了针对炬力的“337调查”。炬力在积极应诉的同时，在“337调查”之外亦与对手展开了一系列较量。炬力通过在中国发起针对矽玛特的专利诉讼、专利无效、诉前禁令等进行反击，在被裁定违反了“337条款”的不利条件下，仍成功迫使对手和解。更为可贵的是，和解后的炬力市场销量不断增长，成为市场赢家；矽玛特却每况愈下，最终被其他公司收购。

“337调查”表面上是申诉人针对知识产权侵权提起的救济措施，实质上则已经成为将竞争对手排除出美国市场的重要竞争手段之一。即使在“337调查”中处于被动，甚至被判败诉并被发布普遍排除令或有限排除令，也并不意味着企业的“全军覆没”。通过合理的知识产权分析评议，有助于企业制定合适的应对和补救策略，维护企业利益。

炬力败诉“337调查”

2005年3月14日，美国矽玛特公司（SigmaTel，以下简称“矽玛特”）向美国国际贸易委员会（ITC）提交“337调查”申请，认为炬力集成电路设计有限公司（以下简称“炬力”）通过进口、为进口而销售以及进口到美国市场后销售某些音频处理集成电路以及包含该部件的产品，侵犯了其两件电源管理的省电技术专利。矽玛特在“337调查”申请中，要求ITC给予如下救济措施：一是根据“337条款”，对进口、为进口而销售以及进口到美国市场后销售某些音频处理集成电路以及包含该部件的产品侵犯了矽玛特持有专利的行为是否违反相关规定作出裁决；二是确定一个时间表，并对上述非法行为举行听证会；三是发出永久排除令，禁止侵犯专利的炬力音频处理集成电路以及包含该部件的产品进入美国市场；四是发出永久停止令；五是请ITC发出其认为正当和适宜的进一步的救济措施。

炬力成立于2001年，是一家致力于集成电路设计与制造的大型半导体技术公司，连续六年被中国半导体协会评为中国十大集成电路设计公司之一。数字多媒体影音主控芯片是炬力的重要产品，先后获得广东省、信息产业部、半导体行业协会颁发的奖项，其多媒体芯片产品占据了全球近50%的市场份额。❶

矽玛特成立于1993年，作为老牌的MP3播放器芯片厂商，其产品应用于便携式多媒体播放器、笔记本及桌上电脑、数码视频照相机、多功能外设产品、数字相框、数字电视以及机顶盒。矽玛特的芯片被全球150多种MP3播放器采用，其曾为苹果、三星等厂商的MP3播放器提供芯片，第一代iPod shuffle就使用了矽玛特的STMP35××系列产品。2002~2006年，STMP35××的销量突破1亿美元。❷

2003年，矽玛特的市场份额高达80%，成为控制器芯片市场的主宰者之一。但控制器芯片市场瞬息万变，2005年前后，矽玛特的市场份额急剧下降，只剩下约15%。而与此同时，后起之秀炬力2005年的销售额高达12.57亿元，纯利润6亿元，仅用了三年时间就从矽玛特手中抢到近一半的市场份额。❸

面对竞争压力，启动“337调查”成为丢失市场份额后的矽玛特的救命稻草。“337调查”不仅可以将竞争对手的侵权产品排除出美国市场，而且可以迫

❶ 根据炬力官方网站资料整理．[EB/OL]．[2009-02-11]．http：//www.actions-semi.com/ActionsV8/Chinese/Actions.aspx.

❷ 张平，黄贤涛．产业利益的博弈——美国337调查[M]．北京：法律出版社，2010：166.

❸ 胡媛．炬力的2005[J]．IT经理世界，2005(6)：82.

使竞争对手的客户因惧怕卷入侵权纠纷而转投"337调查"的发起者。因此，通过法律手段达到市场目的，已经演变成一种行业的游戏规则。❶

2005年4月15日，ITC决定受理矽玛特的"337调查"申请。❷本次"337调查"共涉及矽玛特的三件美国专利（如表7-3所示）。

表7-3 矽玛特三件"337调查"涉案专利

专利号	申请日	授权日	发明名称	独立权利要求的项数	权利要求的项数
US6366522	2000-11-20	2002-04-02	控制集成电路功率消耗的方法和装置	3	22
US6633187	2000-11-20	2003-10-14	启动独立集成电路的方法和装置	2	20
US6137279	1999-08-18	2000-10-24	可调整的功率控制模块及其应用	2	15

面对"337调查"，炬力有多种选择：可以去和原告磋商和解；也可以放弃诉讼；还可以把公司关掉，改个名字重新开张。炬力管理团队为了持续经营和维系品牌，捍卫知识产权，决定积极应诉，以求早日澄清事实。❸

从2005年11月30日开始，ITC进行了为期5天的开庭审理。炬力聘请了三名专家证人、派遣五名代表出庭作证。❹2006年3月20日，行政法官作出初步裁定，认定炬力违反了"337条款"，被指控部分产品侵犯了矽玛特专利的部分权利要求。

炬力不服初裁结果，立即着手向ITC申诉。2006年5月，ITC决定对行政法官初裁的部分内容进行复审。9月，ITC作出终裁认为炬力被控侵权的产品侵犯了矽玛特专利的部分权利要求，违反了"337条款"，对侵权产品发布有限排除令和停止令，于2006年11月生效。

---

❶ 炬力CEO叶南宏：我输了官司赢了市场到底谁怕谁？[EB/OL]．(2006-09-18)[2012-12-12]．http://www.tech.163.com/06/0918/2RAIIU2Q000915BD.html.

❷ 矽玛特提交"337调查"申请时的涉案专利为US6633187和US6137279。2005年6月9日，矽玛特修改了其申诉书，增加了涉案专利US6366522。2005年10月13日，矽玛特撤回对炬力侵犯US6137279专利的指控。

❸❹ 李湘伟．向知识产权"骚扰"说"不"——炬力公司的美国ITC诉讼[EB/OL]．[2012-12-15]．http://www.cntheory.com/news/Llythbhzscqgclt/2007/119/07119950384488G0337G80025F277D.html.

至此，尽管炬力积极应诉，据理力争，却仍在“337调查”中败下阵来。炬力付出了昂贵的代价：首先，炬力为应对官司投入了大量的人力、物力和财力。其次，由于官司缠身，炬力丢失了大量客户。华旗资讯等公司停止向炬力采购MP3芯片，转而与矽码特结成了上下游结盟合作伙伴。❶ 最后，ITC的终裁对炬力商业声誉造成很大负面影响：2006年3月ITC下达初步裁定时，炬力纳斯达克股价为9.94美元；2006年9月ITC下达终局裁定时，炬力的股价跌至8.29美元。

无惧被动上演大逆转

在“337调查”中处于被动，炬力却没有坐以待毙，而是在应诉的同时，以知识产权分析评议作为基础，在“337调查”之外采取了一系列措施，有效缓解了炬力的不利局面。

首先，炬力尽快完成了产品规避设计。在矽玛特发起“337调查”不久后，炬力就通过分析评议认清了矽玛特专利的技术范围，积极应诉的同时也在不断研究能够绕开该专利的新的技术方案。2006年8月，在ITC作出终裁之前，炬力与此案无关的新产品便开始大量出货了。炬力和其律师事务所还共同向美国海关解释了新的设计不涉及矽玛特的专利技术，得以重新进入美国市场。❷

其次，炬力通过对矽玛特专利进行深度分析，寻找其专利漏洞和可以无效或部分无效的理由，并据此发起了针对矽玛特所称被侵权专利的专利无效程序。2006年5月，炬力向中国国家知识产权局请求宣告矽玛特持有的“文-黄专利”❸ 为无效专利，国家知识产权局于2006年6月受理。2006年12月，炬力

---

❶ 梁振鹏．珠海炬力官司缠身大客户爱国者转投SigmaTel［N］．第一财经日报，2006-06-28（C04）．

❷ 王彦．律师所披露炬力SigmaTel诉讼案细节，建议本土IC设计公司未雨绸缪［EB/OL］．（2008-01-26）［2012-12-15］．http：//www.eetchina.com/ART_8800498109_617693_NT_f64e31fe.HTM.

❸ “文-黄专利”由韩国人文光洙和黄鼎夏（Moon & Hwang）于1998年4月20日向中国国家知识产权局提交申请并于2003年12月31日获得授权，专利名称为“运动图像专家组便携式放音系统及其再现方法”。2006年1月，矽码特通过转让获得这一专利。

向美国专利商标局对矽玛特的两件专利（US6633187 和 US6336522）提出无效宣告请求。这两件专利正是 ITC 初裁炬力部分侵犯的专利。炬力认为这两件专利的权利要求保护范围过大，一旦这两件专利有效范围被缩小或无效，那么 ITC 的判决也就失去立足点，有限排除令和停止令将因此而缩小或无效。

再次，在针对矽玛特在中国的产品知识产权侵权情况进行分析评议的基础上，炬力在中国法院发起了针对矽玛特的专利诉讼。炬力通过收购一家香港的集成电路设计公司，获得一项重要专利，并以此为依据向矽玛特发起专利诉讼。2006 年 9 月，炬力在深圳市中级人民法院起诉矽玛特的系列产品侵犯了炬力关于数字音频处理技术的专利权。[1] 炬力请求法院制止矽玛特在中国的一切侵犯该项专利权的行为（包括设计、制造、销售和使用侵权的集成电路以及包含矽玛特侵权集成电路的装置）。此外炬力请求法院对矽玛特持续盗用其知识产权的行为给予救济，并要求法院判决矽玛特支付赔偿金 1250 万美元。炬力还以矽玛特公司为被告，向陕西省西安市中级人民法院提出了颁发诉前禁令的请求。西安市中级人民法院于 2007 年 5 月颁发了诉前禁令。

最后，炬力积极向美国法院上诉。2007 年 1 月，炬力向美国联邦巡回上诉法院提起上诉，要求对 2006 年 9 月 ITC 的最终裁定进行司法审查。2007 年 1 月 12 日，美国联邦巡回上诉法院受理本案。[2]

正是在知识产权分析评议的基础上，炬力摸清了矽玛特的专利、产品，有了知己知彼的底气，找到了“攻城”方向。正是由于这一系列应对和补救措施，炬力在应诉的同时产业也得以持续发展。2006 年，炬力芯片产量以及营业收入仍有显著增长，全年实现营业收入 1.704 亿美元，比 2005 年增长 14%，利润总额为 7480 万美元。与此相反，矽玛特芯片产量则从 2005 年的 5000 万颗降到了

[1] 该项专利的名称是“可变取样频率的过取样数字类比转换器”（CN01145044.4），于 2005 年 5 月授权。2006 年 8 月，炬力通过转让获得该专利。

[2] 立案号为 2007－1131。

2006 年上半年的1400 万~1500 万颗，不到炬力同期芯片产量的一半。[1] 在净营业收入方面，矽玛特 2006 年为 1.594 亿美元，不到 2005 年 3.244 亿美元的一半，净亏 1.09 亿美元，与 2005 年盈利 3590 万美元形成鲜明对比。

2007 年 6 月，炬力宣布已与矽玛特达成全面和解协议：炬力和矽玛特将撤销所有针对对方及对方客户的起诉；未来三年内，不会因第三方专利侵权或法律诉讼行为而相互起诉或起诉对方客户。另外，双方还就相互专利授权事宜达成了一致。炬力和矽玛特还分别在其官方网站上对和解发表了声明。[2]

本案中，炬力在“337 调查”处于不利局面的时候，甚至在已经被裁定有限排除令的情况下，仍然不放弃，通过提起上诉、申请诉前禁令、发起专利诉讼、申请宣告专利无效等方式进行反击，成功迫使对方在有限排除令发布不到一年就达成和解。最重要的是，炬力音视频集成电路的市场份额一直稳步增长，通过市场竞争成为赢家，而矽玛特却“赢了官司，输了市场”，最终被其他公司收购。

“337 调查”应对中的知识产权分析评议

通过本案可以看出，即使在“337 调查”中处于被动，或即使被判决败诉，并被发布普遍排除令或有限排除令，也并不意味着“全军覆没”，企业仍可以通过积极应对和补救措施维护自身利益。“337 调查”表面上是申诉人针对知识产权侵权提起的救济措施，实质上是将对手排除出美国市场的竞争手段之一。在面临“337 调查”时，采取合理的知识产权分析评议，有助于企业制定合适的应对和补救策略。

第一，在“337 调查”应对中，企业可以通过开展知识产权分析评议，明确是否可以采取其他手段对“337 调查”发起人进行反击。通常，被诉人可以采取的竞争手段包括境外知识产权侵权诉讼、专利无效、向原告的客户施压等。本

---

[1] 炬力 CEO 叶南宏：我输了官司赢了市场到底谁怕谁？[EB/OL].（2006－09－18）[2012－12－12]. http：//www. tech. 163. com/06/0918/2RAIIU2Q000915BD. html.

[2] 刘仁．珠海炬力与美国矽玛特达成和解［N］．中国知识产权报，2007－06－27（003）．

案中，炬力正是在知识产权分析评议的基础上找到了多种有效反击途径，在“337 调查”之外展开了各种较量，最终迫使矽玛特同炬力达成全面和解。

第二，在“337 调查”应对中，企业可以通过开展知识产权分析评议，明确对产品进行重新设计的解决方案。专利保护的是一种特定的技术方案，而实现某种功能的技术方案可能有多种，不一定必须采用原告专利所保护的技术方案。如果原告的专利有效，被诉人有较大可能被认定为侵权，因此绕道设计对被诉人而言十分关键。即使“337 调查”的终裁结果不利，企业仍然可以重新设计产品进入美国市场。如果涉案产品部件是企业制造的产品，则企业应当通过新产品的研发，通过产品替代重新进入市场。如产品部件是采购自第三方企业，则需要另行寻找替代部件。目前，重新进入美国市场的认定方式有两种：一是通过对产品的重新设计，向 ITC 提出出具咨询意见的申请，请求 ITC 认定其重新设计的产品并不构成对原告专利的侵权，重新进入美国市场；二是请求海关认定重新设计的产品在 ITC 排除令的范围之外，从而进入美国市场。

第三，在“337 调查”应对中，如果无法绕开对手的专利，企业可以分析评议能否获得专利许可、专利价值几何以及支付多少许可费用，交纳相应的专利许可费后，也可继续在美国市场销售。如果对方只是为了收取专利费，则获得许可的可能性将会较大。企业在获得专利许可的同时，要注重保留企业自身品牌。这样，在企业提升创新能力后，企业便可摆脱受制于人的被动局面。

第四，在“337 调查”应对中，企业可以通过开展知识产权分析评议，加强在美国的专利申请和布局。我国企业之所以频频遭受“337 调查”并损失惨重，根本原因是缺少自己的知识产权，特别是在美专利申请和布局很少。实践证明，相当一部分“337 调查”和专利诉讼都是以和解方式解决，而争取和解的关键是被诉方拥有相关专利。因此，企业应当加强创新，通过知识产权的创造、保护、管理和应用建立知识产权优势，从根本上解决由于专利缺失造成的“337 调查”被动局面。

第四节　飞天诚信逆袭知识产权战

——从飞天诚信应对海外诉讼看知识产权分析评议的重要性

案例概要

飞天诚信是智能卡操作系统及数字安全解决方案提供商。2005年初，正处于快速发展阶段的飞天诚信参与了美国某著名公司上千万美元项目的投标，拿下这次投标对于其进军北美市场意义重大。然而，就在即将顺利拿下项目之际，竞争对手以色列某公司在美国特拉华州起诉飞天诚信专利侵权，直接导致其在投标中出局。这一诉讼不仅使飞天诚信在美国失去了上千万美元的项目，更使其北美市场产品销售一度停滞，海外业务发展压力陡增。

面对压力，飞天诚信并没有退缩，及时拿起知识产权分析评议这一武器，将分析评议贯穿到每一个重要决策之中，在逆境中快速成长，并最终迫使以色列公司达成和解，得以重新进军北美市场。企业随后又开展了一系列知识产权分析评议工作，围绕自主研发的产品申请专利进行保护，针对产品市场进行专利布局，促进了企业的繁荣发展。

进军美国遭遇专利狙击

飞天诚信科技股份有限公司（以下简称“飞天诚信”）是智能卡操作系统及数字安全解决方案提供商。截至2012年底，飞天诚信已申请专利700余项（含100余项国外专利申请），其中75%以上为发明专利；获得授权专利500余件，其中发明专利300余件；此外，飞天诚信还获得了30多项国外专利。除专利外，飞天诚信还为自身产品注册了国内、国外商标，并拥有计算机软件著作权登记证书100多件。飞天诚信在中关村园区信息技术类企业中的专利申请量连续多年位居前列，是同行业内拥有国内、国外专利申请量和授权量最多的企业。[1]

在七年前，飞天诚信还是一家仅有一件发明专利的小公司，缘何在七年时间里实现知识产权的大跨越？是什么让飞天诚信如此执着于知识产权？这都得从2005年的一起海外专利诉讼说起。

2005年初，正处于快速发展阶段的飞天诚信参与了美国一著名公司标的额达上千万美元的项目投标。拿下这次投标对飞天诚信进军北美市场意义重大。然而，就在即将顺利拿下该项目的时候，竞争对手以色列某公司为了限制飞天诚信在美国的发展，在特拉华州地方法院依据美国专利第6748531号和第6763399号向飞天诚信提出了知识产权诉讼，状告飞天诚信专利侵权。[2]

当时，以色列某公司在专利方面具有绝对优势：在美国拥有15件相关领域授权专利，在中国也早已开始专利布局；而此时的飞天诚信对专利的理解还停留在非常初级的阶段，在国内仅有一件授权专利，在美国则没有申请或获得任何知识产权。悬殊的知识产权实力对比使得飞天诚信根本无法与以色列公司抗衡。这次的被诉事件直接导致飞天诚信在投标中出局，在美国失去了上千万美金的项目，还导致其在北美市场的产品销售陷入停滞。飞天诚信的海外市场开拓压力陡增。

如何应对这一诉讼，如何突破国外知识产权的壁垒，如何回击以色列某公司的专利围堵，是飞天诚信开拓美国市场必须直面的挑战，也是关系到企业在美国市场生死存亡的重大考验。

分析评议后积极应诉终获胜

事实上，知识产权是飞天诚信在海外发展绕不开的坎儿。面对压力，企业并

---

[1] [EB/OL]. [2013-01-05]. http://www.ftsafe.com.cn/about/intellectual_property.

[2] 美国专利6748531的发明名称为“USB设备进行网络身份验证”，授权日为2004-06-08；美国专利6763399的发明名称为“USB设备加读卡器”，授权日为2004-07-13。

没有退缩。首先，它树立起跟外国公司周旋到底、在美国市场破釜沉舟的信心——争意味着有赢的可能，不争意味着永远失去机会。作出这个重大决策需要底气，绝不是为了逞“一时之勇”。其次，操作层面，必须有理有节、谨慎周密地解决好各个环节的问题。事实上，无论是作出决策，还是在每个环节积极稳妥地应对诉讼，飞天诚信都将知识产权分析评议的作用发挥到最大，贯穿始终。例如，在被诉之后，企业立即咨询知识产权专家和富有海外诉讼经验的律师，分析这场海外专利诉讼的前景和应对措施。

飞天诚信协同相关律师对以色列某公司的产品所用技术进行了分析，对其专利进行了检索分析和评议。结果显示：第一，以色列某公司的两项涉诉专利虽然覆盖地域较广——在很多国家都有申请，但因其可专利性不足，事实上都没获得批准，有的已被驳回；第二，确认自身产品并未侵权，完全属于自己创新的产品，自己的劣势仅在专利申请量和授权量方面与竞争对手相差悬殊；第三，企业知识产权意识缺乏、能力不足，实力与以色列某公司相比明显不足。

在详尽知识产权分析评议结果的支撑下，飞天诚信作出了积极应诉的决定，并据此科学制定出详细的应战策略。

在国外，飞天诚信立即联系律师准备应诉。先是确定了在应诉的每个阶段都对双方知识产权实力状况进行分析评议的策略，及时了解和掌握双方知识产权实力变化，把握时机针对性地采取应对措施。再是一边找寻以色列某公司的专利漏洞，诉其专利无效，一边搜集大量自身产品不侵权的证据。

在国内，知识产权分析评议让飞天诚信看到了自身知识产权能力建设的不足，并认识到“打铁还须自身硬”。在壮大自身研发的同时必须增强知识产权实力，否则即使解决了这个以色列某公司，还会有更多的竞争对手成为拦路虎。飞天诚信马上着手大量申请专利，从零起步，积极累积知识产权筹码，壮大知识产权力量。企业成立了专门的知识产权团队，并快速提高知识产权队伍的整体素质，加强技术人员的专利意识，专利申请不仅追求数量，更加注重质量、产品与专利的结合。

飞天诚信用三年时间基本完成了自身产品国内外的专利布局，知识产权实力稳步快速增强，为企业赢得海外的诉讼增添了信心。此后，飞天诚信意识到知识产权在应对诉讼中举足轻重、无可替代的作用，更将知识产权团队升级为一个独立的、专业的部门，由公司最高层直接领导。

一边是积极分析评议、合理应诉，一边是不断加强自身实力。企业遭遇知识产权纠纷后的第三年（2008 年 4 月），美国特拉华州地方法庭驳回了以色列某公司对飞天诚信的诉讼请求。

然而时隔 1 个月，以色列某公司又发起了第二轮诉讼，企图通过大量的人力、财力耗费迫使飞天诚信放弃应诉，退出美国市场。而当时飞天诚信确实也面临人才短缺、资金短缺的困境。在以色列某公司的步步紧逼之下，飞天诚信再次拿起了知识产权分析评议这一武器，集中力量进行双方知识产权实力比对。经过评议发现，此时双方力量对比已经发生了极大变化，反击时机日渐成熟，飞天诚信的应诉策略开始由“积极防御”转为“防守反击”。

2009 年，飞天诚信将诉讼主战场拉回国内，在国内以以色列某公司产品侵犯其专利为由提起诉讼。此时的飞天诚信在海外专利布局初见成效，在国内也已进行了充分的专利布局，专利拥有量已经达到了对方的 4 倍，实力的天平已经向飞天诚信倾斜。这些积极的应对增加了飞天诚信的谈判筹码，也让美国的诉讼慢慢变得有利于飞天诚信。最终，双方于 2010 年 1 月签署了全面和解协议，结束了长达近五年的专利诉讼（包括双方在中国以及美国的诉讼），飞天诚信得以重新进军北美市场。

分析评议助力做大做强

塞翁失马，焉知非福。

经历了海外专利诉讼的洗礼，飞天诚信变得更加自信和成熟。企业重视知识产权，知识产权分析评议成为有力武器，帮助企业应对纠纷，帮助企业做大做强。飞天诚信的变化和发展充分说明，认真做好知识产权分析评议工作，可以让企业在发展的道路上少走弯路、快速前进。

历经洗礼的飞天诚信，更加重视围绕自主研发的产品积极申请专利，针对产品市场进行专利布局。企业意识到在产品形成过程中所采用的创新技术均可申请专利，定期在内部开展知识产权分析评议，通过检索将国内外同行的新专利技术信息提供给研发部门，会同研发部门研究信息安全产品技术发展的趋势，使专利申请和产品开发始终跟上新技术发展的步伐。此外，知识产权分析评议让专利布局全面到位，不仅注重产品专利的地域布局和类型布局，还细化到创新技术在产业链上的布局等。在分析评议的基础上，企业织就了专利网，网住的是更多的利润和市场控制力。

与此同时，知识产权实力的增强也为飞天诚信在日趋激烈的市场竞争中增加了筹码。现在很多企业在招投标的过程中越来越注重投标对象有没有自主知识产权，拥有强大知识产权作为后盾提高了飞天诚信产品在客户中的信誉，为企业带来了间接收益。

飞天诚信与以色列某公司的这场知识产权诉讼，充分体现了知识产权的重要性，知识产权分析评议机制在整个诉讼历程和企业发展过程中都发挥了重要的作用，帮助飞天诚信充分了解对手的知识产权实力，了解涉诉专利的强度、稳定性，了解自身知识产权的优势与不足……当前，中国企业面临的海外知识产权纠纷越来越多，企业要充分利用知识产权分析评议这一有力武器，做到知己知彼，打有准备之仗，让分析评议为企业发展护航。

第五节 美国专利诉讼应对分析评议要点

在美专利诉讼以诉讼成本高、程序独特而复杂、对市场影响程度大著称。企业在美国遇到专利诉讼时，需组建由技术部、业务部、财务部和公共部门组成的应对团队，由专业机构组织对诉讼相关事实、供应商和客户关联关系、自身知识产权实力筹码进行知识产权分析评议，确定合理的诉讼策略并加以实施。主要内容包括：

• 判断专利侵权行为能否成立。研究对方提出的专利侵权证据材料，判断本企业是否未经许可生产并出口了侵犯原告方专利的产品或采用了原告方的专利方法。包括：调阅原告方专利文件，确定其专利保护范围；审查本企业的产品或制造方法，判断是否包含专利独立权利要求的全部技术特征，或在某些特征不同的情况下，是否构成等同侵权等。

• 分析原告方的涉案专利是否有效或可执行。包括：调查涉案专利是否在保护期内，是否维持有效；调查该专利是否缺乏可专利性，有无无效可能；分析专利是否在取得专利的过程中存在不当行为（如故意向审查员隐匿重要信息），影响到专利的可执行性。

• 合理评估涉案案值。目的在于知晓受该案件影响的产品市场价值多大，判断企业是否应当应诉。一般需要考虑以下问题：①可能的损失赔偿金是多少，影响的产品市场范围有多大，该市场对企业的重要程度；②何为关键诉讼请求；③最有力的辩护有哪些；④原告胜诉可能性多大，本企业是否存在禁止令风险，需要哪些证据，以及如何收集这些证据；⑤基于目标市场价值，确定值得为此付出的时间和金钱是多少；⑥侵权诉讼是否会波及客户，提前做好解释说明。若是上市公司，需要同时建立公关团队，及时向外披露信息，稳定股价。

• 应诉准备。包括：①在了解目标市场专利环境、专利司法程序和侵权判断标准的基础上，判断有哪些可以依靠或可能合作的资源，决定是否应诉或庭外和解。②选择有本领域应诉经验的外国律师事务所，律所中如有华裔律师将便于沟通，大幅节约翻译费用。③若已判断有专利侵权可能，及早启动规避设计。④建立全过程记录留存档案制度。⑤获得有相关技术背景的专家的协助承诺。⑥深度研究对方情况，包括公司基本信息、所拥有的专利及其专利族、判断其与该案关系、有无其他关联企业、该企业的专利申请档案历史、企业的维权历史等。

• 制订有效的证据开示计划和时间表。证据开示是美国联邦地区法院诉讼中费用最高且最具破坏力的环节，非常关键。[1] 具体工作包括：①在了解诉讼请求后，企业应立即通知掌握相关信息的所有人查清所有相关文件，保存好与其产品相关的记录。②充分利用律师与当事人之间的通讯保密特权，与研发人员对好法庭质证口径。注意千万不要试图灭失证据。③诉讼应对团队制订证据开示计划，列出时间表。

• 有效控制成本。为节约时间、有效控制成本，企业可以通过以下方式控制动议的数量，从而控制成本：①选择一家有涉外经验的国内律师事务所，代为控制案件应诉进程并进行成本管理。②在提出动议前咨询首席律师意见，经同意获取书面证词，提供详细的特权日志以记录无须开示的证据，限制涉案问题的数量等。

• 尽早获取书面证词，做好证人和专家的准备工作。在暂时无法获取相关文件的情况下，企业必须等到证据开示程序的末期才能获得书面证词，但这将增加证据开示程序所需的费用和时间。因此，企业应在证据开示过程中获取书面证词。证人作证需要承受很大压力，要让证人树立信心，在尊重原告方的前提下，以法官和陪审团认同并信服的方式讲述事实。此外，企业尽可能选择专业知识渊博、思维清晰、能与陪审团顺畅互通并有实际经验的专家提供专家证词。

• 法庭抗辩可采用的事由。庭审过程中被诉企业可以采用以下事由驳斥对

---

[1] 帕特里克·科因，陈培．中国企业在美国之专利篇美国专利侵权诉讼七大“制胜法宝”［N］．中国知识产权报，2010－12－08（05）．

方观点：①采取不侵权抗辩，基于证据开示和马克曼听证结论，结合涉诉专利的专利申请过程文件，证明自身产品不侵权；②对涉诉专利采取无效抗辩，检索现有技术文献或收集其他公开证据，证明涉诉专利无效；③采用不正当行为抗辩，通过证据说明原告方蓄意隐藏实质影响涉讼专利稳定性的现有技术，或者蓄意误导审查员，或者发明人不适格。

- 采用富有说服力的主题。庭审中清晰而连贯的主题最为关键。确定庭辩主题的目的是讲述一个和证据吻合的故事。专利侵权诉讼案件的庭审越来越少，美国只有4%的案件通过庭审结案，其余大多数都通过和解或简易判决得到解决。企业提供证词时要表现出热情和信念，使其具有可信度和说服力。此外，关键证人用英语出庭作证，企业表现出真诚和可信度，精心准备以及对陪审团的开诚布公等都非常重要。

- 企业反诉措施。根据搜集到的证据，被诉企业可以采取以下措施应对已立案的美国专利诉讼：①被诉企业让自己符合美国国内产业规范，并成为美国企业，是应对美国“337调查”的重要措施；②寻找原告方的关联企业（包括子公司、关联公司、客户等），搜集其是否有侵犯己方合法权益（含专利）的证据，在有利于被诉企业的区域提起诉讼；③在有利本企业的地区提起专利无效宣告请求。

- 庭外和解谈判。在多数情况下，原告方通过专利诉讼获得和解金是其主要目的或唯一目的。因此，通过谈判实现庭外和解能起到双赢的效果，这其中知识产权分析评议应贯穿始终。若通过证据开示和马克曼听证，被诉企业估计自身产品侵权的可能性较大，或者通过反诉措施发现对方有意和解，则被诉企业均可积极回应，一方面明确表达自己对他人知识产权的尊重，赢得社会的谅解和认同，另一方面成立谈判团队，启动许可评议程序和谈判程序。这包括：①请对方提供侵权比对材料，并提供被许可人清单；②评估自身知识产权，判断有无交叉许可可能；③整体评估专利许可能带来的利益，确定许可金出价上限和底线；④商定许可方案，包括许可方式、许可金额度、支付方式、许可范围、许可限制等。

第八章　境外参展

本章导读：

顶级展会频频折戟，知识产权问题风起云涌何时休

2006年法国巴黎世界制药原料展览会上，三家中国企业被指控侵犯专利权，法国内政部有关部门随即对三家企业的六名参展代表进行了扣押，这引起参展中国企业代表的恐慌，最后全部“弃柜”回国！2007年德国汉诺威国际消费电子、信息及通信博览会上，开展仅数小时，12家中国参展商便因涉嫌侵犯专利而遭德国海关查抄！2008年，同样是在该展会上，39家中国厂商再次因知识产权问题被查抄！顶级展会中频频遭遇知识产权大棒，企业失去产品营销良机，国际形象贬损。知识产权意识不足、对参展地的知识产权规则和执法机制不熟悉、对产品在参展地的知识产权情况不了解、未能提前做好应急预案是主要原因。境外参展中引入知识产权分析评议迫在眉睫。

参展遇诉积极维权，知己知彼终赢“马拉松”审判战

2008年，国内吊篮知名企业申锡公司在参加美国拉斯维加斯工程机械展会的第四天，意外收到了当地州立法院发出的传票。世界高空作业龙头企业赛开利公司及达克泰集团起诉申锡公司核心部件涉嫌外观设计侵权和不公平竞争。申锡公司在通过知识产权分析评议确认自身产品不侵权，积极应诉，加之研发过程中翔实的记录，耗时4年，终于在这一“马拉松”式审判中取得完胜。

第一节　德国参展屡次被查抄

——从汉诺威展会查抄事件看境外参展中的知识产权分析评议

案例概要

2007年3月，在德国汉诺威国际消费电子、信息及通信博览会上，开展仅数小时，12家中国参展商便因涉嫌侵犯意大利专利管理公司SISVEL公司的专利而遭到德国海关查抄，所涉产品包括MP3、DVD播放器、汽车导航仪等多种电子产品。2008年3月，同样是在该展会上，39家中国著名厂商被查抄，原因除了SISVEL公司提出的MP3专利问题外，又有索尼爱立信、飞利浦、博世等公司以外观设计、商标侵权等向德国检察院提请查抄。

境外展会，是中国向世界展示自身实力的舞台。国际展会中屡遭查封扣押，不仅直接阻碍了参展企业的布展计划，使企业失去产品营销良机，更极大贬损了我国企业的国际形象，给消费者和潜在合作伙伴以“侵权人”的不良印象，削弱我国相关企业甚至相关产业立足国际市场的竞争优势，威胁潜在经济利益。

境外参展中引入知识产权分析评议已迫在眉睫。通过知识产权分析评议，了解竞争对手情况和参展规则，明确参展产品的不侵权证明，最大限度降低在境外展会被查抄的风险以及避免纠纷带来的损失。

顶级盛会成为中国企业伤心地

近年来，随着对外开放的不断深入和“走出去”战略的实施，越来越多的企业到境外展会参展，向世界展示自己的产品和品牌形象，对增强企业国际竞争力、扩大产品出口发挥了积极作用。然而，由于个别参展企业知识产权意识不强以及一些发达国家以知识产权执法为手段加强贸易保护等原因，我国企业在境外参展遭遇知识产权纠纷、甚至被以涉嫌知识产权侵权名义查抄的现象时有发生，严重影响了我国产品的信誉，损害了我国企业和国家的形象。

2007 年 3 月，在德国汉诺威举行的国际消费电子、信息及通信博览会（以下简称“CeBIT”）上，开展仅数小时，12 家中国参展商便因涉嫌侵犯意大利 SISVEL 公司的 MP3 专利而遭到德国海关查抄，所涉产品包括 MP3、DVD 播放器、汽车导航仪等多种支持 MP3 播放功能的电子产品。据德国当地媒体报道，在 2007 年 CeBIT 开幕前，汉诺威地方法院就应 SISVEL 公司要求，委托德国海关强制查抄了数十家涉嫌侵犯其 MP3 专利权的公司展品，其中不仅包括几大中国厂商，还有欧盟、美国、韩国的一些知名企业。[1]

令人意想不到的是，仅隔一年，2008 年 3 月，依然是在 CeBIT，SISVEL 公司促使德国海关开展了更大规模的查抄行动，我国参展商再度成为查抄的主要对象。与 2007 年相比，2008 年的查抄行动无论从规模、惩罚力度还是行动周密性来看，都有过之而无不及。仅在 3 月 6 日一天，就有 24 家来自中国内地、3 家来自中国香港、12 家来自中国台湾的企业展台被查抄，占当日被查抄企业的八成。除了 SISVEL 公司以 MP3 专利问题进行查抄外，索尼爱立信、飞利浦、博世等公司以外观设计、商标侵权等为由也向德国检察院提请查抄，产品涵盖 MP3 播放器、GPS 导航仪、音箱、手机等电子消费品。

2008 年 8 月，在德国柏林国际消费电子展（IFA）上，SISVEL 公司故伎重演，德国海关以“可能侵犯专利权”为由，突袭了 69 家企业展位。德国海关公布的数据显示，69 个展位共计 170 款电视、140 款 MP3、21 款手机和 57 款 DVD 录像机被没收，其中大多数是来自亚洲的参展商，中国企业不在少数。

---

[1] 郇公弟，聂立涛，金晶．中企德国参展被抄详解：不针对中企 小企业损失惨重［N］．国际先驱导报，2007－03－22.

CeBIT是世界最大的信息通信技术国际盛会，展会全面展示数字IT、家庭及办公通信解决方案领域的创新成果，主要目标群体是来自工业、批发及零售、贸易、银行、服务业、政府机构、科研单位的用户和所有技术爱好者。自1986年起，CeBIT在每年春天由德国汉诺威展览公司举办，为发布最新行业发展趋势及网络化成果和展示创新产品及技术提供了绝佳的国际平台。每年的CeBIT上各国厂商云集，被视为全球IT厂商的大“秀场”。它们除了在这里“晒”出自己的看家宝贝，还希望吸引数万家批发商、零售商以及几十万名专业观众的目光。

CeBIT本应是我国企业自我展示和争取订单的好机会。然而，一场场突如其来的查抄行动，却让众多中国参展厂商始料未及。让人更加措手不及的是，这样的查抄行动已蔓延到其他类似的展会。

为什么在德国展会屡次被查抄？究竟是什么原因令中国企业束手无策、沦落成为任人宰割的羔羊？

展会查抄背后的较量

在这几次展会查抄的背后，始终活跃着一个身影——SISVEL公司。SISVEL公司是一家拥有多年专利许可经验的专利管理公司，其主要职能是代表专利权人开展专利许可和专利管理业务。授权它管理专利的知名企业包括飞利浦、法国电信及汤姆逊等。在MP3专利池管理经营中，SISVEL公司及其美国子公司——Audio MPEG公司代表相关专利权人，在全球范围内享有排他许可权。其中，SISVEL公司负责美国以外地区的专利许可。

德国展会MP3遭查抄的厂商，正是涉嫌未获得许可使用了由SISVEL公司管理经营的MP3必要专利。SISVEL公司每年都会参与CeBIT、IFA等展会，在参展前详细分析所有参展商并确定出一份可能未经许可使用其专利的厂商产品名单，然后向法院提交强制执行申请，法院会据此展开查抄工作。

事实上，很多国内企业一直就专利许可授权与SISVEL公司进行谈判，但SISVEL公司十分强硬，国内企业在与SISVEL公司的谈判中处于极为被动的局面，SISVEL公司开出的条件很难有讨价还价的余地。

按照SISVEL公司的条件，国内MP3供应商若想得到许可和认证，首先要找SISVEL香港公司面谈，并在SISVEL公司设立固定账户，一次性存入10万~15万美元的保证金，而后根据每月生产数量来确定缴费标准。若被认证的厂商有违规行为，罚款将从保证金中扣除。❶ 对于大部分国内MP3供应商来说，十几万美元的保证金门槛过高，而每台机器0.6美元的许可费也将大幅增加成本，使企业丧失价格上的竞争优势。

例如，我国迈乐公司之前一直在向SISVEL公司寻求专利许可授权，2006年2月就按照其要求提交了相关文件。当时迈乐提出，将SISVEL公司要求的五年期不可撤销的保证金从15万美元减少到5万~7万美元，但双方多次沟通后并未达成协议。又如，纽曼公司负责人吴广祥亦称，纽曼一向是SISVEL公司的合作授权企业，但纽曼旗下的一家合资公司被突然取消授权，SISVEL公司却未及时通知。❷

国内企业一直就专利付费问题进行积极沟通，SISVEL公司却在达成协议之前在公开场合进行查抄，查抄事件与其说是SISVEL公司的一场专利保护行动，不如说是SISVEL公司和国内企业对于专利许可的矛盾的总爆发。

SISVEL公司等在诸如CeBIT展会上的一次次行动对我国企业的参展计划造成了极大的负面影响。在2007年3月的CeBIT展会上，华旗资讯只好临时改变参展策略，用数码相机和移动存储设备来填充空余展位，并将对外主打产品从MP3变为700万像素相机。而迈乐则因为旗下产品全部被扣，直接宣告退展。损失最小的纽曼也有一款MP3和一款MP4被查扣。虽然大部分企业还可以继续参展，但这一查抄行动不仅给这些参展企业带来不小的直接经济损失，更使其企业品牌的国际声誉和与其相关客户的合作关系受到严重破坏。

国际展会屡试不爽的查封扣押措施，不仅直接阻碍了我国参展企业的布展计

❶ 窦毅．国产MP3遭追杀背后：Sisvel的野心和手段［N］．中国经营报，2007-03-26（A23）．
❷ 张浩，余敏．中国MP3遭遇“专利阻击”［J］．财经杂志，2007（7）：104．

划，使企业失去产品营销良机，更极大损害了我国企业的国际形象，给消费者和潜在合作伙伴以“侵权人”的不良印象，削弱我国相关企业甚至相关产业立足国际市场的竞争优势。

参展中不可忽视的知识产权工作

出国参展是我国企业开拓国际市场的重要途径。每年在世界各国举办的大型电子信息产品国际展览会上，中国企业均是中坚力量。参展企业往往不惜投入高额成本，借展会之机向全球推出优势产品，争取出口订单。然而，由于我国部分参展商知识产权准备工作不到位，经常被权利人抓到侵权证据，国际展览会甚至成为跨国知识产权诉讼的“证据库”。

基于展会知识产权纠纷的特点，很多国家都有相应的法规和措施进行专门规制。以德国为例，其对展会侵犯知识产权的打击力度全球闻名。德国展会的知识产权执法通常包括民事、刑事和行政执法三类。❶

在民事执法中，权利人在展会开幕前即对重点国家、地区的厂商进行提前调查准备，待展会开幕前展品刚刚开始陈列时便布置便衣取证，取证结束后立即向法院提交。只要提交的侵权证据具体、确凿，法院最短在两个工作日内即可判决，并赶在展会期间内下达判决书。❷ 在现场查抄过程中，法院会向厂商提出没收侵权产品和罚款的要求，若不交罚金则可能被没收其他展品。面对法院的强制执行，被控侵权的厂商根本没有充足的时间和准备申诉辩解，只能当场接受，不然还可能受到抗拒法院执行的指控。即便对判决不满意，也只能在之后提出申诉，此时展期往往已经结束，参展商已回国，即便是申诉成功也没有太大意义。

在刑事执法中，检察院会调动警方进行突然搜查和扣押。以德国汉诺威专利查抄案为例，德国警方 2008 年展开了大规模搜查行动。CeBIT 开展前，一份由德国汉诺威警察局签署的通知，就已经通过展会的主办方下发到参展企业。这份

❶ 张岚．德国展会知识产权执法措施及应对［J］．贵州社会科学，2013（6）：163.

❷ 立源．德国展会对侵权说不［J］．中国会展，2005（4）：72.

通知专门用中文发出，这样由当地警察局以中文发出的通知还是第一次。通知中措辞严厉：展会期间任何违反德国著作权法、专利法、新样式专利法、半导体保护法、商标法其中某项法律的，尤其“没有经过保护权所有人允许而生产、进口、销售或引进的产品”进行展出的，将受到法律制裁。如果违反这些法律，警方将可能采取逮捕或送交法院、审问、搜查、扣留或没收产品、收集并销毁产品等措施。根据有关法律，最高可判刑 5 年或相当的罚款。在文件最后，德国警方还标注了一个大大的红色感叹号，强调“这些措施可以不顾当事人意愿而强迫执行”。

行政执法则是指知识产权边境执法程序，由海关对展会上的侵权产品予以扣押、没收并销毁。[1]

尽管德国海关和司法机构在展会上的执法值得商榷，大量没收的做法极大影响了事后被证明无辜的企业，它们事实上并没有侵犯专利权，市场开拓活动却因此而受阻。然而，造成被动更为核心的影响因素实际上仍是企业自身对知识产权工作的忽视和应对预案的缺乏。

展会知识产权分析评议势在必行

专利制度的原意本是为了保护专利权人的正当权利不受侵犯，从而激励更多的创新。但是，从国外大量企业，尤其跨国公司的实践来看，知识产权已日益成为竞争工具。国际知识产权竞争日趋激烈，而国外企业、包括行业领先企业和创新型中小企业，在研发和产业活动中，尤其是在通过各种展会展示自有产品时，都非常重视提前进行知识产权分析评议。这已经成为企业经济活动的“规定动作”。

我国企业频频遇到的境外展会查抄纠纷，折射的不仅是相关企业应对经验上

---

[1] 欧盟条例授权成员国海关对进口到欧盟的侵权产品予以扣押、没收并销毁。各国海关不仅可以在边境采取行动，还可以在本国境内，特别是对那些只是暂时从第三国进口到本国、为在本国的展会上展出的产品采取行动。参见：张岚．德国展会知识产权执法措施及应对［J］．贵州社会科学，2013（6）：165.

的不足，更是我国相关产业知识产权分析评议制度的缺失。虽然我国企业在应对展会知识产权纠纷时会不可避免面临一些不利因素，但并非没有应对之策。知识产权分析评议，就是解决这一问题的一副“良药”。

以汉诺威展会为例，在展会开始前，企业如果提前对竞争对手情况、参展产品涉及的专利和/或商标在德国的状态进行了分析评议，判断是否存在侵权的可能，并采取措施予以预防，结果可能会是另一番场景。或者，企业在参展时带齐企业营业执照、产品的有关书面材料的同时，也备好了产品专利证明、专利不侵权证明材料等，就可以在发生纠纷时及时证明产品的合法性，最大限度地避免纠纷带来的损失。

让知识产权分析评议融入境外展会参展

值得欣慰的是，我国已经意识到企业在境内外参展过程中屡遭知识产权诉讼的严重性和紧迫性，开始采取一系列相关措施以促进我国展会行业健康发展和保护我国展商在国际贸易中的合法利益，并取得良好效果。

商务部、国家工商行政管理总局、国家著作权局及国家知识产权局于2006年颁布了《展会知识产权保护办法》。其中提到：展会管理部门应加强展会期间知识产权保护的协调、监督、检查，维护展会的正常交易秩序；展会主办方应当依法维护知识产权权利人的合法权益，在招商招展时，应加强对参展方有关知识产权的保护和对参展项目（包括展品、展板及相关宣传资料等）的知识产权状况的审查；参展方应当合法参展，不得侵犯他人知识产权，并应对知识产权行政管理部门或司法部门的调查予以配合。这为开展知识产权分析评议工作提供了很好的政策基础，通过开展知识产权分析评议工作，也将会有力推动展会知识产权保护的顺利开展。

2009年2月，国家知识产权局、外交部、工业和信息化部等九部门下发《关于加强企业境外参展知识产权工作的通知》，指出“指导组展单位加强对企业参展项目知识产权状况审查”：出境参展管理、行业主管等有关部门（单位）

要加强对组展单位的管理和服务，指导组展单位对参展企业展品的知识产权状况加强审核把关，要求企业慎重选择出境展品，作出相关承诺，避免境外参展发生知识产权纠纷。要指导组展单位建立境外参展企业知识产权相关情况信用档案，对信用记录不良的企业参加境外展会从严把关。这正是对加强境外展会知识产权分析评议工作提出的要求。

此外，商务部将境外展会知识产权保护作为境外维权的重要内容，编印了《展会中的知识产权保护——欧洲的经验和实践》《欧洲展会知识产权保护》等指导资料，并在境外展会设立知识产权服务工作站，以帮助我国企业了解有关外国展会期间知识产权保护的具体问题，并为企业参加展会提出了相关建议供企业参考借鉴。[1]

参与国际竞争，建设创新型国家，就必须在知识产权上做到知己知彼，明白哪里是“高山”，哪里是“深谷”，哪里又是别人布下的“地雷阵”。[2] 如果能够事先将知识产权分析评议融入其中，在企业参展之前进行严格的知识产权审查、评估、评价，及时提醒相关企业重视知识产权问题，积极防范知识产权风险，就完全可以避免发生因参展遭查带来的重大损失。

---

[1] 李玲．探索建立海外维权机制加强对话与合作［N］．中国知识产权报，2009－06－05（004）．

[2] 韩霁．加快经济科技与知识产权深度融合——我国开展重大经济科技活动知识产权分析评议试点工作述评［N］．经济日报，2012－04－26（001）．

第二节　法国参展涉诉铩羽而归

——从“医药巴黎门”事件看境外参展中的知识产权分析评议

案例概要

2006年10月，在法国巴黎举办的世界制药原料展览会上，赛诺菲指控中国三家医药及化工贸易企业专利侵权，法国内政部有关部门对三家企业的六名参展代表进行了扣押，并展开司法调查。这导致当天参展的中国企业代表茫然失措，甚至引起恐慌，最后全部“弃柜”回国，在欧洲民众心中，造成了中国参展企业都有知识产权侵权嫌疑的恶劣影响，在法国及欧洲引起了当地媒体的高度关注。这一事件被称为中国医药行业的“巴黎门”。

中国参展企业缺少基本的知识产权意识，出国参展前知识产权分析评议工作缺失，未能尽早掌握风险和做好相关应对策略，是造成企业铩羽而归的核心原因。引入知识产权分析评议机制是做好境外展会知识产权风险防控工作的有效途径。

境外参展遭遇专利纠纷

世界制药原料展览会是医药原料企业的年度盛会，主要对医药原料、化工中间体[1]、精细化工产品、活性配料等产品进行展示，这些物质在疾病的诊断、治疗、症状缓解、处理或疾病的预防中有药理活性或其他直接作用，或者能影响机

[1] 化工中间体，实际上是一些用于药品合成工艺过程中的一些化工原料或化工产品。这种化工产品，不需要药品的生产许可证，在普通的化工厂即可生产，只要达到一定的级别，即可用于药品的合成。

体的功能或结构。原料药加工成为药物制剂，便可成为可供临床应用的医药。由于专业性强、应用广泛，参展商和参观者众多，世界制药原料展览会已成为医药原料行业最重要的展会之一。

2006 年，在法国巴黎举办的世界制药原料展览会展台总面积近 6 万平方米，参展企业 1400 余家，从事医药原料、精细化工和生物技术等相关产业的参观者两万余人。中国医药保健品进出口商会已连续多年组织中国企业参展，本届展会约有 200 家企业参加中国馆展览活动。中国馆是展会上规模最大的国家馆，展出面积近 2000 平方米。

中国企业积极参加世界制药原料展览会，目的在于向全球推销自己的原料药产品。在全球原料药市场中，化学原料药市场是一个竞争非常激烈的市场。化学原料药是中国药品中占比份额最大的出口产品，也是中国最具有国际竞争力的产业领域之一。

然而，在此次展会中，世界第三大制药企业赛诺菲－安万特公司❶（以下简称“赛诺菲”）却提出三家中国参展企业的化工原料涉嫌侵犯了其专利产品利莫那班。利莫那班是一种新的减肥药，不但能减重，还能降血压、胆固醇和血糖，是赛诺菲投入 8 亿多美元研发出的一种药物，当时刚开始上市，预计每年市场销售额将高达 30 亿美元，占赛诺菲未来年收入的 40%，是其未来的主要利润之源，因此赛诺菲非常重视利莫那班的保护。对于利莫那班，赛诺菲已经构架了一个不小的专利保护网络，申请了大量专利进行严密布局。其最早在 1992 年申请了法国专利保护，后续在法国申请了 14 件专利，同时又在美国、欧盟、瑞典、日本、中国等国也申请了专利。❷

---

❶ 赛诺菲－安万特，总部位于法国巴黎，2004 年 5 月由安万特与赛诺菲合并缔造出的欧盟最大的制药企业，成为继美国辉瑞和英国葛兰素史克之后的世界第三大制药巨头，致力于医药产品的研究、开发、生产以及销售。2011 年 5 月 6 日，赛诺菲－安万特公司经股东同意决定把公司名称从“赛诺菲－安万特”缩短为“赛诺菲”。

❷ 全秋梅，邢少文．中国药企撞上“巴黎门”[N]．第一财经日报．2006－12－05（A06）．

中国药企集体撤柜回国

2006 年 10 月 3 日，在世界医药原料展览会上，三家中国企业的参展代表对利莫那班进行了宣传、展览以及接受询价。第二天早上，几位参展代表分别接到一些自称是“国外客户”打来的电话。在电话里，这些“国外客户”似乎对参展商品利莫那班显示出十分浓厚的兴趣，从询问问题中可看出对方十分懂行，接到电话的中国参展代表也毫无保留地和盘托出。随后这些“国外客户”径直进入中国参展代表居住的宾馆，要求三家企业的参展代表跟随他们离开宾馆，接受调查。这些“国外客户”其实是法国政府部门的工作人员。

最终，中国有六名医药企业代表被法国内政部以涉嫌侵犯赛诺菲知识产权为由进行扣押，并被移送当地法庭进行审理。赛诺菲就其专利产品利莫那班一共起诉中国三家企业六项罪名，分别是“有组织的团伙冒牌制造专利保护产品”“有组织的团伙出售和出口冒牌产品”“刊登不实广告”“模仿和删除商标”以及“由于出售的消费品有引起危险之虞因此加重情节的欺骗未遂”等。根据赛诺菲的指控，法国内政部有关部门对三家中国企业和六名参展代表展开了司法调查。由于赛诺菲起诉的罪名涉及法国司法的刑事犯罪，当地有媒体曾预测一旦被诉罪名成立，依照法国法律，中国企业代表有可能被判罚五年监禁和 50 万欧元的罚款。

法国内政部扣押中国企业参展代表的举动，使中国其他参展企业感到前所未有的恐慌。大量中国参展企业在未充分了解事件原委的情况下，丢下展位匆匆回国。这一不理性行为，给海外留下了中国医药企业不尊重他人知识产权、侵犯他人知识产权的负面印象，产生了恶劣的影响。

在得知医药代表被扣押后，中国有关政府部门、中国驻法大使馆经商处和中国医药保健品进出口商会随即介入。经过多方努力，赛诺菲将原刑事罪起诉撤换为商业侵权案起诉，巴黎当地法院对中国六名涉案人员进行调查取证后裁定这一起诉属于企业商业纠纷，遂将六名被扣押代表予以释放（参见图 8 - 1）。但巴黎当地法院仍将此案提交中方相关单位并要求协助继续进行调查。至此中国药企的“巴黎门”事件进入了漫长的调查取证过程。

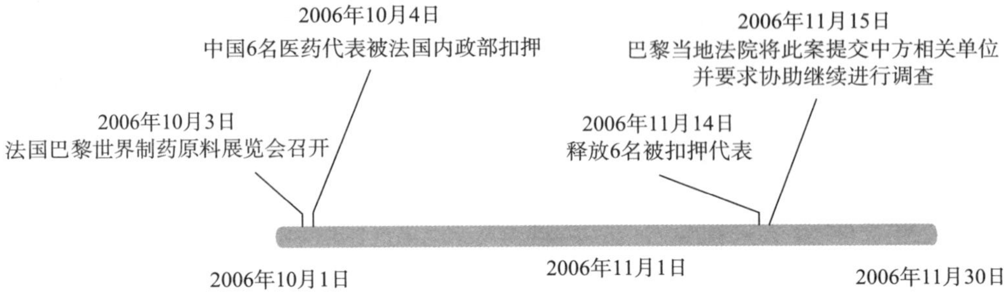

图 8-1　法国巴黎世界制药原料展览会查抄案流程图

境外参展亟须知识产权分析评议

在此次“巴黎门”事件中，中国参展企业有些晕头晕脑，“被抓的时候不知道是怎么回事，被释放的时候也不知道什么原因”。[1] 其原因在于参展企业对参展产品在参展地的相关知识产权保护状况一无所知，对潜在的知识产权风险未作相关分析，也没有做好相关的应急预案。一旦遇到知识产权纠纷，中国企业通常是“三十六计，走为上计”，这也暴露出我国企业知识产权意识不足，在境外参展中忽略或者根本没有意识到知识产权风险。

境外参展，是中国企业向世界展示“中国制造”和“中国创造”的集中舞台秀。但在境外展会中因知识产权问题而发生的“巴黎门”类似事件已屡见不鲜，中国企业也往往因知识产权问题折戟境外展会。如果企业在境外展会活动中引入知识产权分析评议，就可以避免“巴黎门”类似事件。即便涉诉，也不会出现集体撤柜的狼狈局面。

首先，企业到法国参展面临一个较为陌生的环境，信息不对称往往会令企业陷入被动。企业应当提前了解当地有关知识产权保护的法律规定、执法部门、执法程序和手段等信息，提前预知参展中可能面临的知识产权问题。

[1] 全秋梅，邢少文．中国药企撞上“巴黎门”［N］．第一财经日报，2006－12－05（A06）．

其次，企业应对产品是否真的侵犯专利权有所预估并准备解决方案。有人提出，在此次“巴黎门”事件中，中国企业生产的是利莫那班的中间体，即化工原料，而赛诺菲拥有的是最终产品的专利权。然而，中国参展企业没有提前准备，也不清楚自身产品究竟是否侵犯专利权，自然就无从反击。在参展前，企业应以参展产品为基础进行专利检索和比对分析，相对准确地判断参展产品是否侵犯当地的有效专利权。如确定不侵权，应当准备相关有力证明，在遇到突发外来压力时据理力争、有力反击；如确定有侵权风险，则可提前根据情况调整参展策略等。

除此之外，参展意味着自身产品公之于众，中国企业对自身产品的保护意识也有待加强。企业应当分析确定参展产品是否已经在法国当地申请知识产权保护和有效布局，是否在展品公布前已在所有潜在销售市场做好知识产权布局，避免展会成为他人盗取自身优秀成果的平台，并由此带来损失。

第三节　美国参展不畏诉讼终获凯旋

——从申锡诉讼案看境外市场开拓中的知识产权分析评议

案例概要

2008年3月，国内吊篮知名企业申锡公司在参加美国拉斯维加斯工程机械展会的第四天，意外收到了当地州立法院发出的起诉传票。世界高空作业龙头企业赛开利公司及达克泰集团起诉申锡公司核心部件涉嫌外观设计侵权和不公平竞争。此案历时四年、耗费230多万美元，这一"马拉松"式审判最终以申锡公司的完胜而告终，申锡公司因此成为我国高空建筑机械行业首例赢得跨国知识产权侵权诉讼的企业。

近年来，许多中国企业借境外展会拓展海外市场，本应是自我展示的大好舞台，却因知识产权问题成为遭受质疑和纠纷的源头。申锡公司的胜诉表明，企业平时应练好内功，不仅要加强创新能力建设，更要建立知识产权分析评议机制。这样在开拓境外市场的过程中即使遭遇知识产权诉讼，也能有底气直面纠纷、据理力争，变被动为机遇。

美国参展遭遇知识产权指控

2008年3月，作为国内高空吊篮行业的知名企业，江苏申锡建筑机械有限公司（以下简称"申锡公司"）❶首次亮相美国拉斯维加斯工程机械展会（CONEXPO），希望借此进入美国市场。然而，就在参加展会的第四天，申锡公

❶ 申锡公司创办于1988年，是国内高空吊篮行业的龙头企业，迄今具有年产高空施工作业机械逾万台的综合生产能力，其产品远销欧洲、美洲、大洋洲等60多个国家和地区。

司突然接到行业巨头赛开利公司和达克泰集团通过当地州立法院发出的传票，赛开利公司和达克泰集团起诉申锡公司制造的高处作业吊篮核心部件涉嫌外观侵权和不公平竞争。产品还没有进入美国市场，却要面对突然而来的官司，本应是宣传自我的展会，出师未捷，却遇到了“拦路虎”。

赛开利公司及达克泰集团目前是世界最大的高空作业机械制造商。对于它们的起诉，申锡公司面临应诉还是回避的两难选择：选择应诉，则要耗费巨大人力、物力和财力等诉讼成本，在不熟悉的国家打一场胜负难卜的国际官司的风险很高；选择回避，意味着申锡公司主动放弃美国市场，对方还有可能会在全球更多地方提起侵权诉讼，申锡公司到时将面临无休止的国际争端。另外，当时的申锡公司非常重视向境外拓展业务，出口量占公司总业务量的三到四成，产品分布俄罗斯、乌克兰、智利等多个国家和地区，而美国是其下一个主要目标市场。如果美国市场开拓受挫，申锡公司在其他境外市场的销售也将会受到影响。

经过申锡公司董事会的反复研讨与磋商，明确了策略：积极应对，直面诉讼，不惜代价打赢这场国际侵权诉讼战。之所以采取这样的策略，一是经过分析评议确认申锡公司的产品是由多位资深工程师相继潜心研发、不断改进完善的第三代产品，属自主研发，根本不存在侵权问题，这是申锡公司坚定打赢官司的信心源泉；二是原告赛开利公司及达克泰集团起诉申锡公司的根本动机是阻止中国高空作业机械产品进入美国市场，申锡公司要打造国际品牌，实现走向世界的梦想，就必须积极应诉，敲掉这个拦路虎；三是这场诉讼不是竞争对手之间简单的诉讼案件，而是关乎我国高空机械行业能否立足于国际市场的成败之战问题。[1]“申锡作为高空机械龙头企业肩负行业责任，如果连我们都被拦在美国市场门外，其他中小企业更加不可能进入这个市场了，那么整个中国高空机械行业将会

---

[1] 无锡市知识产权局．锡山区申锡公司赢得高空作业机械行业首例国际知识产权侵权诉讼［EB/OL］．(2010－08－07)［2012－12－14］．http://www.wxzl.gov.cn/wxzscq/InfoDetail/?InfoID=c752cf10－3fb8－43c3－918e－158aa74b42a1&CategoryNum=002002.

在美国市场上丧失主动权。”申锡公司董事长吴仁山如是说。[1]

积极应诉一波三折终获胜

2008 年 3 月底，申锡公司毅然步入应诉程序。针对外观设计侵权指控，申锡公司从容应对，拿出 1900 多页公司科研开发的原始记录文字资料，作为其产品研制发展的实证，说明产品系技术团队自主研发的第三代产品。这充分证明了自有产品设计的原创性，对原告方的指控进行了有力的反驳。应诉过程中，原告见申锡公司难以击败，曾提出调解意见，遭申锡公司拒绝。之后，申锡公司的律师团队和相关人员表现出更大的决心和努力，向美国一位著名专家求证专业意见，而且审时度势，大胆向美国法官提出，“针对原告第一项指控请求即决审判”。

赛开利公司及达克泰集团起诉申锡公司的焦点在于赛开利公司及达克泰集团的提升机外观是否具有功能性。根据美国法律，商业外观设计没有注册登记程序，在商业外观设计侵权的民事诉讼中，谁主张商业外观设计的保护谁就承担举证责任，即证明其要求被保护的商业外观是非功能性的。赛开利公司及达克泰集团的提升机外观设计并未进行注册，因此应证明其所谓提升机外观设计是非功能性的。由于无法提供充分的证据证明其产品具备可保护的商业外观，赛开利公司及达克泰集团提起的主张没有得到法官支持。2010 年 8 月，美国内华达州地方法院根据原被告双方提交的证据材料进行了即决审判，驳回了原告对于申锡公司侵犯其外观设计及构成不正当竞争的诉讼请求，判决申锡公司胜诉。

然而，官司并未因此而终结。一心想把申锡公司产品排挤在美国之外的原告没有善罢甘休，继续通过诉讼途径阻碍中国企业进入美国市场的脚步。原告方败诉后不服地方法院的判决，在 2010 年 11 月向美国加利福尼亚州上诉法院提起了上诉。这一上诉，又是一年半时间。在此过程中，原告并没能提出新的更有力

[1] 金辰，唐奕．无锡企业在美国打赢知识产权官司 [EB/OL]．(2012－02－24) [2012－12－15]．http：//js. people. com. cn/html/2012/02/24/83106. html.

的证据。漫长的等待后，2012 年 2 月，终于从大洋彼岸传来了振奋人心的好消息。美国加利福尼亚州上诉法院认为，达克泰集团生产的牵引式提升机外观未能完全满足非功能性的法律要件，且申锡公司自主研发、生产的牵引式提升机与达克泰集团的牵引式提升机的外观有较大区别，不构成外观侵权，据此维持了内华达州地方法院判决，并将此案件作为一个特例，由原告方向被告方赔付诉讼费用 83 万美元。

至此，这起耗时将近四年、前后两次开庭总共耗费 230 多万美元的业内首例知识产权国际诉讼以申锡公司的完胜宣告彻底结束。申锡公司的胜诉，不仅维护了其自身的合法权益和宝贵声誉，更是我国高空作业机械行业在国际知识产权侵权纠纷案件中取得的首次胜诉。对申锡公司而言，打赢了这场官司，不仅赢得了尊严，更赢得了新的商机和海外空间。

知识产权分析评议助境外市场开拓

随着国家“走出去”战略的实施，越来越多的中国企业积极开拓境外市场，却屡屡因知识产权问题在“走出去”的过程中饱受诉讼纠纷之苦。境外展会这个本应是自我展示的大好舞台，也往往成为遭受知识产权质疑和纠纷的源头。

为了阻止中国企业向国际市场发展，外国公司在境外对中国企业提起知识产权侵权诉讼已是司空见惯的手段。尽管申锡公司最终赢得诉讼，但其进军美国市场的脚步却足足被拖延了四年之久，而且还不得不交了 230 万美元的“叩门费”。

因此，企业在开拓境外市场的过程中，加强知识产权能力建设至关重要。在创造、管理和运用知识产权时，应适时引入分析评议机制，通过评议做到知己知彼，遇到问题不乱方寸。

一是通过分析评议帮助练好内功。企业要有知识产权积累，这是拓展境外市场的必要筹码和保护伞。以申锡公司为例，面对赛开利公司和达克泰集团的外观设计侵权指控，企业拿出了最直接、最有力的武器——1900 多页的研发创新记录资料。恰是这些记录在案的原始材料，证明了自身产品与他人产品存在差异。这与企业日常重视知识产权管理工作是分不开的。知识产权分析评议可以帮助企业梳理自有创新成果，将成果恰当地转化为知识产权，并进行科学布局，让企业可以打有准备的仗。

二是通过分析评议帮助看清形势。企业拓展境外市场，除了自身产品过硬外，境外市场的知识产权保护环境亦是关键。不同的市场往往有不同的特殊规则。以美国为例，只要法院受理专利侵权诉讼，则诉讼提起方提出的暂时进口禁止令就可生效；有时即便美国公司输了官司，它还可通过上诉等行为进一步拖延，使进口禁止令一直处于有效状态。而如果对环境和规则不熟悉，就意味着企业在地利、人和等方面都处于劣势，当巨额诉讼成本、烦琐司法程序和陌生市场环境扑面袭来，挑战将非常巨大。因此，了解境外市场目标国家或地区的知识产权法律环境和执法惯例等十分必要。

三是通过分析评议帮助解决问题。企业开拓境外市场的过程中会遇到各种各样的阻碍，专利诉讼已成为外国企业阻止中国同类产品进军国际市场的“贸易保护主义工具”。[1] 这其中，既有确实存在侵权的情况，也不乏以吓退和烟雾弹为目的的干扰策略，通过分析评议，可以对双方产品的知识产权要素加以比对，明确是否存在区别，以及界定区别程度。申锡公司恰是通过知识产权分析评议做足了功课，清楚知道自己的产品并不侵权，据理力争，选择应诉并最终胜诉。

[1] 丁国锋. 江苏企业在美国遭遇“恶意诉讼”二次胜诉并获赔 知识产权渐成国外垄断市场“发难器”[N]. 法制日报，2012-04-09 (04).

第四节　境外参展中的知识产权分析评议要点

企业在境外参展过程中，开展知识产权分析评议，可以帮助企业预知知识产权风险、维护自身合法权益，提前形成应对预案，保障企业顺利参展和产品营销。知识产权分析评议可聚焦在如下方面：

情形一：展品侵犯他人知识产权问题

- 收集梳理相关材料。①了解参展地的知识产权保护环境信息，包括：当地知识产权法律制度、知识产权执法状况和执法形式、知识产权侵权司法程序和判定标准、展会知识产权保护规则和保护模式、展会以往的知识产权执法案件情况等。②合法有效的知识产权权属证明，包括：参展产品在参展地获得有效保护的知识产权清单、解决潜在知识产权风险的证明材料、授权委托书、当地有资质律师出具的不侵权辩护报告等，并在参展前将有关材料向当地海关申请知识产权备案。③收集参展竞争对手可能侵犯已方知识产权的证据材料，作为风险发生时反制对手的证据材料。

- 分析参展产品的知识产权风险。主要对参展产品是否侵犯他人知识产权进行分析，确定风险知识产权，包括：①参展产品是否侵权他人专利和商标权，这些专利和商标权能否被宣告无效，参展涉及的展台展板等宣传材料和多媒体是否侵犯他人著作权，是否侵犯他人商业秘密、集成电路布图设计、地理标志等其他知识产权。②了解可能带来麻烦的参展商的策略风格，调查依赖专利诉讼生存的“专利蟑螂”或“专利钓饵”公司的最新动态。

- 形成境外参展知识产权应急预案。建立知识产权应急攻关团队和决策应对机制，若发现有侵权可能，及早安排眼线，并决定是否退出参展，同时启动知识产权无效程序，对自身产品开展规避设计，或者与可能的“麻烦制造者”建立沟通机制以获得对方谅解，积极取得对方知识产权许可等。

若参展过程中参展地有关部门或机构对我方企业采取了海关扣押、法院临时禁令等知识产权执法措施，企业可开展以下工作：

- 知识产权应急攻关团队与聘请的律师展开执法协调，向执法部门提出异议或上诉，并提交自有知识产权证明、自身不侵权证据。同时向展会举办方、行业协议/联盟或我国政府部门派驻展会的知识产权工作站寻求维权援助。
- 制定应诉策略，包括诉讼程序抗辩、不侵权抗辩、提出知识产权无效或撤销申请、反诉对手侵权等策略。
- 利用反制对手材料，向参展竞争对手发送对手侵犯我方合法权益的律师函，寻求和解。
- 向潜在的客户作出知识产权不侵权说明，争取谅解，同时引导媒体报道，减少负面影响。

情形二：他人侵犯我方展品知识产权

参展企业在展会中发现他人侵犯我方知识产权的，可通过展会举办方的知识产权投诉机构、展会举办地的知识产权行政和司法部门采取维权措施。

- 维权前期材料准备。分析对手产品是否侵犯我方知识产权，收集侵权证据材料，包括书面投诉文件、侵权产品的技术特征对比分析报告、自有知识产权证据材料、对方实施侵权的证据等。与展会组织单位取得联系，了解其纠纷解决机制。
- 评估维权成功的可能性。审查自身知识产权是否稳定、有无被对方反制的措施，评估可能付出的维权成本。
- 实施展会维权。包括发出警告函，与侵权方进行沟通协调以达成协议，申请行政执法、法院临时禁令，或提起司法诉讼等。

第九章　科技计划管理

本章导读：

“自主知识产权”芯片雇人造，经费空投时间浪费

2003年起，宣称拥有“自主知识产权”的高端DSP芯片“汉芯”项目成为国家级重点科技攻关项目，通过各种渠道获得大量国家立项资助经费！然而，知识产权分析评议的缺失使得并未有人真正去审视过这些所谓的“自主知识产权”的真实性和企业真正的技术实力。3年后，真相败露：所谓的“汉芯一号”竟然只是雇人打磨过的摩托罗拉公司的芯片！这一颗“中国芯”，浪费了国家大量科研经费，延误了我国该技术领域研发创新的宝贵时间，致使国家重点项目计划无法实施。

新药惠及民生黄粱一梦，怎知它舶来，怎阻它飞走？

2008~2011年，国内某企业因某前景良好的新药获得多个科技项目立项，有关部门投入大量研发经费，希望该新药早日上市、惠及民生。然而，却因立项和验收环节中知识产权分析评议的缺失，未能及早识别新药舶来的身份和潜在的知识产权风险。2012年，该公司突然提出欲将其所持有的该新药的知识产权全部向境外转让！新药陷入去留难定的局面。

第一节　让造假者无所遁形

——从汉芯造假事件看科技立项中的知识产权分析评议

案例概要

2003年，一股来自上海浦东新区微电子产业的劲风刮起，诸如"'汉芯一号'生逢其时""'汉芯一号'，烙上中国印"等各样高调的标题一度风靡媒体，"中国人也有了自己的高端DSP芯片"。此后，随着宣称拥有"自主知识产权"的"汉芯二号""汉芯三号""汉芯四号"相继问世，"汉芯"项目成为国家级重点科技攻关项目。据不完全统计，2003年1月至2005年7月，汉芯公司通过各种渠道累计获得国家立项资助经费1.14亿元。

然而，2006年，一纸举报信令喜气洋洋的科技界如当头棒喝：所谓"汉芯一号"竟是雇人打磨过的摩托罗拉公司的芯片。真相败露，这一颗"中国芯"，不仅浪费了国家大量科研经费，而且延误了我国该技术领域研发创新的宝贵时间，致使国家重点项目计划无法实施。

如果在科技立项前明察秋毫，用知识产权手段把"汉芯"的技术含金量看得清楚明白，把其中的"自主知识产权"掂出几多分量，会不会还有后来的雾里看花下的滥竽充数？"汉芯"造假事件的一个重要教训，就是必须加强国家重大科技项目申报、监管和验收中的知识产权分析评议，利用知识产权分析评议这个有力工具为我们科技项目的有效创新和推动产业化增加一道保障。

微电子界的“汉芯传奇”

2003 年，一股来自上海浦东新区微电子产业的劲风刮起，上海交大汉芯科技有限公司（以下简称“汉芯公司”）成为万众瞩目的焦点。诸如“‘汉芯一号’生逢其时”“‘汉芯一号’，烙上中国印”等各样高调的标题一度风靡媒体，“中国人也有了自己的高端 DSP 芯片”，科技界群情激昂。汉芯公司的核心人物——美国留学归国博士陈进在记者面前踌躇满志：“从我做起，使中国人拥有国际竞争力的高端芯片，是我回国的初衷。”❶

所谓“DSP”，就是数字信号微处理器（Digital Signal Processor），其与人们所熟悉的中央处理器（Central Processing Unit，CPU）一起，被公认为芯片工业的两大核心技术。如果说 CPU 是个人电脑时代的核心技术，那么 DSP 无疑是网络和无线移动领域的核心。DSP 技术是蓝牙、DVD、数码相机、视频乃至高清晰度数字电视的核心技术所在。没有 DSP 技术，人们就无法实现访问互联网、欣赏多媒体，无法实现无线数字通话。DSP 是少数几个发达国家才拥有的核心技术，从 2000 年开始，我国每年使用近 100 亿元进口 DSP 芯片。❷ 在这一前提下，“完全能替代”进口产品的“汉芯一号”的出现，完全契合了我国自主创新的大势，顺理成章地作为“民族骄傲”成为国家重点扶持的科技项目。

2003 年 2 月，汉芯公司举办盛大的新闻发布会。在发布会上，由众多知名院士和“863 计划”集成电路专项小组负责人组成的鉴定专家组作出一致评定：“上海‘汉芯一号’及其相关设计和应用开发平台，属于国内首创，达到了国际先进水平，是中国芯片发展史上一个重要的里程碑。”❸

此后，随着“汉芯二号”“汉芯三号”“汉芯四号”相继问世，“汉芯”项目成为国家级重点科技攻关项目，有关部门下拨大量资助经费。据不完全统计，

---

❶ 胡历，蒋宏．一定要有高端可应用“中国芯”［EB/OL］．（2003－02－27）［2012－12－31］．http：//sh. sina. com. cn/20030227/17406360. shtml.

❷ 王婷婷．DSP 芯片问世上海［N］．国际金融报，2003－02－27（1）．

❸ 杨琳桦．“汉芯一号”造假传闻调查［N］．21 世纪经济报道，2006－01－25（001）．

2003年1月至2005年7月，汉芯公司通过各种渠道累计获得国家科技立项资助经费1.14亿元，实际到账6043万元（见图9-1）。[1]陈进本人不仅当选上海交通大学微电子学院院长、上海硅知识产权交易中心CEO、汉芯公司总裁，还荣获“全国优秀科技工作者”“教育部长江学者奖励计划特聘教授”等一系列称号。

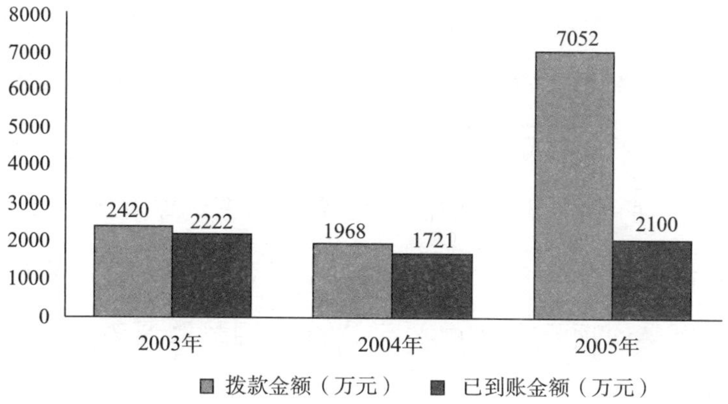

图9-1　“汉芯”项目获取财政资助经费概况

一场彻头彻尾的骗局

事实上，“汉芯”表面风光的背后却是一场彻头彻尾的骗局。

2006年1月，有人在清华大学水木清华BBS上公开指责陈进发明的“汉芯一号”造假。2月，事件调查组得出结论：“汉芯一号”造假基本属实。5月，上海交通大学向有关媒体通报表示，陈进被撤销各项职务和学术头衔，有关部门与其解除科研合同，并追缴各项费用。“汉芯”造假事件至此真相大白。

首先，是汉芯公司的核心人物——陈进履历作假。在呈交上海交通大学的履历表上写有“1994年和1997年获美国得州大学计算机工程硕士和博士，在美国摩托罗拉半导体总部任高级主任工程师、芯片设计经理”，而实际上，陈进在得州大学的研究方向是与芯片设计相关的测试技术，他在摩托罗拉公司的职位也

[1] 触目惊心汉芯黑幕：民工磨出来的？[EB/OL].（2006-01-23）[2013-03-29]. http://tech.163.com/06/0222/14/2AIT89OC000915BD.html.

不过是测试工程师。

其次，是汉芯公司在技术上的造假与夸大。陈进负责的汉芯团队所研制的“汉芯一号”，是一款208只管脚封装的DSP芯片，其结构简单，不能单独实现指纹识别和MP3播放等复杂演示功能。而其在各类宣传中所演示的所谓“汉芯一号”，不过是一块打磨过的、购自摩托罗拉公司的具有144只管脚的芯片。“汉芯二号”是受某公司委托定制的DSP软核，核心技术不为其所有。“汉芯三号”是对“汉芯二号”的简单扩充，技术上与“汉芯二号”来源相同，由于缺乏必要的外围接口，不能独立实现复杂的应用。芯片实际情况与汉芯公司宣称的“已经达到国际高端的DSP设计水平”的说法不符，夸大了事实。“汉芯四号”是一款使用了其他公司CPU的单核系统芯片，不包含汉芯DSP核芯片，与汉芯公司向有关部委提交的项目文件中关于“汉芯四号”是双核芯片的陈述不符，存在夸大欺骗行为。

最后，是汉芯公司在知识产权上的名不副实。在报道汉芯事件时，媒体都注意到陈进拥有的六件专利，并在事后的调查中，一致认为“这些资助都与陈进那些专利不无关系”“这些也是陈进申请经费的筹码”。[1] 事实上，“汉芯一号”于2003年2月26日在上海发布，而这6件专利是2003年2月13日和20日才由上海交通大学、汉芯公司作为共同申请人申请的。因此，在新闻发布会所称的“专利”不过是“专利申请”罢了。而且现在看来，6件申请的申请日与“汉芯一号”发布日期的接近，也使得这几件专利的申请显得仓促。仅靠几件新近提交的“专利申请”就将“汉芯一号”鉴定为“完全拥有自主知识产权的高端集成电路”，无疑过于草率。

科技立项缺了知识产权分析评议环节

“汉芯”系列研究项目，是上海市科技重点项目。“汉芯三号”被列入“十

[1] 左志坚，杨琳桦，姚峰．陈进财富拼图：一个“失败”商人的7个剪影［N］．21世纪经济报道，2006-03-13（021）．

五”和国家“863 计划”重点项目，研究开发工作获得国家拨款上亿元，而研发的所谓具有“完全自主知识产权”的高端集成电路汉芯芯片，却是百分百的美国货。汉芯造假事件，不仅浪费了国家大量科研资金，而且延误了我国该技术领域研发创新、把握时代机遇的宝贵时间，致使国家重点科技项目计划无法实施。

“汉芯”变“寒心”，反映了科技项目管理和科技人才引进过程中对知识产权真伪和价值的忽视。汉芯造假事件的一个重要教训，就是未在重大科研项目立项过程中引入知识产权分析评议机制，没有评估项目申请方的知识产权基础和实力，审查研发方案的可行性。而只有通过翔实的知识产权调查，才能真正让科技项目做到“立项有意义、实施有效率、管控有手段”。此外，科技项目实施的主体是科技人才，其科技诚信、研发背景吻合度、可提供知识产权资源的有效性等反映了其本身是否可靠，也会直接决定委托项目的成败。

事实上，在大多数市场经济国家，对于政府提供补贴的重大研究开发项目，政府都会组织评估其创新性，知识产权分析评议就是其中的重要内容和手段。

在我国，政府重大科技项目实施仍占主要地位，大量科研经费由各级政府部门分配给创新主体和企业，其配置的科学性和有效性关系到国家科学技术的发展。在这样的大背景下，在科技立项中引入知识产权分析评议机制显得更为重要。以汉芯事件为例，知识产权分析评议可以发挥如下作用：

首先，知识产权评议可以辨别技术价值和商业风险。专利信息记载着技术发展所涉及的几乎所有信息，通过对所属技术领域的专利信息分析，可以获知该领域中的最新技术和发展走势，也可以获知自身正在进行研发的项目是否存在侵犯他人专利权的风险。如果进行了知识产权分析评议，相信陈进的 208 只管脚封装的 DSP 芯片在当时挤进先进之列是几乎不可能的，而 144 只管脚的 DSP 芯片究竟是陈进的技术还是摩托罗拉的技术也会非常清楚；如果进行了知识产权分析评议，“汉芯三号”与“汉芯二号”相比技术创新性是否明显、是否能够称为国际高端的 DSP 设计水平也会非常清楚。

其次，核实创新成果的价值水平。通过简单的知识产权法律状态分析，究竟是“自主知识产权”还是“自封知识产权”，火眼金睛，一辨即明；究竟是“主观预期性的权利”还是“真正到手的专利”；究竟是“法律有效的现行专利”还是“失去效力的既往专利”；究竟是“自有专利”还是“共有专利”；究竟是“实用新型”还是稳定性更高的“发明专利”……知识产权信息分析会说明一切。如果有了知识产权分析评议这道保险，陈进的6件“专利申请”究竟离“自主知识产权”有多远、“汉芯二号”的核心技术究竟掌握在谁的手里，一目了然。相对于复杂的技术验证，这样简单的知识产权信息核实可谓是事半功倍。

最后，初步评估科技人才的价值。通过知识产权调查分析，可以判断人才的技术背景和能力水平、具备的知识产权基础、在所带知识产权的创造过程中扮演的角色、可能带来的知识产权风险等，从而进一步判断科技人才是否与需求相吻合，能否切实承担科技项目。有了这样的审查，陈进究竟是主攻芯片设计还是芯片测试，是否具备发明“完全拥有自主知识产权的高端集成电路”的技术基础实力，一目了然。

知识产权审议纳入国家规划

汉芯事件被媒体曝光之后不到1个月，2006年2月10日，国务院颁布了《国家中长期科学和技术发展规划纲要（2006~2020年）》，强调深入科技体制改革和经济体制改革，强调建立以企业为主体、市场为导向、产学研相结合的技术创新体系，并明确提出要建立对企业并购、技术交易等重大经济活动知识产权特别审查机制，由此提出了知识产权审议制度和知识产权分析评议工作的雏形。这可以说是避免今后出现汉芯事件的一剂良方。

第二节　让国产新药造福于民

——从国内某公司新药转让事件看科技立项中的知识产权分析评议

案例概要

2012年，国内某公司提出申请，欲将其所持有的新药M的知识产权向境外转让。由于新药M的临床试验是在国家科技重大专项资金的支持下开展的，有关政府部门明确表示拒绝。但是，该公司执意与境外公司签订了知识产权转让协议，意图将新药M的知识产权向境外转让。一边执意要走，一边坚决要留。

新药M有国家专项资金的大量投入，却在投入之时忽视了承担方的创新能力，收果之时忽视了研发后的知识产权产出。立项、验收环节中知识产权分析评议的缺失，造成了科技研发空转，也造成了如今新药M去留难定的局面，使得公共投资效益受损。如果在科技立项中引入知识产权分析评议，就能够对项目申请时的知识产权情况以及知识产权产出进行核实与分析，找出项目实施漏洞，明确知识产权产出归属，进而降低专项资金空投的风险。

新药去留浮出水面

新药M是一种1.1类新药[1]。国内某公司（以下简称“甲公司”）持有新药M的相关中国专利。

2008年，甲公司联合国内某大学和某研究所等多家合作单位共同申请承担

[1] 1.1类新药指未在国内外上市销售的通过合成或者半合成的方法制得的原料药及其制剂。

国家某科技项目相关课题的研究，获得立项及相关资金资助，开展新药M的临床试验。根据前期临床试验结果，新药M在治疗某疾病上取得了良好的效果，并被认为有可能成为当前根治该疾病最为安全、有效的药物。在前期临床试验结束后，甲公司申请了一件中国专利，并且又在2010年联合相关单位再次共同申请该科技项目的资金支持以进行新药M的后期临床试验，2011年，新药M再次得到了立项资金的支持。项目形成了重要的临床试验数据资料，与所申请的专利一起成为核心知识产权。

由于我国长期以来一直缺少能有效治疗该疾病的药物，新药M的出现将会填补这方面的空白，其商业化应用前景和市场价值潜力也被极度看好。各方与相关部门都对新药M寄予了厚望，积极参与推动新药M在临床试验结束后能够顺利上市。

一切看上去都美好平静，然而就在人们期待着新药M在国内上市时，意想不到的事情发生了。2012年初，甲公司提出了将连带所有临床试验数据等在内的新药M的全部知识产权向境外转让的申请，计划将其转让给境外的乙公司！

新药M的临床试验得到了科技项目的支持，国家投入了大量的经费、人力和物力，并热切期盼这一新成果早日惠及民生，因此相关部门明确拒绝了甲公司的转让申请。然而，事与愿违，随后甲公司仍单方面与乙公司签订了新药M的知识产权转让协议。

一边执意要卖，一边坚决要留，新药M是去是留牵动着业界的神经。

尴尬背后的环节缺失

到底是什么造成了这样尴尬的局面？

首先，新药M原来是一个“舶来品”。

2000年、2002年和2003年，恰是现在的买家乙公司就新药M分别提交了3件国际专利申请，随后据此在中国提交了3件同族专利申请[1]，并先后获得权

[1] 同族专利是指基于同一优先权文件，在不同国家或地区，以及地区间专利组织多次申请、多次公布或批准的内容相同或基本相同的一组专利文献。

利（专利A、B和C）。2004年，国内甲公司从乙公司处购得新药M在中国地区的知识产权（包括专利A、B和C），并完成相关转让手续。此后，甲公司拥有了新药M在中国地区的知识产权，乙公司仍拥有新药M除中国地区以外的知识产权。

2008年，甲公司申请科技项目支持进行新药M的临床试验。项目顺利入围，除了新药M巨大的应用需求和优越的市场前景之外，甲公司拥有的几项重要专利（专利A、B和C）也发挥了重要作用。然而，知识产权分析评议环节的缺失却在此时埋下了几个不确定因素：一是尽管拥有知识产权，但甲公司显然并不是新药M的原始“发明家”，甲公司的研发实力究竟几何，对新药M的技术究竟掌握多少，又是否有足够的能力承担科技攻关任务？二是甲公司拥有的仅仅是新药M在中国地区的知识产权，而其他地区的知识产权都掌握在乙公司手中，新药M上市后将可能存在出口限制等问题。三是甲公司与乙公司之间的知识产权转让协议中是否还存在对创新成果权属规定的其他限制性条款？如若甲公司的创新成果权属受乙公司限制或支配的话，那么国家投入的大量科研经费将很有可能为他人做了嫁衣。后来的事实也证明，恰是未能妥善排查这些不确定因素，才造成了新药M去留事件的爆发。

其次，甲公司在国家科技经费支持下的知识产权产出并未被审慎审核。

2010年，第二次申请科技项目时，甲公司新申请了一件专利（以下简称“专利申请D”），既作为之前项目的知识产权产出，也用此证明该新药相对于2008年第一次申请科技专项时已有所进展。然而，事实却是专利申请D仅仅是专利B的分案申请[1]，其内容与专利B几乎一模一样。这意味着两件重要的事情：一是甲公司在第一次承担相关科技项目后并没有以专利为形式的自主创新成果的产出；二是甲公司以知识产权为表征的技术实力并没有增强，第一次申报项目时存在的知识产权方面的不确定因素仍然存在。

---

[1] 分案申请是将第一次提交的专利申请（母案申请）中不符合单一性规定的内容重新提交的申请。分案申请与母案申请的类型应当一致，内容不能超出母案申请记载的范围，享受母案申请的申请日。

2011 年，依然没有知识产权产出，新药 M 却第三次得到了立项资金的支持。

立项之时，忽视了项目承担者的知识产权实力和知识产权风险；验收之时，忽视了知识产权产出的内容与权属；在科技项目管理的主要环节中知识产权分析评议一而再、再而三的缺失，最终造成了新药 M 知识产权问题的滋生与发酵，并失去了前期主动排除风险、解决问题的最佳时机。

转让背后的更大交易

甲公司执意要卖的背后还隐藏着国际某巨头药业公司（以下简称“巨头公司”）对新药 M 的全球性垄断。

乙公司与巨头公司签订了一项金额超过 2 亿美元、涉及新药 M（包括中国地区知识产权在内）的全球知识产权转让的协议。该协议包括两步：第一步，巨头公司将获得新药 M 除中国地区以外的知识产权权利；第二步，巨头公司将获得新药 M 在中国地区的知识产权和进一步的商业开发权益。协议要求乙公司必须先获得新药 M 在中国地区的知识产权。而协议全部执行完毕之后，巨头公司将在全球（包含中国）范围内独家获得新药 M 的所有知识产权。

之后，乙公司与巨头公司就紧锣密鼓地进行着相关知识产权的转让：2012 年 8 月，专利 A、专利 B 和专利 C 在美国的同族专利转让给巨头公司；10 月，专利 B 在澳大利亚的同族专利转让；11 月，专利 A 在澳大利亚的同族专利转让；同期，欧洲主要国家的专利也完成了相应的转让。下一个目标，应该就是新药 M 在中国地区的知识产权。

如果完成了全部转让，巨头公司便实现了对新药 M 知识产权的全球垄断性占有，新药 M 在国内临床试验的所有投入及产出就得随巨头公司改姓了。一旦这些成为现实，国内的资源投入（包括临床数据）将全部成为巨头公司前进路上的垫脚石，中国市场也会成为巨头公司的囊中之物。

事实上，新药 M 遇到的知识产权问题绝非仅有。

当前，知识产权既是技术实力的重要表征，也是保护前沿科技成果的最有效手段之一，知识产权在科技项目中的重要性不言而喻。而另一方面，世界进入知识产权丛林时代，知识产权数量越来越多，规则越来越复杂，这也使得科技项目中有关知识产权方面的管理难度越来越大，以假乱真、以次充好、以无代有之类的知识产权问题屡见不鲜。在科技项目中埋下这些知识产权问题和风险，如同安了一枚定时炸弹，随时有可能被引爆。一旦引爆，要么是无奈的事后补救，被动接受不利条件，使得项目成果效益大打折扣，要么听天由命，将成果白白丢掉了事，投入打了水漂。

因此，引入知识产权分析评议机制迫在眉睫。知识产权分析评议并未增加科技项目管理的难度和复杂度，它仅是从规避市场风险、保障投资效益的角度为项目管理提供决策参考和咨询，虽然简单，但实用且必要。

国家投资形成的知识产权的境外出口审查

甲公司出口新药 M 除了折射科技项目管理在知识产权方面的管理缺失之外，也反映了技术出口中的知识产权审查问题。甲公司从乙公司购得专利 A、B、C，又准备向乙公司转让专利 A、B、C，涉及的是两家公司的自有知识产权，是两家公司之间的市场交易行为，原本无可厚非。但是专利申请 D（即使专利申请 D 并无多少创新之处）和大量临床试验数据带有国家科技资助背景，这些知识产权的转让则涉及国家财政资助项目形成的知识产权的法律规范约束问题。作为国家资助产生的科研成果，国家拥有对这些权利的介入权，其向境外转让专利的行为应受项目管理机构的管理和审查。

就国家可以介入管理的科技成果形式而言，包括受国家资助产生的专利、技术秘密、临床试验数据等。我国现行《科学技术进步法》第 21 条规定："国家鼓励利用财政性资金设立的科学技术基金项目或者科学技术计划项目所形成的知识产权首先在境内使用。前款规定的知识产权向境外的组织或者个人转让或者许可境外的组织或者个人独占实施的，应当经项目管理机构批准；法律、行政法规对批准机构另有规定的，依照其规定。"由于该知识产权是利用财政性资金设立的科学技术基金项目或者科学技术计划项目形成的，国家投入了一定的资金支持，目的是推动国家科技竞争力提升和产业发展，为我国经济和社会发展服务，因此，国家鼓励项目承担者在境内首先使用相关知识产权，符合政府财政资助的目的。对知识产权境外转让和许可进行审查的原则，是为了避免上述知识产权被国外企业、组织或个人所垄断，规定利用财政性资金设立的科学技术基金项目或者科学技术计划项目所形成的知识产权向境外的组织或者个人转让或者独占许可的，应当经项目管理机构批准，有利于保护本国的产业安全和防止国有资产的流失。

此外，我国《专利法》《对外贸易法》《技术进出口管理条例》《禁止出口限制出口技术管理办法》《国家科技计划管理暂行规定》《国家科技计划项目管理暂行办法》和《国家科技重大专项知识产权管理暂行规定》等法律法规也对财政性资金资助项目产生的知识产权境外转让提出了要求。在知识产权对境外转让时，应当严格按照相关规定操作，才能够最大限度地防止知识产权向外流失。

第三节　科技计划管理中的知识产权分析评议要点

科技计划管理主要涉及科技计划管理部门和项目申报者/承担者。就知识产权分析评议支撑科技计划实施、实现全过程的知识产权管理而言，两者彼此呼应，内容统一。

情形一：科技计划管理者角度

科技计划管理部门对知识产权分析评议的关注点在于项目立项如何更有价值和针对性、能否将项目委托给有实力的项目申报者、项目验收成果是否达标等。评议主要内容包括：

- 立项范围和方向选择。分析相关技术领域的知识产权竞争格局、产业链布局和技术发展趋势，判断我方优势和劣势，结合国家大政方针确定拟立项的具体技术主题和方向。
- 立项风险审查。分析相关从业者的知识产权信息，从避免重复研究的角度确定合理的立项范围和科研目标；对本领域的重大技术合同进行审查，避免项目受合同条款约束。
- 项目申报方实力审查。评价项目申报者的知识产权基础和实力，主要包括既有科研成果的知识产权数量和品质、既有科研活动与本项目的关联程度、知识产权管理效能、主要发明团队的完整性等。
- 评估项目申报方研发方案的可实施性。评估可实施性主要是基于对现有技术发展路线和未来趋势的分析，评价技术研发方案是否合理、科学，能否按期达到既定目标等。
- 评估项目申报者的知识产权风险。重点对项目申报者以往签订的技术合同带给本项目的知识产权限制和风险进行审查。
- 综合以上情况选择最适合的项目承担者和项目委托形式。

• 项目验收过程中对知识产权成果进行验证核查。主要包括项目所得科技成果的数量和品质、知识产权保护布局的合理性和科学性、知识产权成果与项目研发活动的相关性等。

• 在科研成果转移转化过程中，开展自主知识产权流失的审查。

情形二：项目申报者或承担者角度

项目申报者或承担者利用知识产权分析评议的意义在于，彰显自身知识产权实力，支持科技创新活动高效开展，实施有效的知识产权布局。除了与科技计划管理部门的关注点相对应外，知识产权评议内容还包括：

• 基于现有专利技术的功效图，启发形成技术解决方案。

• 结合本领域的知识产权侵权风险分析、已有技术手段、知识产权保护策略特点等因素，通过改变结构、增减功能器件、替换原材料或器件等方式，开展技术规避设计。

• 实施有效的知识产权布局，包括确定知识产权保护形式是发明专利、实用新型、外观设计，还是其他知识产权保护形式如商业秘密保护等；确定知识产权保护的地域范围；确定专利组合的构成结构，包括产业链分布、创新链分布；结合市场营销策略确定专利申请时机。

• 评估专利组合的完整性，主要从专利组合保护强度、专利组合技术的产业化潜力、专利组合技术的市场接受度等角度，查缺补漏，形成专利二次开发方案。

第十章　科技成果转化

本章导读：

苦心钻研几十载，只为他人作嫁衣

20世纪70年代起，我国医学研究者在三氧化二砷治疗白血病方面做了大量开创性工作，取得了令世人瞩目的成果，却因知识产权工作的缺位，不但未能对创新成果加以保护，反而通过发表文章公开了研究内容，被外国一家小型风险投资公司充分利用，在加紧临床开发的同时构筑严密的知识产权保护网，最终一举获得超过3亿美元的利润！而我方则陷入“创新了核心技术，却无法转变成生产力”的尴尬局面，几十载新药创制辛苦工作仅为他人作了嫁衣。

NPE抢滩中国高校，推动科技成果合理合法转化迫在眉睫

来自美国的非专利实施主体（NPE）高智发明一直是科技成果转化的焦点，受到业界广泛关注。如今，高智发明不断将触角伸向中国高校和科研院所，至少已与20多所我国高校建立合作关系。高校的科研经费超过60%来自国家财政，在助推高校科技成果转化的同时以知识产权分析评议为手段科学管理，避免国家投入的优秀产出成果流失，保障我国技术和经济安全势在必行。

第一节　新药创制为他人作嫁衣

——从三氧化二砷的产业化看科技工作中的知识产权分析评议

案例概要

20世纪70年代开始，我国医学研究者们在三氧化二砷治疗急性早幼粒型白血病上做了大量开创性工作，取得了令世人瞩目的成果。然而，由于知识产权保护意识欠缺，自主创新形成的科研成果缺乏行之有效的知识产权保护措施，各项研究成果以发表文章的形式向社会无偿公开，造成“创新了核心技术，却无法变成生产力”的尴尬局面。

与此同时，外国一家小型风险投资公司则充分利用我方研究人员公开的技术文献，在加紧临床开发的同时构筑严密的知识产权保护网，最终一举获得超过3亿美元的利润。

一边是我方自主创新成果的无偿发布和知识产权保护措施不力，一边是外国风险投资机构的捡漏摘桃和知识产权严密布局。知识产权工作的缺失是其中的重要原因。知识产权分析评议是能够避免造成这类尴尬局面的有效手段，它能为新药创制指明方向，能将创新成果变成知识资产，能直接推动知识资产的运营升值，也能将知识资产转变为市场竞争优势。

“以毒攻毒”治白血病

砒霜（化学成分为三氧化二砷，As_2O_3，Arsenic Oxide，以下简称“ATO”）是我国的传统中药。北宋《开宝祥定本草》和明朝《本草纲目》对其药用均有记载。ATO 治疗白血病的报道最早出现在 1878 年波士顿城市医院的一则报告中,[1] 此后，ATO 就成为治疗白血病的主要药剂，直至近代被放射疗法所替代。

20 世纪 70 年代初，哈尔滨医学院第一附属医院（以下简称“哈医大一院”）以张亭栋为代表的研究人员借鉴民间方子，制备了含有 ATO、氯化亚汞的“癌灵 1 号”白血病治疗注射液，对各种白血病均有不同程度的疗效。到 1979 年，已基本确定“癌灵 1 号”对治疗急性早幼粒型白血病（Acute Promyelocytic Leukemia，APL）疗效最好。

20 世纪 90 年代初，哈医大一院张鹏等人去除了配方中有毒副作用的氯化亚汞，明确指出 ATO 是“癌灵 1 号”的有效成分，可单独用于治疗 APL。[2] 相关临床试验及研究成果均毫无保留地发表在国内期刊上。

在确定 ATO 治疗 APL 的临床疗效之后，为进一步掌握其机理，哈医大一院与上海第二医科大学上海血液学研究所合作，从分子水平上解释了 ATO 治疗白血病“以毒攻毒”的实质，相关研究成果发表在 1996 年的《Blood》杂志上。[3]

中国医生的成果由此走向世界。

ATO 技术专利保护的“颤巍起步”

根据世界知识产权组织的信息，生物医药和电子通信是对专利制度最为敏感的产业，创新高度依赖专利制度的激励。新药研制具有风险很大、收益极高、高新技术密集等特点，外国跨国公司对新药研制的知识产权保护可谓无所不用其

---

[1] Kwong YL, Todd D. Delicious poison: arsenic trioxide for thetreatment of leukemia [J]. Blood, 1997 (89): 3487 - 3488.

[2] (a) 张亭栋，张鹏飞，王守仁，等．“癌灵注射液”治疗 6 例白血病初步临床观察 [J]. 黑龙江医药，1973 (3): 66 - 67. (b) 张亭栋，荣福祥．癌灵一号注射液与辨证论治治疗急性粒细胞型白血病 [J]. 黑龙江医药，1979 (4): 7 - 11. (c) 孙鸿德，马玲，胡晓晨，等．癌灵 I 号结合中医辨证治疗急性早幼粒白血病 32 例 [J]. 中国中西医结合杂志，1992 (3): 170 - 171. (d) 张鹏，王树叶，胡龙虎，等．三氧化二砷注射液治疗 72 例急性早幼粒细胞白血病 [J]. 中华血液学杂志．1996，17 (02): 58 - 60.

[3] Chen GQ, Zhu J, Shi XG, et al. In vitro studies on cellular and molecular mechanisms of arsenic trioxide (As_2O_3) in the treatment of acute promyelocytic leukemia: As_2O_3 induces NB4 cell apoptosis with downregulation of bcl - 2 expression and modulation of PML - RAR α/PML proteins [J]. Blood, 1996 (88): 1052 - 1061.

极。尤其当新药在治疗某种疾病上具有优良效果、并具有较明朗的市场化前景时，跨国制药公司将对其设置立体的知识产权保护网，其知识产权保护主题不仅涉及药品分子结构、配方成分、用途、治疗方法和剂型，还会延及制造工艺方法、制造设备，知识产权保护类型也会涉及发明专利、外观设计、商业秘密等，保护地域更是会覆盖许多重要的国家和地区。

遗憾的是，虽然中国医学工作者们在 ATO 治疗 APL 方面做了大量开创性研究和创新，获得了满意疗效，但大量研究成果自20 世纪70 年代以来基本以论文形式无偿公开发表，至20 世纪80 年代我国的专利制度开始起步时，可申请专利保护的内容已经十分有限。而后，即便有了制度，研发人员运用知识产权保护创新成果和创造经济利益的意识依然匮乏。

直到 1995 年 8 月，这项研究成果才由张亭栋作为发明人、哈医大一院作为申请人申请了第一件专利，并在 1999 年 8 月获得专利权（ZL95108768.1）。然而，该专利却只有一个独立权利要求，且保护范围非常狭窄，被圈入专利保护的“领地”非常有限。更为可叹的是，这样一件专利竟然是二十几年的研究成果在中国获得的唯一知识产权。

除此之外，1996 年 8 月，张亭栋等人也就其研究成果在美国提出了专利申请，并要求了中国专利申请的优先权，但直到 2004 年 4 月该美国专利申请才获得授权（US6720011）。该专利共有两组、四项权利要求，但其保护主题都是治疗白血病的方法，包括制备注射液、稀释注射液、进行静脉注射以及停止注射等四个步骤。这个美国专利的实质保护范围并没有根本性突破。

2003 年 11 月，张亭栋在美国提交了一件延续申请（US2004101573）。根据美国专利法，延续申请的记载范围不能超过原始申请的范围，专利保护范围存在的缺陷仍无法克服，数次审查意见沟通之后，于 2008 年 2 月被驳回。[1]

---

❶ 在审查过程中分别引用了 US6982096（Warrell）、US6884439（Warrell）、US6770304（Warrell）、《三氧化二砷注射液治疗 72 例急性早幼粒细胞白血病》（张鹏等）等现有技术评价该申请的不可专利性。

ATO 核心技术被外国人捡漏摘桃

然而，就在中国发明人刚刚意识到需要专利保护的时候，外国投资机构却已经嗅到了其中蕴藏的无限商机。

虽然 ATO 治疗 APL 的临床效果好，但因适应症太窄，大厂看不上、小厂要不起，这看似尴尬的局面却给国外风险投资者带来了机会。1997 年 3 月，也就是中国医学工作者们的研究成果在《Blood》上公开不久后，某风险投资公司迅速发现商机。他们认为，开发这个药的风险和成本低，市场需求强，如果扩大适应症范围，应该是个不错的项目。该公司出资设立了一个专门运作三氧化二砷药物“TRISENOX”上市的虚拟公司 PolaRx 生物制药公司（以下简称“PolaRx 公司”）。PolaRx 公司没有投资任何硬件，直接把钱用在刀刃上，在专利保护和临床试验方面加紧动作。1997 年 10 月，在没有开展任何实质性研究的情况下，PolaRx 公司便申请了一件美国临时专利（US60/062375）。

与此同时，纪念斯隆·凯特琳癌症中心（Memorial Sloan - Kettering Cancer Center，MSKCC）[1] 的主要研究人员——雷蒙德（Raymond P. Warrell）博士启动了用 ATO 治疗 12 例 APL 病人的临床试验，取得明显效果；基于此，他们申请了一件美国临时专利（US60/064655）[2]。MSKCC 的工作受到了 PolaRx 公司的青睐。1998 年 2 月，PolaRx 公司获得了 MSKCC 临时专利申请的专利许可，同时还邀请雷蒙德博士作为其主要研究人员加入研究团队。

随后，PolaRx 公司为 ATO 核心技术套上了精美而严密的专利保护伞。1998 年 10 月，PolaRx 公司先以临时申请（US60/064655）为优先权申请了一件国际申请（WO99/18798），并以此为基础在 20 个国家和地区申请了 54 件同族专利。该国际申请的保护范围扩大到 ATO 适用于各种肿瘤、癌症的治疗方法及其

[1] MSKCC 是世界历史最悠久、规模最大的私立癌症中心，在肿瘤临床和科研方面国际领先，治疗几乎所有的肿瘤，在治疗白血病领域也具有较高水平。

[2] 申请日为 1997 年 11 月 10 日。

相关 ATO 制剂。1998 年 11 月，PolaRx 公司以临时申请 60/064655 为优先权申请了一件国际申请（WO99/24029，但仍以 MSKCC 作为申请人），随后在 17 个国家和地区申请了 44 件同族专利。该国际申请要求对 ATO 制剂、制备方法、使用方法进行保护，并将 ATO 的适应症范围扩大至各种白血病、硬质癌、硬质肿瘤。除此之外，PolaRx 公司专利申请说明书中的详细阐释为其继续扩大申请范围留出了余地，它以这两件申请为基础申请了诸多延续申请并陆续获得授权。其后授权专利的保护范围不仅扩大了 ATO 的适应症，还对 ATO 各种给药方法进行了全面的保护。可以说，PolaRx 公司的专利族基本上做到了 ATO 治疗肿瘤的全领域无缝覆盖。

MSKCC 和 PolaRx 公司以我国研究人员的公开文献为基础，对 ATO 进行了实验验证和用途开拓，其敏锐的商业嗅觉和严密的专利布局，让初识专利的国人大开眼界。而下面发生的事更是让人觉得不可思议。

市场获益的冰火两重天

这边厢在国内，大型药企对哈医大一院的 ATO 研究成果并不感冒，哈医大一院在国内遍寻买家竟无人问津，最终还是自己组建药厂进行报批研制和产业化。1999 年，由哈尔滨医大药业有限公司生产的亚砷酸氯化钠注射液（商品名“伊泰达”，国药准字 H19990191）在国内获准上市。

除了国内市场之外，哈医大一院原本还希望能从美国打开国际市场的大门。在申请美国专利时，哈医大一院选择了某基金作为合作伙伴，该基金以帮助中国研究者申请美国专利为条件，要求分享该研究成果的海外开发和收益权。然而，它却并没有运作新药市场的经验。多年过去，这一美国专利的审批和海外临床研究毫无进展，投资者也没有找到。最后该基金不得不寻求与 PolaRx 公司合作，而此时的 PolaRx 公司已经投资上千万美元，申请了多件专利，并开发出拥有特别配方和工艺的 TRISENOX 制剂，在临床方面也取得重大进展。该基金已经十分被动，最后虽在 PolaRx 公司的协助下获得了美国专利，但该专利的海外独占许可权却也让渡给了 PolaRx 公司。

那边厢在国外，PolaRx 公司在 ATO 治疗 APL 技术领域的研究开发和知识产权布局已经完成，开始进入药品申报注册阶段。PolaRx 公司巧妙地利用外包服务获得了两万支 TRISENOX 注射液，开始申报 IND（Investigational New Drug，美国新药测试步骤之一）。此外，PolaRx 公司充分利用中国公开发表的人体实验数据，说服 FDA 将三期临床直接改为二期，新药审批大大加快，六个月内就获批准。

短短三年，PolaRx 公司完成了药品用途开发、专利布局、新药审批等多个环节的工作，新药上市已经“万事俱备，只欠东风”。2000 年 1 月，Cell Therapeutics 公司并购 PolaRx 公司，代价是 1400 万美元，承担其所有债务，另外分期支付 500 万公司股票外加 2% 的销售提成。签约后，PolaRx 公司很快收回当初的投资，鼎盛时期，PolaRx 公司股东们所持的股票账面价值就达 3.5 亿美元。这些收益抵扣掉 PolaRx 公司前期为药品用途开发和专利布局所花的上千万美元，基本上全都是额外赚取的投资收益。不仅如此，此后三年，TRISENOX 分别在欧洲、日本等地上市❶，2003 年销售收入超过 2200 万美元。

PolaRx 公司作为一家仅成立三年的小微型公司，创造了几个奇迹：将其他公司需要一二十年的新药开发周期缩短在三年之内，是个奇迹！通过设立虚拟公司运营、短期获利的模式，让华尔街震惊！以小博大，通过不过千万美元的投入，挣得超过 3 亿美元的收益，让整个业界惊叹！

知识产权分析评议不可或缺

众多中国医学工作者的创新研发为利用 ATO 治疗 APL 技术作出了巨大贡献。然而，回顾整个事件却发现，中国医学工作者辛勤耕耘 20 多年的科研成果让一家名不见经传的美国虚拟公司直接摘桃捡漏，为它超过 3 亿美元的利润做了嫁

❶ 2005 年 7 月，Cell Therapeutics 将 TRISENOX 打包卖给了 Celphalon，后者又被泰瓦收购。

衣。知识产权意识不足之外，缺乏对科研成果的市场价值评估和知识产权保护手段的运用也是重要的原因。如果研究者能在古方用途开发、知识产权保护、合作伙伴寻求等过程中引入知识产权分析评议，或许结果将完全不同。

首先，在古方用途开发的过程中，引入知识产权分析评议，可以让研究人员脱出既有研究惯性的束缚，直接借鉴国外先行者有关药品用途开发的经验，在更广泛的空间内寻求突破。如果研究人员深入分析已有公开信息，熟知药品专利保护策略，便可以看到任何一类新药创制过程中的广泛用途探索，那么面向 ATO 的研究和专利申请就不会仅简单地局限于白血病，以致大大影响了药品的后续开发空间，使得新药价值大打折扣。

其次，在设计并实施知识产权保护策略时，对创新高度、市场价值、竞争风险、保护环境进行全面分析评议，可以形成全方位的立体保护策略。这种保护策略不仅包括时间序列上的知识产权保护申请时机选择、保护地域的覆盖范围确定，还包括核心专利和外围专利的网络化、结构化布局，以及知识产权保护类型的选择和配合。四个教训应当引以为戒：一是相较公开发表文章，我国研究人员的专利申请时机已经过晚，导致很多有价值的创新不能用专利制度加以保护；二是专利保护范围仅保护了最优选的实施方案，无论是配方比例范围、治疗应用领域、给药方法等都大量留白，后续也没有改进专利跟进，无形中已将大部分专利领土留给外国人；三是作为新药审批来说，临床数据的价值不亚于技术创新本身，或者严格来说本身就是新药创新不可或缺的一部分，本案中临床数据的随意发布为竞争对手节约了大量金钱和新药审批时间，也是给竞争对手的一份厚礼；四是专利保护的地域选择未能完全覆盖目标市场，哈医大一院原本希望从美国打开国际市场的大门，可以预见的是，这个国际市场还应包括亚洲、欧洲、东南亚、非洲等其他国家和地区，相比 PolaRx 公司的专利保护地域选择，美国显然是过于狭隘了。

再次，寻求合作伙伴时可以通过知识产权分析评议加以甄别，避免盲目乐观。哈医大一院打算叩开美国市场时找到的合作伙伴是一家没有新药开发经验的非营利性研究机构，它的实力和能力如何，事先哈医大一院并没经过分析评议，结果导致它非但对专利申请获批没有太大帮助，还帮着把创新成果送进了竞争对手的锅里。如果当时开展知识产权分析评议，弄清该基金的来龙去脉和专利事务经验，或在对方与竞争对手 PolaRx 公司合作时提出合理要价，或许可以避免一部分损失。

最后，通过知识产权分析评议，还可以及时了解竞争对手 PolaRx 公司的一切动作，包括其专利申请布局、临床试验和新药注册申请等行为，适时提出动议，采取措施，合理表达我方诉求，维护我方正当权益。

应当说，知识产权分析评议工作是新药创制和研发成果转化中的有效手段和重要武器，它能为新药创制指明方向，能将创新成果变成知识资产，能直接推动知识资产的运营升值，也能将知识资产转变为市场竞争优势。

科技工作与知识产权不可割裂

该事件还有一个小插曲。近年来，哈医大一院有关医务人员对该成果国内专利的发明署名权产生争议。该专利在申请和授权时，著录项目中仅列明一名发明人。时隔多年之后，相关科室的医务人员纷纷指称自己曾对该专利技术的创造作出重要贡献，应享有发明署名权。该官司一直打到黑龙江省高级人民法院，至今尚未判决。

科技工作和知识产权本应相互关联，相互支撑：科技研发依托知识产权信息提高效率和针对性；科技成果需要转化为恰当的知识产权，一方面对成果加以有效保护，另一方面助推成果增值；而当科技成果进行产业化的时候，知识产权风险亦是必须考虑的要素。一旦二者之间断了线，各种各样的问题和麻烦也会随之而来。恰如这一事件中，大至整个科研成果的流失和效益的减损，小至科研人员的署名权，都与科技工作中割裂了知识产权工作休戚相关。只有将科技工作和知识产权工作有机融合起来，扎实缜密地开展知识产权工作，有力支撑和助推科技工作，方为制胜之道。

第二节　推动专利运营良性循环

——从高智发明看科技成果转化中的知识产权分析评议

案例概要

自2008年10月在北京举办开业典礼至今，高智发明一直是科技成果转化的焦点，引起业界广泛关注。有人称之为“创新天使”“创新资本家”，有人称之为“专利海盗”“专利流氓”，惊呼“狼来了”。

时至今日，尽管关于高智发明的争论还在继续，这家成立于2000年的美国公司已经变成一个专利巨人却是不争的事实。目前，高智发明在全球拥有3万~6万件专利，专利储备位列美国公司前五位，世界公司前15位，这些专利绝大多数来自收购，近一半来自美国之外。高智发明成为全球最大的专利“聚合”公司，且拥有至少1276家空壳公司，利用不同模式获得盈利，专利授权收益也超过了20亿美元。

本文通过解读高智发明的发展演变及收购中国高校智力成果的情况，分析知识产权评议在科技成果转化和知识产权商用化中的作用。

“创新天使”来到中国

2008年10月，专门从事发明与发明投资的美国高智发明公司（Intellectual Ventures，以下简称“高智发明”）在北京举办了中国区开业典礼。高智发明的创始人兼首席执行官纳森·梅尔沃德（Nathan Myhrvold）、创始人兼首席技术官荣格（Edward Jung）一起出席典礼并发表演讲。同时，来自政府、知名院校、科研机构和科技企业的众多学者、嘉宾共聚一堂，相互交流、探讨发明产

业的智慧。❶

高智发明成立于2000年，总部位于美国华盛顿州的贝尔维尤。从2003年开始，一直积极从事发明和与发明相关的投资业务，在世界各地拥有超过700名雇员，包括计算机科学家、物理学家、生物学家、数学家、工程师、风险投资家、专利律师以及金融、商务等专业人士。高智发明的资本来自机构与个人投资者，包括许多财富500强企业、大学基金会等。此外，高智发明还邀请到微软、英特尔、苹果、索尼和诺基亚等许多绩优股公司做投资方。

在官方网站上，高智发明如此描绘："发明代表了商业价值链中至关重要的一环……我们坚信，如果我们只专注于发明，那么就发明这个环节，我们就能比价值链中较为接近的产品设计或开发公司做得更好……在高智发明，我们将赋予当代潜在的贝尔、爱迪生们从事专业发明的机会，并提供了一种给予发明家相对公平回报的手段。我们与公司内外的发明家一道工作——并为富有创造力的科学家和工程师们所做的发明创新赋予了一个专业的商业化途径。我们相信，如果能给予发明家一种纯粹依靠发明就足以谋生的途径，就能点燃发明创新的火焰，最终将更有力地推动技术进步和社会进步。在过去，发明家可以被统计局列为一个正式的职业，贝尔和爱迪生这样的人能够靠专业从事发明而谋生。现在，我们希望通过资助发明，来提供一种新的手段和机会，来孕育属于我们这个时代的发明精英。"❷

2007年9月，高智发明设立发明开发基金（IDF），开启了亚洲业务，在日本、韩国、中国、印度等国建立了分支机构，并在新加坡设立了地区总部。每个国家的分公司都在寻找本国的发明家，来共同开发关键技术领域的发明创新。高智发明认为，自己的使命是推动"发明型经济"和保护发明人，针对目前中国市场存在的国际专利申请资金短缺、申请困难、专利成果转化率低下等问题，提

❶ 新浪科技. 高智发明正式进入中国［EB/OL］.（2008-10-14）［2012-10-03］. http://tech.sina.com.cn/d/2008-10-14/13192508310.shtml.

❷ 参见：http://www.intellectualventures.com/index.php/china.

供一个专业化、国际化的技术商业化平台，使得发明单位可以拥有更多的各国专利，节省相关专利申请和转移成本，并最终获得经济收益。同时，该平台还可通过引导发明者了解市场需要，不断激发新发明创造的诞生。

高智发明的到来，似乎让致力于科技成果转化和知识产权商用化的中国业界眼前一亮，俨然一个创新天使和创意资本家的形象跃然眼前。

被质疑是“专利海盗”

然而，就在有人认为高智发明的到来推动了中国的科技成果转化，以全新的知识产权商业模式创新引领了知识产权商用化市场的发展，称之为“创新天使”“创新资本家”的同时，还有人将之称为“专利海盗”“专利流氓”，认为高智发明没有创新，不直接参与研发和生产，只是利用在我国购买的技术创意或专利，进行专利组合和布局，转而向我国企业索要专利使用费，将会导致我国知识产权流失和产业的被动，惊呼“狼来了”。

对于“专利海盗”的质疑，纳森·梅尔沃德曾在《哈佛商业评论》上为自己辩解，认为“公司长期以来一直被误解，我们只是在风险资本市场为发明创造等创建一个资本市场”，“我们从没有为了保护我们的知识产权而起诉任何人，当然我不排除这种可能性，只是我认为它不是一宗划算的买卖，因为诉讼昂贵，不可预知而且耗费时间……”

纳森·梅尔沃德话音刚落，2010 年 12 月，高智发明即向美国地区法院提起诉讼，状告赛门铁克等九家科技企业侵犯其专利权。[1] 这是该公司成立 10 年来第一次提起诉讼。在其后的 11 个月，高智发明又陆续发起了六起专利侵权诉讼案，被诉方包括摩托罗拉等专利巨头，《华尔街日报》形容其“令部分科技公司胆寒”。密集的专利诉讼与收购背后，以专利许可、转让、经营为核心的知识产

[1] 这起发生在特拉华州的针对 9 家公司的诉讼涉及三个领域：软件安全、闪存存储以及现场可遍门阵列，涉案的著名被告包括 McAfee、Symantec、Trend Micro、Check Point Software Technologies、Hynix Semiconductor、Elpida Memory、Altera，Lattice Semiconductor 和 Microsemi。

权运营业务正在发生着深刻变化。❶ 三星、LG 电子、黑莓、镁光科技、英伟达、SAP、HTC、泛泰、美国运通、伟创资通、中华映管等一批公司纷纷向高智发明交纳专利许可费。

2011 年 1 月，美国颇具权威的专利海盗跟踪和调查机构 Patent Freedom 发布了一份关于非专利实施主体（Non - Practicing Entities，NPE）的统计报告，指出高智发明专利持有量高居美国 380 家“专利海盗”榜首。2012 年 1 月，汤姆·尤因和罗宾·菲尔德曼经过四年的跟踪式调查，在《斯坦福大学科技法评论》上发表了题为《我们中的巨人》的研究报告。❷ 报告指出，截至 2011 年 5 月，高智发明在全球至少拥有 3 万 ~ 6 万件专利，专利储备位列美国公司前五位，世界公司前 15 位，这些专利绝大多数来自收购，近一半来自美国之外。高智发明拥有至少 1276 家空壳公司，其拥有的专利被分配到不同空壳公司、利用不同模式获得盈利。据了解，高智发明已经获得超过 20 亿美元的专利授权费。

2012 年 5 月，纳森·梅尔沃德再次对高智发明的定位进行了辩护，对于高智发明将起诉其他公司获取专利费作为主要商业模式的质疑，纳森·梅尔沃德承认：“肯定的，我们会起诉一些人。”一时间，高智发明成为硅谷“最让人讨厌的”科技公司，被称为全球最恐怖的“黑帮企业”。这个“海盗”几乎让世界各国谈之色变。据韩联社报道，2012 年韩国信息通信企业向外国支付的专利费用估计约达 10 万亿韩元（约合人民币 583 亿元），其中，向 NPE 支付的专利费占比非常大，而高智发明就通过 3G 专利诉讼案从韩国企业赚取了 1 万亿韩元以上，InterDigital、Rambus 等其他专利公司也赚取上千亿韩元。❸

---

❶ 贺涛. 专利挖掘者 [EB/OL]. (2011 - 11 - 07) [2012 - 10 - 16]. http://tech.hexun.com/2011 - 11 - 07/134968349.html.

❷ Tom Ewing &Robin Feldman: The Giants Among Us, Stanford Technology Law Review, 2012 REV. 1. [R/OL]. [2013 - 4 - 28]. http://stlr.stanford.edu/pdf/feldman - giants - among - us.pdf.

❸ 韩联社：三星、LG 等韩企去年向海外支付 10 万亿韩元专利费 [EB/OL]. (2013 - 01 - 23) [2013 - 01 - 26]. http://chinese.yonhapnews.co.kr/domestic/2013/01/23/0403000000ACK20130123001000881.HTML.

高智发明抢滩中国高校

在全球，高智发明声称它和400多家大学都有联系。在进入中国的几年时间里，高智发明不断将触角伸向最有可能挖掘出优秀发明者的中国高校和科研院所，当前我国至少已有20多所高校与高智发明建立合作。在举办学术报告、专题讲座和洽谈会等初步接触后，众多高校与高智发明以设立“国际发明联合创新基金”“国际发明合作计划”等特别项目的形式开展合作。例如，2010年1月，华东理工大学与高智发明达成合作协议，双方合作实施“国际发明联合创新基金”项目，以鼓励相关教师面向前沿需求进行创新发明。2010年3月，上海交通大学与高智发明合作，共同实施“联合创新基金”项目。

在高校与高智发明的合作中，每年会设定若干面向国际市场、围绕技术前沿的发明创新研究主题，从申报基金的高校教师中进行挑选，予以资助，平均资助额度为一年3万~5万美元。项目完成后，高智发明会帮助申请国际专利，申请专利环节发生的费用全部由高智发明负担，专利权由原单位持有，高智发明则取得该发明全球独占的专利许可权作为投资回报。

对于高智发明资助产生的专利，高校可在独立开展科研和产业应用时免费使用，但不能与其他公司合作使用。当一件专利申请成功，高智发明会将其和很多相关专利放在一起，形成专利组合整体对外授权。一件专利按其贡献所核算出的收益，66%作为创意基金的收入，而高校则与高智发明平分剩下的部分，高智发明承诺从所获得的收益中向原单位支付约17%的分成。

在我国，高校的科研经费超过60%是来自国家财政，2010年，我国高校的940.3亿元科技经费中，政府投入为565.5亿元，占60.1%。[1] 对于高校利用国家财政资金进行研究的项目，在马上就要产生成果的时候，这类国外职业专利买家的介入，难免有“摘果子”之嫌。虽然目前还很难预计高智发明这类非专

[1] 教育部科技发展中心. 中国高校知识产权报告（2010）[M]. 北京：清华大学出版社，2012.

利实施主体会对我国产业发展带来怎样的影响，但类似公司的“创意资本”活动有很大可能使我国的知识产权和国有资产流失却是不争的事实。加强管理和规范，保障我国技术和经济安全势在必行。

近年来，国家一直加强对高校知识产权工作的指导和管理力度，出台了《高等学校知识产权保护管理规定》《关于进一步加强高等学校知识产权工作的若干意见》等一系列政策文件，对于指导我国高校知识产权工作起到了很好的导向和规范作用，我国高校的知识产权意识明显提升，专利申请量和授权量呈现快速增长态势，越来越多的科技成果以专利的形式体现，拥有自主知识产权的技术正在逐步成为技术转移的重要对象。

尽管专利申请和研发投入逐年增加，但我国高校的研发活动与市场结合不够紧密，未带来专利收益的实质增加。相反，由于我国高校专利技术和市场应用脱离，高校专利转化动力不足，专利质量和转化率反而呈下降趋势，呈现出“投入多、成果多、转化少、效益低”的现象。在此背景下，高智发明等借机切入，与我国高校相关部门接触，洽谈收购和资助事宜。虽然我国高校专利工作者普遍持慎重态度，但由于我国高校专利管理制度不完善，缺乏有效监管，仍然无法阻止教师个人出售技术和创意的行为，从而为这类公司低价收购相关知识产权留下了可乘之机。

分析评议推动成果合理合法转化

针对高智发明等非专利实施主体抢滩我国高校收购专利的行为，一方面有必要加强监管和规范，规范高校与国外机构的专利转让和交易行为，另一方面也要积极推动自有知识产权和科技成果的有效转化。在这一过程中开展知识产权分析评议工作，能够为项目管理机构和高校知识产权管理部门提供决策指导和参考，促进科技成果合理合法转化。

知识产权分析评议工作可以发挥如下作用：

第一，可以明确哪些知识产权可以转让，哪些涉及国家安全、国家利益和重大社会公共利益的不能对外转让。既尊重了项目承担者的知识产权，又对其转让进行必要的审查，有利于维护国家经济安全和保障产业利益。

第二，能够甄别哪些知识产权与国家财政投入有关，哪些知识产权高校能自主处置，同时还能就交易对象进行分析，选择各方面都合适且合理的交易对象，避免自主知识产权流失，防止重要技术成果外漏，进而强化高校对技术交易和成果转化的规范操作与风险防范。

第三，能够合理评估高校自有知识产权的价值和市场应用前景，避免高校智力成果价值被低估与矮化，确保成果转化物有所值。

第三节　科技成果转化中的知识产权分析评议要点

科技成果转化是将创新成果转化为有市场竞争力的产品或通过商业化运作直接获取市场收益的行为。知识产权分析评议能够发挥作用的典型情形有三种：第一种情形是政府部门给予定向支持的转化活动，需要确定支持的领域方向和对象；第二种情形是市场主体以获取创新成果的市场收益为目的、采取灵活多样的商业模式进行转化的情况；第三种情形涉及政府对国有知识产权资产转化活动的管理。

情形一：政府部门支持下的科技成果转化

政府在规划和审批科技成果转化项目时，知识产权分析评议的重点应关注转化支持的方向和重点领域、成果转化实施者的知识产权基础及实力、成果转化行为可能带来的知识产权风险、成果转化项目所依知识产权和技术的成熟度和价值等，以便有效配置资源，引导产业发展。具体的分析评议内容可包括：

- 辅助立项。分析本区域的技术和知识产权优势，并基于区域政策着重发展的产业领域，选择着力支持的方向和领域范围，形成项目申报指南。

- 申报项目的知识产权保护完善程度评价。主要评价专利、商标、著作权和商业秘密保护对特定技术或产品的严密程度，相互间的内容是否匹配，有无缺项漏项，区域布局是否合理，专利权利要求是否存在保护范围瑕疵等。

- 申报项目的技术产业化前景评议。主要评价技术的先进性、可替代性、技术成熟度和完善性、转化可实现性、市场接受度等。对市场上同类产品的技术进行解析，评价该技术是否具有竞争优势，可替代性如何，分析本项目的技术优势，预估市场价值和市场接受度；判断技术组合是否完整，还需要哪些配套技术，以及配套技术是否需要获得他人许可。

- 申报项目的知识产权风险评议。评价科技成果是否拥有合理的知识产权保护措施；知识产权是否存在权属纠纷；知识产权的稳定性如何，是否存在无效可能，或本身不可实施；相关知识产权是否正被请求宣告无效和卷入诉讼，前景如何，是否形成有效应对措施；权利实施是否依赖于其他方的许可；知识产权上是否设置了其他权利（如担保等）；是否存在在先合同限制等。

- 申报方自主创新能力评议。主要目的在于遴选有实力的项目实施者，确保资源投入科学有效。包括：知识产权管理的体系性和完善程度、研发投入增长情况、技术储备情况、发明团队能力状况、技术标准制定参与情况、技术优势情况、品牌构筑情况、企业知识产权产出效率和质量、知识产权的稳定性、技术秘密的先进性情况、知识产权保护强度、知识产权许可收益情况、由知识产权带来的客户议价权增强、知识产权相关产品的市场份额等情况。根据上述情况选出最具市场竞争力的实施者。

- 项目成果验收评议。通过科技成果转化项目的验收评议，评价科技成果是否成功转化、形成了多少经济效益、在这个过程中增加了多少新的知识产权。

接受政府资助的成果转化实施者除应配合管理部门需要完成知识产权信息披露外，还应关注以下方面的知识产权评议：

- 技术可实施性评议。对知识产权技术的先进性、完整性和可实现性进行评估，确定现有科技成果转化的难点、重点，及时完善实施方案。

- 技术再开发评议。基于现有科技成果的成熟度和完善性评价，查缺补漏，形成新的技术开发计划，并利用专利信息分析支持计划的具体实施。

- 技术合作评议。在需要合作研发配套技术的情况下，寻找合适的技术合作开发对象，商定有效的技术合作开发方案和合理的权益分配方案，并充分利用信息分析支持科技研发活动的开展。

情形二：市场主体以获取创新成果的市场收益为目的、采取灵活多样的商业模式进行转化的情况

该情形下科技成果转化的知识产权评议既可针对已形成了初步知识产权布局的技术储备，也可针对创新过程中新形成的技术成果。前者涉及技术转让、许可、运营、作价入股等，范围广泛，模式多样；后者主要是创新主体以市场应用为导向、对自身创新成果加以运用的设计布局。知识产权分析评议内容可包括：

1. 针对存量技术及相关知识产权

• 根据企业产品市场策略，选定用于转化目的的技术及知识产权范围。

• 评价知识产权保护的完善程度。主要评价专利、商标、著作权和商业秘密保护对特定技术或产品的严密程度，相互间的内容是否匹配，有无缺项漏项，区域布局是否合理，专利权利要求是否存在保护范围瑕疵导致对产品保护不力等。

• 知识产权侵权和违约风险。评价针对科技成果的知识产权保护措施是否合理和完善；知识产权是否存在权属纠纷；知识产权的稳定性如何，是否存在无效可能，或本身不可实施；相关知识产权是否正被请求宣告无效和卷入诉讼，前景如何，是否形成有效应对措施；权利实施是否依赖于其他方的许可；知识产权上是否设置了其他权利（如担保等）；是否存在在先合同限制等。

• 技术的产业化可能性。评价技术是否完整，还需要哪些配套技术；若采用配套技术，是否需要获得他人许可；如需进行完善性创新，则需通过专利态势分析预估创新方向、获取创新启示，或者寻找创新合作伙伴。

• 市场价值和接受度。对市场上同类主流产品的技术进行解析，评价该技术是否具有竞争优势，可替代性如何；评价自身技术的优势，预估市场价值和市场接受度。

• 知识产权转化模式。基于自身产业化实力和市场竞争策略，确定知识产权转化模式，包括是自行实施转化，还是将知识产权打包向外许可，或是知识产权合作开发，或是将知识产权作价入股，或者引入技术标准等。若选择向外许可，则需确定是自行向外许可还是委托专业机构实施，以及选择哪个专业机构帮助实施、利益如何分配等；若选择合作开发，则需评估已有知识产权的价值，设计利益分配模式，确定新形成知识产权的权利归属和使用限制等；若选择作价入股，需评估知识产权价值等；确定是否将知识产权引入国际标准、国家标准，或通过组建联盟形成行业事实性标准加以推广。

2. 针对创新过程中形成的创新成果

知识产权评议内容除以下要点外，其余与上一种情况类似：

- 制定知识产权保护策略并予以实施。考量因素包括：该技术对他人知识产权的依赖性，即该技术的实施是否需要获得他人许可；根据产品市场策略确定知识产权保护策略，包括地域范围、保护类型和保护时机等；与发明人协商权利义务关系等。

情形三：国有知识产权转化过程中的资产管理

该情形下，知识产权评议的作用在于甄别资产范围和价值评估的合理性审查。

- 审查是否属于国有资产范围。主要甄别知识产权是否由国家财政投入形成，哪些可以自行处置，哪些需要向主管部门报批。
- 审查知识产权是否属于《技术进出口管理条例》禁止出口的范畴。
- 审查国家财政投入形成的知识产权是否被明显低估价值，或被隐匿。

第十一章　政府投资

本章导读：

微硬盘难圆大梦想，兵败知识产权节节溃败

微硬盘项目一度承载着在三五年内达到1000亿美元产值的期待。然而，在政府投资引入项目之时，却忽视了项目的知识产权风险，当竞争对手以知识产权相逼之时，企业也未能清晰地判断形势并加以应对。最终，官司溃败，企业倒闭。激情与梦想化为空中楼阁，与之一起灰飞烟灭的，还有总计约20亿元的巨额投资。

光伏产业大起大落，没有自主知识产权立易行难

过去10年，中国光伏产业缔造了一个神话，产业基地遍地开花，产能趋近全球总需求。然而，在产业发展过程中忽视了对发展态势和研发方向的科学分析，也没有对技术和知识产权风险的充分分析评议，使得投资似一场赌局，也使得整个产业缺少自主知识产权，因附加值低而始终游走在微笑曲线的底端。最终，苦果一一显现，自2011年起，整个光伏产业产能严重过剩、利润一薄再薄，“301调查”“双反调查”“337调查”和专利侵权诉讼等一并袭来，最终导致很多企业破产，产业发展受阻。

第一节 南方汇通兵败微硬盘

——从微硬盘事件看政府投资中的知识产权分析评议

案例概要

微硬盘项目，一度是贵州的光荣与梦想。它身上曾寄托了在三五年内达到1000亿美元产值的期待。然而，随着2006年6月2日美国加利福尼亚地方法院圣何塞分院判定汇通世华侵犯日立环储专利权，并永久禁止其在美国从事相关销售行为，汇通世华被迫关门。与空中楼阁一起灰飞烟灭的，不仅是激情与梦想，还有总计约20亿元的巨额投资。对项目事前、事中以及事后风险控制的缺失，在微硬盘项目上一览无余。缺少知识产权评议机制，对微硬盘项目的知识产权风险估计不足，是项目失败的重要原因。

微硬盘的大梦想

微硬盘（Microdrive）是一款超级迷你硬盘机产品。但凡提到IT行业的网络终端产品，均不可避免地要涉及如何研发并生产出体量轻薄、便于移动，同时又具有较高存储量的产品。由于能够广泛应用于MP3、数码相机、智能手机和掌上电脑等多种类产品，微硬盘技术在电子行业尖端科技领域曾一度成为企业激烈竞争的热门技术。

微硬盘发展初期，全球领先的微硬盘厂商分别为IBM、东芝、希捷，以及日立环球存储科技（以下简称“日立环储”）。2001年底，在闪存的储量一般只能做到16MB时，IBM首次发布的1英寸微硬盘容量就达到了340MB。该类产品的单位容量价格极具竞争力，希捷、东芝及众多的小创业公司都开始跟进开发，最多时声称研发1英寸微硬盘的公司达到上百家。

很快，来自中国台湾的“硬盘狂人”朱宝麒带着微硬盘项目来到了中国，锁定了贵州，随之而来的还有其为微硬盘项目在当地发展勾画出的一幅辉煌前景：在三五年内，通过创新知识经济计划，在贵阳建成上百万人的科技产业区！10年内实现1000亿美元高科技产值！最保守的估计建成年产360万台微硬盘生产线，并迅即达到年产1000万台的目标！❶ 高科技项目、美好的发展前景，深深打动了这个身处云贵高原的欠发达省份，并寄托了将当地带入知识驱动型经济的长远期待。

随后，朱宝麒的微硬盘项目进入了紧锣密鼓的筹备和实施阶段。2002年2月，朱宝麒连同在美国硅谷硬盘界颇受尊重的苏宗祥共同创立了美国磁源公司（Riospring，以下简称“磁源公司”）❷。此前，苏宗祥刚刚离开了亲手创建的微星（Microstor）公司❸。2002年8月，南方汇通微硬盘科技股份有限公司（以下简称“汇通微硬盘”）成立❹，朱宝麒任总裁。

2003年2月，汇通微硬盘的第一块1英寸硬盘下线；两个月后，容量为2.4GB的1英寸微硬盘开始“量产”（实际上当月产量仅为173片）。当时朱宝麒曾声称：“已经接到大批国际订单，超过70万片，金额达8000万美元。”这是当时日立环储之外的全球第二家1英寸微硬盘厂商。汇通微硬盘还自豪地宣布，1英寸作为进入量产的最小硬盘，已经被收录至《吉尼斯世界纪录》。❺

在完成1英寸微硬盘生产后，朱宝麒一方面将目光投向了市场前景更好的

---

❶ 赵剑飞，历志钢，李昕．兵败微硬盘［J］．财经杂志，2006（19）：36.

❷ 苏宗祥任总裁，朱宝麒出现在董事名单之中。

❸ 微星（Microstor）公司2000年7月设立于美国加利福尼亚州，是最早跟进研发1英寸微硬盘的公司之一；中国台湾光盘生产商铼德科技持股97%，苏宗祥是公司创始人兼CEO。

❹ 南方汇通微硬盘科技股份有限公司全部现金出资均来自贵州当地企业，其中南方汇通股份有限公司（以下简称“南方汇通”）投资8134万元，持股49%；贵州省基本建设投资公司以自有资金（现金）3320万元入股，占20%（后转由贵州世华数码创业投资有限公司持有）；华企投资有限公司投资800万元，持股5%（后转由贵州汇通实业投资有限公司持有）；贵阳高新天信新技术发展有限公司投资166万元，持股1%。

❺ 赵剑飞，历志钢，李昕．兵败微硬盘［J］．财经杂志，2006（19）：36.

1.8 英寸硬盘，一方面则开始了一系列融资重组的过程。2003 年 6 月，国有企业资产出资 2.7 亿元成立了贵州世华数码创业投资有限公司（以下简称“世华创投”）；8 月，世华创投持股 75% 成立贵州世华微硬盘科技有限公司（以下简称“世华微硬盘”），专攻 1.8 英寸微硬盘项目，其中磁源公司以 1.8 英寸硬盘生产技术作价高达 4145 万美元并入股 25%；2004 年 3 月，世华微硬盘收购汇通微硬盘 95% 的股份，更名为贵州南方汇通世华微硬盘有限公司；8 月，地方政府主导并推动南方汇通世华和世华微硬盘完成合并重组，合并后的新公司叫南方汇通世华微硬盘公司（以下简称“汇通世华”），南方汇通持股 36.4%，世华创投持股 36.39%，磁源公司持股 25%。❶

一系列的融资重组过程使得微硬盘项目资本翻番，注册资本高达 10 340 万美元。这其中很大一部分是国有资本，而来自美国的磁源公司则基本都是技术作价入股。另一方面，在朱宝麒的公司不断融资合并的同时，微硬盘项目也先后获得 6 笔国家项目拨款，如电子信息基金、高技术产业化示范工程、“863”引导项目支持、出口产品研发基金支持等。微硬盘项目，已经刻上了不小的“国有”烙印。

兵败知识产权纠纷

事实上，在微硬盘项目启动与运作之初，也确实给贵州带来了以高科技促增长的希望。由于产品的成本低廉，汇通世华生产的微硬盘颇具竞争力。在 2004 年举办的高科技成果交易会上，汇通世华获得了超过 3.5 亿美元的微硬盘预订合同，合同实签金额 1.88 亿美元。❷

但是，现实并未一直沿着期许走下去，知识产权问题成为微硬盘前进路上的“拦路虎”。

先是知识产权缺失，项目发展举步维艰。

❶ 赵剑飞，历志钢，李昕．兵败微硬盘［J］．财经杂志，2006（19）：36．
❷ 雷中辉．日立“争议性”专利指控：南方汇通美国涉案［N］．21 世纪经济报道，2005－01－06．

将集聚在磁源公司的硅谷技术团队拥有的微硬盘技术带入贵州，本是项目的核心竞争力所在，也是当初打动地方政府的极为重要的一块敲门砖。然而，磁源公司最早用于技术入股汇通微硬盘的，仅仅是1英寸1GB硬盘技术。到了2003年，由于容量太小，这一技术实际上已经过时。而作为高价入股的1.8英寸硬盘专有技术，磁源公司事实上根本没有掌握“自主知识产权”，由始至终都未能通过研发完成完整的产品化。直至2006年7月停工，贵州的微硬盘厂房也没有出产过一块1.8英寸硬盘。❶

再是知识产权纠纷压力巨大，项目发展四面楚歌。

2002年4月，IBM持续其退出制造业的既定策略，以20.5亿美元的价格，将全部硬盘业务及所有专利转入新成立的日立环储，日立环储的专利储备由此更强。在贵州的微硬盘项目刚刚启动之时，日立环储便找上门来，手持5000余件硬盘专利，索要高额专利费。

2003年10月起，汇通微硬盘与日立环储展开专利谈判。为降低对方要价，企业内有人建议大量申请专利，通过交叉许可降低专利费用。随后，磁源公司在美国陆续提起了17件专利申请；2004年起更是成批申请专利，申请数量达到80多件。然而这一策略却未能贯穿始终，此后双方谈判时断时续。2004年重组汇通世华后，企业的策略更加模糊，时而延续汇通微硬盘时期迅速增加专利申请形成对抗筹码的策略，时而又因有大量国资的注入期待通过政府层面与日立环储沟通来解决专利问题。

2004年12月，日立环储以4件专利侵权为由，在美国加州起诉汇通微硬盘、汇通世华和磁源公司，控告3家公司侵犯了其硬盘机的多件产品专利权。❷

---

❶ 赵剑飞，历志钢，李昕．兵败微硬盘［J］．财经杂志，2006（19）：36.

❷ 在起诉书中，日立环储确认有4件专利被汇通微硬盘及关联公司侵权，涉案专利的详细情况如下：①美国专利5210660号，1993年5月11日授权，发明名称为“Sectored Servo Independent of Data Architecture”；②美国专利5440474号，1995年8月8日授权，发明名称为“Magnetic Recording Disk With Equally-Spaced Servo Sectors Extending Across Multiple Data Bands”；③美国专利5615190号，1997年3月25日授权，发明名称为“Fixed-Block Architecture Embedded Servo Disk Drive Without Data Identification (ID) Regions”；④美国专利5500848号，1996年3月19日授权，发明名称为“Sector Servo Data Recording Disk Having Data Regions Without Identification (ID) Fields”。

在诉讼请求中，日立环储要求汇通微硬盘及其关联公司赔偿经济损失，并且要求法院下达禁止令，禁止其在美国生产、使用、进口、销售和转售侵犯其专利权的产品。面对指控，汇通世华等选择了无侵权辩护，称其所生产的微硬盘采用的是享有自主知识产权的技术，并没有侵犯日立环储的专利权。此后，该案件提交美国加州北部地区地方法院进行审理。

专利诉讼的同时，双方的谈判仍未终止。2005 年 8 月，双方一度达成和解意向：中方一次性支付 500 万美元，作为此前生产的微硬盘专利授权费，未来则按比例依据产量收取。后来，日方又一度同意只要先付 200 万美元，即可签署和解协议。

然而，2005 年 10 月开始，汇通微硬盘、汇通世华和磁源公司 3 名被告突然销声匿迹了。从那时起，美国法院发出的文件都石沉大海，再也没有得到任何回音。1 个月后，被告律师以无法沟通为由，申请停止代理身份。此后这场讼案便只剩下原告日立环储一方。2006 年 6 月，美国加州北部地方法院圣何塞分院作出缺席判决，3 名被告全数赔偿原告提出的损失 2360 万美元，并被永久禁止在美国的硬盘市场上从事任何形式的营销、销售和分销活动。

随着美国法院一纸判决的生效，2006 年 7 月，汇通世华这个地处云贵高原的高科技工厂，在靠存货周转了 9 个月之后，最终关上了大门。总裁朱宝麒早已向公司董事会递交辞职书，虽未获得董事会通过，仍然挂冠而去。另一宗诉讼仍然在等待着苏宗祥。台湾铼德科技及微星公司于 2005 年 4 月在加州起诉磁源公司和苏宗祥本人，指控其盗窃商业机密和不正当竞争，将属于微星公司的部件设计和磁盘组装技术带到汇通世华。

2006 年 8 月，《贵州日报》发表文章称："截至 2005 年末，农、建、交、商四家商业银行共向贵州微硬盘公司累计发放贷款 11.75 亿元，产生不良贷款 8.7 亿元。"微硬盘项目开工前后 3 年有余，总产量总计 146 万台，没有 1 个月的产量达到过 30 万台。地方为这一项目合计投入约 20 亿元，而该项目 2003 年、2004 年、2005 年合计销售额不到 10 亿元，仅 2005 年一年即亏损 5 亿多元，2006年上半年又续亏8000余万元。整个项目已经资不抵债1亿余元，投资已经有去无回，还造成8.7亿元银行不良贷款，这还未计算美国法院已经作出判决的2360万美元的专利赔偿。❶

缺少分析评议，风险失控

近年来，各地政府通过银行贷款、土地、税收等多种途径吸引高新技术项目落地本区，借以带动产业结构升级。在政府大量投资的过程中，应当关注知识产权风险并加以防控。以贵州微硬盘为代表的多个事件表明，对项目事前、事中以及事后知识产权风险防控的缺失，导致很多项目落地后不能产生经济效益、带来法律纠纷或成为政府负担，甚至如贵州的微硬盘项目一样最终全军覆没，前期投入全部都打了水漂。

知识产权分析评议恰是实现知识产权风险防控的有力手段。在贵州微硬盘项目中，知识产权分析评议工作显然由始至终都是缺失的。

第一，一个项目到一个地方，却在项目引进之时缺少了对全球硬盘业技术格局和知识产权态势的分析评议。微硬盘技术发展到什么阶段？当前的主流技术和未来的技术发展趋势如何？先进技术掌握在谁的手中？是否存在技术壁垒？是否还有值得攻坚的技术空白点？这些问题都是高科技项目发展中无法回避的关键要素，关乎成败。政府在支持项目发展前应当重点分析评议和考量，而不应仅靠朱宝麒一家之言即可尘埃落定。事实上，在引进微硬盘项目之时，当地也曾有人建议，“花个几十万”，做一个详尽的调查，对该项目的技术、市场、发展前景等进行考察，了解全球硬盘业格局形势，再作决定。可惜的是这一建议报上去后，并无回音。❷

第二，一个技术带一个项目，却在多次技术作价入股时都缺少了对朱宝麒和磁源公司的“先进技术”和“自主知识产权”的分析评议。磁源公司拥有的仅

❶❷ 赵剑飞，历志钢，李昕．兵败微硬盘［J］．财经杂志，2006（19）：36.

仅是1英寸1GB微硬盘的技术，这样的技术真的足够先进吗？磁源公司所拥有的专利有多少、范围有多大？足够支撑朱宝麒为贵州微硬盘规划的美好愿景吗？这样的专利技术真的价值4000余万美元吗？对这些问题的判断近则关乎作价几何，远则关乎项目前景，属于基础性工作，却在微硬盘事件中全部被忽视了。投资方未加以任何评估，始终由朱宝麒方面“一家之言”，单方主导。

第三，一个人才撑一个技术，却对人才的来龙去脉未做任何分析评议，全然不顾其可有风险、价值几何。苏宗祥在美国微星公司长时间主持研发1英寸硬盘后快速离职创办磁源公司，随即以技术入股汇通微硬盘和汇通世华。时间之短意味着几乎不可能有创新性的研发，苏宗祥注入汇通微硬盘的技术很有可能是在微星公司期间的研发成果，无论是技术秘密还是职务发明，引发知识产权纠纷的可能性极高。再者，开发一个硬盘产品，从开发认证软件、机构设计到测试和其他研究项目，需要六七十人，而苏宗祥在美国的研发团队仅有60余人，同时研发1英寸和1.8英寸硬盘“是根本不可能的”，也就是说，苏宗祥的团队仅仅拥有1英寸硬盘技术，这也是为什么直至2006年停工，贵州的微硬盘厂房也没有出产过一块1.8英寸硬盘的根本原因。

第四，一个企业做一个产品，却对产品的专利侵权风险全然不知，出现纠纷后也未能准确判断形势、加以应对，一再错过挽回的机会。产品投产之时，日立环储持有IBM硬盘部门及其自身多年研发成果，手握5000余件专利，在硬盘技术领域进行了悉心的专利布局，分析评议的缺失使汇通方面并不了解这个随时可能带来致命一击的强大竞争对手。当日立环储以大量专利施压之时，这5000件专利全部有效吗？全部与自己的产品息息相关吗？分析评议的缺失使汇通方面依然没有看懂对手布下的复杂棋局。当日立环储以几件核心专利发起诉讼时，这几件专利的保护范围如何？几件专利有被宣告无效的可能吗？产品与其专利对比真的侵权吗？分析评议的缺失使汇通方面应对无策。当在专利诉讼过程中日立环储一度同意只需先支付200万美元即可签署和解协议之时，汇通方面依然没有分析评议怎样的选择能够让企业生存和发展下去。当企业一而再、再而三地错过了通过分析评议防控风险的时机，风险也就最终变成了无可挽回的败局。

引入知识产权分析评议机制

贵州微硬盘项目发生在高新技术产业国际转移的大背景下。承接国际高新技术转移，不仅可以增加产值和就业、改善地区产业结构，还能为地方政府赢得政绩，本是一举多得的好事。但是，当前的竞争已经超越国境、跨越区域，知识产权成为决定成败的竞争武器。如果在政府投资项目之时未能充分重视知识产权分析评议，及时发现并有效规避知识产权风险，那么类似贵州微硬盘的失败案例也还会继续上演，再吞苦果也就在所难免。在政府投资中引入知识产权分析评议机制呼之欲出。

贵州省政府2006年12月在全国率先印发了《贵州省人民政府办公厅关于印发贵州省重大经济活动知识产权特别审查机制（试行）的通知》，这是全国第一份政府在开展重大经济活动时建立知识产权特别审查机制的文件，它在很大程度上受到南方汇通微硬盘案失败的启发。引入重大经济科技活动知识产权分析评议机制，对于科学论证招商引资项目引进的必要性、可行性和先进性，避免重复研究、规避知识产权风险，制定科学的知识产权策略，有重要的推动、促进作用和参考价值。

延伸阅读：重蹈覆辙微硬盘投资事件

朱宝麒在贵州省微硬盘项目宣告全面失败后，转向重庆市。他声称所率领的是“一个硅谷华人科学家团队，掌握着世界领先的微硬盘技术，这一技术可能在三五年内创造上百亿甚至上千亿美元的产值”。朱宝麒这次给重庆画出的美景是一个号称“IT综合功能模块”的项目。该项目的产业链将分为四个部分：核心芯片的研发放在北京，微硬盘基地设在贵阳，成品制造在重庆，以提供娱乐、游戏为主的内容产业放在深圳。通过微硬盘对这四项进行整合，就可以“紧紧抓住消费类电子产品的未来”。

随后，重庆开创投资公司和朱宝麟为首的团队共同投资人民币1亿元，注册成立了重庆禾兴江源科技发展有限公司（以下简称“禾兴江源公司”）。其中，重庆开创投资公司注资9000万元，以朱宝麟为首的一个外方技术团队（MAXSINO公司）注资1000万元。禾兴江源公司一度被认为是重庆高科技企业引资的探索，后该项目总投资扩张到5亿元，其余资金由重庆开创投资公司及重庆市开发投资公司负责担保。

然而此次开发性投资却并未给当地培育出高新技术产业，朱宝麟也未给禾兴江源公司带来任何关键性技术。在此后几年中，禾兴江源公司的重庆生产基地先后生产过一些消费类电子产品，如MP3、MP4，还有一些网络产品，如名为“结构型网络安全系统”的防火墙，甚至为人代工生产手机可记录机顶盒、安全U盘等，但一直未生产出朱宝麟口中的“IT综合功能模块”成品。

第二节　跌落神坛的光伏巨人

——从光伏起落看战略性新兴产业发展中的知识产权分析评议

案例概要

过去十年，中国光伏产业缔造了一个神话。至2011年，全国31个省、自治区、直辖市把光伏产业列为优先扶持发展的战略性新兴产业；600个城市中，有300个城市发展光伏太阳能产业，100多个城市建设了光伏产业基地。中国由此一跃成为世界的光伏工厂，产能趋近全球总需求。

然而自2011年起，产能严重过剩、利润一薄再薄、“301调查”“双反调查”“337调查”和专利侵权诉讼……中国整个光伏产业行情骤然变冷，虚火上升所带来的苦果开始一一显现。内忧外患近乎以摧枯拉朽之势扑面而来，巨额亏损、债务危机、退市压力、宣布破产……

光伏产业亦如同一个缩影。回头去看，光伏产业投资似一场赌局，缺乏对产业发展态势和研发方向的科学分析，也没有对技术和知识产权风险的充分评议，障碍早已埋下。当前，发展战略性新兴产业正在全国各地紧锣密鼓地进行。战略性新兴产业是以科技创新为基础和支撑的产业，发展的关键是核心技术的掌控和核心知识产权的占有。为此，发展战略性新兴产业知识产权先行十分必要，通过知识产权分析评议，正确判断形势、有效避免风险、科学合理布局，方为制胜之道。

光伏产业的异军突起

有人说，过去10年在中国，如果有一个产业笼罩的光环能与互联网相媲美，那一定是光伏；如果有一个产业的造富能力能与互联网相媲美，那一定是光伏；如果有一个产业吸引资本的能力能与互联网相媲美，那一定是光伏；而如果有一个产业激发地方政府的追逐热情超过了房地产，那一定还是光伏。[1]

无锡尚德太阳能电力股份有限公司（以下简称“尚德”）与江西赛维 LDK 太阳能高科技有限公司（以下简称“赛维”）作为光伏产业中最具代表性的两家企业，曾有着“光伏双雄”的美誉。

2001 年，在澳大利亚留学的施正荣博士回到中国，成立尚德。当时的江苏省无锡市政府敏锐地捕捉到了未来光伏产业的商机，决定通过资金、政府和土地等方面给予光伏技术产业化大力的支持。此前，市政府给予创业项目最大扶持金额为 800 万元人民币，而对于尚德，市政府决定给予 800 万美元。项目落户后，尚德又受到了保姆式的服务，办各类手续一路绿灯，融资等难题也有政府出面协调。[2]

成立之后的尚德，正好赶上了光伏产业发展的黄金时期。为减少二氧化碳排放，一些欧盟国家对光伏发电提供高额补贴，形成了对太阳能电池组件和多晶硅的旺盛需求，刺激光伏产业迅速扩张。尚德借此不断扩大生产制造规模，以无锡为大本营，在全国各地“跑马圈地”建设工厂。2005 年 12 月，尚德在纽约证券交易所成功上市，成为第一个在纽约股票交易市场成功上市的中国民营企业，一时风光无限。2005 ~ 2007 年，尚德销售额从 2 亿美元增加到 13.48 亿美元，利润从 3000 多万美元增加到 1.7 亿美元，跃成为全国第一、全球第四大光伏企业，施正荣更是以 160 亿元的身价登上了中国大陆首富的宝座。[3] 作为明星企业，尚德甚至已经融入无锡的城市精神——“尚德务实，和谐奋进”。

同样应运而生的还有赛维。2005 年，江西省新余市政府出资 2 亿元创办了

---

[1] 周夫荣，戴喆民，邓攀．光伏双雄早衰［J］．中国企业家，2012（20）：42．

[2] 孙洪磊，王坤，郭强，等．探诊光伏内外双重依赖症［N］．经济参考报，2012－11－19（005）．

[3] 樊大彧．谁来拯救无锡尚德［N］．北京青年报，2012－11－05（B5）．

赛维，而当时新余市的财政总收入不过只有18亿元。❶ 2006年4月，赛维投产，7月产能即达到100兆瓦，10月达到200兆瓦，❷ 成为国内产量排名前列的光伏公司，新余也由此成为著名的光伏基地。2007年6月，赛维成功在美国纽约证交所上市，是江西省有史以来第一个在美国上市的企业，也创造了中国企业历史上在美国单一发行最大的一次公开募股。随后，赛维发展成为亚洲最大的太阳能多晶硅片生产企业，总投资超过1000亿元，投资产能达到15万吨。❸

政府深度介入、国有资本搭台、土地及政策优惠扶持、企业上市、随后进一步扩大生产规模……赛维建立发展壮大的模式与尚德如出一辙。

尚德和赛维的成功激励了各地方政府，一时间引来纷纷效仿，“光伏产业基地”“光伏产业园”在全国遍地开花。有数据显示，2009～2011年，全国有31个省、自治区、直辖市把光伏产业列为优先扶持发展的战略性新兴产业；600个城市中，有300个城市发展光伏产业，100多个城市建设了光伏产业基地；❹ 甚至还有不少企业，为了获得煤炭矿产等资源，以投资光伏项目的名义与地方政府做交换。❺

中国也由此一跃成为世界的光伏工厂。2004年起，中国光伏产业连续5年产值年增长率超过100%。2007年起，连续4年光伏电池产量居世界首位。2010年，光伏电池产量超过全球总产量的50%，15家中国光伏企业在美国上市，95%的产品销往海外，产能直逼全球总需求。❻

光伏神话的泡沫破灭

然而，好景不长。

---

❶ 万晓晓．问诊光伏［J］．硅谷，2012（22）：22.

❷ 马哲．江西赛维LDK太阳能高科技有限公司 立足产学研 赛维成就“LDK速度奇迹”［J］．中国科技产业，2009（11）：64.

❸ 江西赛维详细资料［EB/OL］．［2012-12-13］．http：//finance. ifeng. com/company/data/detail/2642. shtml.

❹ 陈述．格局生变，光伏企业如何自救［J］．新财经，2012（4）：96.

❺ 万晓晓．问诊光伏［J］．硅谷，2012（22）：22.

❻ 王斯成．加快启动国内光伏市场，应对国际光伏形势新变化（上）［J］．太阳能，2011（4）：17.

2011 年起，整个中国光伏产业行情骤然变冷，虚火上升所带来的苦果开始一一显现。曾经令人钦羡的巨头骄子们纷纷由高处重重落地，巨额亏损、债务危机、退市压力……陷入了前所未有的困顿。

首先是蜂拥而上、盲目扩张所引起的产能过剩和恶性价格战，这是内忧。

在我国太阳能光伏产量跃居全球第一后，政府的支持、对利润的追逐引发了众多企业和资本的一哄而上。据统计，2008 年我国光伏企业还不足 100 家，而经过几年快速发展，已膨胀至 500 多家。❶ 同一时间，尚德、赛维等行业巨头也马不停蹄地负债扩张，四处建厂。据中国可再生能源学会光伏分会统计，2009 年，中国光伏太阳能电池产量为 4 吉瓦；2010 年达到 8 吉瓦，占世界生产总量的 50%，其中 5 家企业产量居全球前 10 位；2011 年，中国光伏组件的产量占到全球的近 80%；而到了 2012 年，据光伏产业联盟统计，全国光伏总产能已在 40 吉瓦上下，比世界其他国家的总装机量还多。❷光伏产能逐步由短期相对过剩演变为长期绝对过剩。

随着产能过剩而来的，是市场的恶性竞争。中国光伏企业用的设备是相同的，买的原料是相同的，产品的差异化很小，到了市场上为了争夺市场空间，唯一的手段就是价格战，而且还是内战。商务部数据显示，2010 年底，我国出口晶硅组件价格为每瓦 1.7 美元；而到了 2012 年 8 月，已降至 0.7 美元，不到两年时间产品降价幅度接近 60%。❸ 产品价格一跌再跌，企业获利一低再低。2010 年，光伏产业毛利率在 30% 左右；2011 年降到 10% 以下；2012 年上半年，海外上市的中国光伏产业股中，毛利率 1% 以下者比比皆是。❹

一再让利却没有带来任何的好处。中国光伏产业超过 90% 的外销率，为世界提供了廉价的产品，换来的不是赞叹，而是连续不断的纠纷与麻烦。"301 调查"，反倾销、反补贴调查，"337 调查"和专利侵权诉讼……外患接踵而至，

---

❶❷ 孙洪磊，王坤，郭强，等．探诊光伏内外双重依赖症［N］．经济参考报，2012－11－19（005）．
❸ 李双全．防倾销调查将两败俱伤 中国光伏产业亟待升级［N］．证券时报，2012－09－11（A03）．
❹ 梅新育．光伏产业"产能过剩说"须重新审视［N］．国际商报，2012－10－29（A03）．

近乎要以摧枯拉朽之势压倒中国光伏产业的最后一根救命稻草。

2010 年 10 月，美国宣布就中国是否对国内清洁能源行业提供非法补贴进行调查，即“301 调查”。时隔一年，“301 调查”因为“补贴证据缺乏”不了了之。[1]

中国光伏行业刚开始以为打了一个胜仗，但更为猛烈的反倾销和反补贴调查随之而来。2011 年 10 月，德国光伏巨头 Solar World 在美分公司联合其他 6 家美国光伏企业，向美国国际贸易委员会（ITC）和美国商务部提出申请，要求对中国出口的太阳能电池（板）进行双反调查。2012 年 3 月，美国商务部公告称，将对中国光伏企业征收 2.9% ~4.73% 的临时性反补贴税；5 月，再次宣布对中国光伏产品征收 31.14% ~249.96% 的反倾销税率。7 月，欧洲光伏产业联盟 EU ProSun[2] 向欧盟提起对华反倾销调查申请。9 月，欧盟委员会发布公告，决定对中国光伏电池发起反倾销调查。[3] 11 月，印度反倾销局对外宣称决定对来自中国等国家的太阳能电池进行反倾销立案调查。[4]

一时间，人人自危。因为中国的光伏产品 90% 出口海外，其中欧盟市场就占据出口额的 70%，美国市场占 18%。[5] 当国外危机钟声敲响的时候，过度依赖国外市场、依赖出口的中国光伏产业露出脆弱的一面。

打击远不止此。伴随而来的还有美国企业针对中国光伏企业发起的各种专利侵权诉讼、“337 调查”、破产限制购买法令等五花八门的措施。

2011 年 10 月，光伏零部件安装企业 Westinghouse Solar 指控中国光伏企业阿特斯太阳能及另一家美国当地的光伏组件安装公司涉嫌侵犯其专利权，并向 ITC 申请发起“337 调查”，希望在调查结束后颁发排除令和制止令，防

---

[1] 袁瑛．中国光伏或临“灭顶之灾”［N］．南方周末，2011－10－27（C16）．

[2] EU ProSun 是由 SolarWorld 公司牵头 20 家欧洲光伏企业组建的民间组织。

[3] 袁瑛．中国光伏或临“灭顶之灾”［N］．南方周末，2011－10－27（C16）．

[4] 高立萍．印度启动反倾销调查 中国太阳能电池新兴市场遇阻［N］．第一财经日报，2012－11－29（B04）．

[5] 光伏企业的“小算盘”与欧盟委员会的“大图谋”［EB/OL］．（2012－10－08）［2013－01－31］．http：//guangfu.bjx.com.cn/news/20121008/392645.html.

止阿特斯的产品进入美国市场，同时阻止进口和销售此类光伏产品。❶

面对接踵而至近乎毁灭性的打击，中国光伏行业从刚开始的硬撑，到2012年开始出现全面崩溃的迹象。中小企业纷纷倒下，即便是尚德、赛维这样曾经耀眼的龙头企业，也深陷破产危机。2011年，尚德净亏损达10亿美元，负债37亿美元。尚德在纽约证券交易所的股价也由2007年底最高每股86美元一路下跌。2013年3月，尚德正式宣布破产重组。赛维的处境亦是凶险——2012年上半年亏损10.8亿元人民币，负债率高达惊人的93%。据美国投资机构统计数据显示，截至2012年上半年，中国最大的10家光伏企业债务累积超过1100亿元人民币。❷

中国的光伏企业陷入了集体危机，中国的光伏产业似乎已经模糊地看不清楚路在何方……

光伏产业落败的深层次原因

探究光伏产业落败背后的深层次原因，发现均指向两个层面。

首先，是没有“观好局”。

光伏产业是典型的战略性新兴产业，科技创新是产业发展的命脉。做好创新布局和产业分析，观好“技术之局”，观好“产业之局”，知己知彼，大势了然于胸，方为制胜关键。然而，早在2009年的知识产权分析评议即显示，日本在光伏产业技术方面占据主导地位，原创性专利占全球的48.0%，垄断程度很高；产业链上游的原材料和制造加工技术大都掌握在日本、美国、德国等国家手中，这些国家集中了产业发展所需的创新资本。而中国光伏产业的发明专利则集中聚集在产业链中下游的组件、装配领域，而在产业链的上中游的多晶硅制造、晶硅

❶ 高凌云．光伏产业屋漏偏逢连夜雨 多家中国企业或陷美国专利纠纷［N］．南方都市报，2011-10-17（GC05）．

❷ 高凌云．WTO见！中国打响对欧光伏反击战［N］．南方都市报，2012-11-07（GC03）．

电池和薄膜电池等方面几乎没有核心技术的知识产权。[1]技术含量低、产业结构单一等特征早在四年前就显露无疑。显然，我国光伏产业并未考量“核心技术在日本、主要市场在欧美、制造加工在国内”的关键局势，视若无睹地迈出了大跃进的步伐。

产业发展中忽视了知识产权分析评议工作，使得决策者眼前的局面始终模糊。缺乏对全球光伏产业发展态势和技术创新形势的了解，这是没观好别人的局；缺乏对国内产业结构风险的认识，这是没有观好自己的局。盲目投资、盲追增产，希望凭借廉价劳动力资源向具备创新优势的产业高端谋求一席之地，却最终造成了中国光伏产业由短期相对过剩演变为长期绝对过剩、由出口加工利润丰厚到生产越多赔钱越多的境地。

再者，是没有“布好棋”。

先是可用之棋少。我国光伏产业明显呈现“技术空心化”的趋势，产业整体科技含量不高。截至 2009 年 11 月底，我国申请人在国内拥有的有效发明专利仅有 396 件，在国外提出的专利申请仅有 138 件，光伏领域世界排名前列的专利申请人中远不见中国企业。[2]企业核心技术少之又少，专利产品少之又少，知名品牌少之又少。没有自主知识产权的高技术产业亦由此受到了两方面的制约：一在制造设备，在中国几乎找不到国产设备供应商，全是进口货；二在多晶硅材料，国内原材料无法充分供给，外国供应商掌握了优质原材料价格的主导权。这些对于光伏产业这样知识产权密集、发展国际化、产业竞争激烈的战略性新兴产业而言，无疑是扼背扼喉的。

后是步棋水平低。“布好棋”的关键还在于策略化发展。例如，美国意识到 21 世纪以来本国在新能源领域的发明专利申请一直在减少，产业发展和国际竞争乏力。鉴于未来新能源的战略要害地位，美国一方面通过加大贸易壁垒保护本国新能源产业，这是缓兵之计；另一方面则通过实施新能源创新战略引导产业加

---

[1][2] 数据和结论源自国家知识产权局 2009 年专利分析和预警项目《光伏发电专利分析和预警研究报告》。

紧研发核心技术，策略化地布局大量知识产权，意在厚积薄发。反观我国光伏产业，既缺乏整体战略引导，又缺乏市场策略意识，专利的国际化程度非常低，97%的专利都布置在中国境内，专利保护绝大部分与目标市场国无关，这样的高技术产业立易行难。

光伏产业一路走来，没有知识产权支撑，产业发展面临无棋可用的窘境。“追大产能、打价格战”成了唯一出路，也最终成为整个行业无序竞争、产能过剩的罪魁祸首和招致欧美贸易打击的本源。而当欧美抡起贸易保护和知识产权大棒的时候，我们的产业亦是缺乏对抗筹码，一触即败、一败即溃。此外，知识产权布局策略和总体战略引导的缺乏，更是雪上加霜，并最终导致产业陷入难于挽回的困局。

战略性新兴产业发展的关键要素

战略性新兴产业是以科技创新为核心基础、以知识产权保护为重要支撑的产业，知识产权已经成为战略性新兴产业发展的关键要素。当前，以新能源、新一代信息技术、生物技术等为代表的我国战略性新兴产业在当前均显现与光伏产业类似的特征。

一是知识产权成为必争之地：全球战略性新兴产业专利申请量增长迅速，增长率是其他传统领域的3～4倍；外国跨国公司积极争抢并已大量把控了产业链上游的核心技术，引起的知识产权纠纷硝烟弥漫。

二是我国大部分战略性新兴产业的知识产权实力明显偏弱：在华申请中国内专利申请数量虽占优势，但多集中在产业链下游的应用类和改进型技术上；对外申请数量少，尚未在主要市场国形成有效专利布局，仅在个别细分领域具有一定比较优势。

三是我国的战略性新兴产业正面临较大的知识产权压力：各主要经济体极为看重中国市场，美、欧、日、韩来华发明专利申请量分别是我国向其提交申请数量的4.5倍、14.7倍、35.5倍和12.5倍；对于已经先期发展且在全球市场具有一定竞争能力的领域，如半导体照明和新一代信息技术等，发达国家将知识产权作为遏制我国发展的重要手段，知识产权诉讼纠纷和贸易打压愈演愈烈，仅在2012年，美国针对我国企业发起的“337调查”就高达13起，处于历史高位。

分析评议助专利导航产业发展

光伏产业陷入困境为我国战略性新兴产业的未来发展带来了警醒和提示。战略性新兴产业的发展，应当高度关注知识产权，尤其是代表前沿技术发展趋势的专利。充分运用专利等知识产权信息和策略是引导产业科学发展的有效途径。

2013年，国家知识产权局开始实施专利导航产业发展试点工程，探索以专利信息资源利用和专利分析为基础，把专利运用嵌入产业技术创新、产品创新、组织创新和商业模式创新，引导和支撑产业科学发展。知识产权分析评议可以通过对知识产权信息的挖掘帮助聚焦产业和技术发展趋势，明确产业发展方向和重点；可以帮助增强产业资源配置和技术研发的针对性，提高创新资源使用效率，是为产业发展观局布棋的好手，也是专利导航产业发展的有力支撑。

在导航光伏等战略性新兴产业发展中，分析评议可以着重关注如下内容：

一是帮助产业找方向和调结构。对产业的知识产权尤其是专利信息进行挖掘，结合态势分析，聚焦专利技术热点和空白点，据此预测判断正确的产业发展方向，引导产业政策更有目的性和针对性；对企业技术在产业链中的位置进行分析，判断产业前沿技术竞争格局，据此引导企业按照产业链分工有效集聚，逐步培育形成产业集群和良性发展的产业生态系统。

二是帮助产业累筹码和做布局。对产业焦点领域的核心技术和热点技术进行专利布局，打拼抢占未来的制高点；挖掘尚未形成专利的技术空白点进行专利布局，获取新兴领域发展先机；围绕已有专利的产业核心技术，挖掘可规避或替代的技术进行专利布局，为激烈的竞争排障扫雷，累积与竞争者进行交叉许可的筹码。

三是帮助产业找问题和避风险。通过分析评议获知哪些产业方向存在较高的知识产权风险，确保高科技产业谨慎投资；通过分析评议获知哪些产业方向是研究热点和空白点，确保项目不重复、不撞车；通过分析评议获知待上马项目的知识产权竞争状态、发展趋势以及在产业中所处的位置，确保项目有前景、无风险；通过分析评议获知发展产业和相关企业的自有知识产权和技术情况，确保重点支持的产业和企业有知识产权、有技术，提高财政资金使用效率；通过分析评议获知引资对象的知识产权和技术实力，切实招引到有实力、与地区发展目标相匹配的商贾，避免借高科技商业化之名，行低端制造业之实。

延伸阅读：我国战略性新兴产业中的知识产权分析评议政策解读

为提高我国战略性新兴产业的知识产权创造、运用、保护和管理能力，推动战略性新兴产业的培育和发展，2012 年 4 月 28 日，国务院办公厅转发了国家知识产权局、国家发展改革委员会、教育部、科学技术部、工业和信息化部、财政部、商务部、国家工商行政管理总局、国家著作权局、中国科学院等十部门《关于加强战略性新兴产业知识产权工作的若干意见》（国办发［2012］28 号），对全面推进战略性新兴产业知识产权工作作出了具体部署。其中明确提出：“引导战略性新兴产业知识产权科学布局。紧密追踪市场竞争和专利技术动向，定期发布战略性新兴产业行业知识产权动态信息，引导企业和研发机构有针对性地申请或引进知识产权，构筑知识产权比较优势。建立重大经济科技活动知识产权分析审议制度。”

在国家知识产权局等十部门印发的《2013 年战略性新兴产业知识产权工作计划》中，也把加强知识产权分析评议工作作为 2013 年战略性新兴产业知识产权工作八大要点之一，充分表明了以十部门为代表的各部门对战略性新兴产业知识产权评议工作的高度重视和深刻认识，也标志着战略性新兴产业知识产权分析评议工作进入全面实施阶段。

第三节　政府投资活动中的知识产权分析评议要点

在政府投资过程中，尤其涉及高技术领域时，知识产权分析评议为确定政府投资方向、选择投资目标和确定投资合作方式提供决策参考。具体体现在：基于对技术、产业和市场的预测，编制能引导地区产业高端发展的投资规划和投资指南，客观评估项目的技术实力和竞争实力，选择最适合当地发展要求的项目，预判潜在知识产权风险，促成多方商业合作。知识产权分析评议主要聚焦在以下方面：

- 辅助订立政府投资规划。开展区域支柱产业或重点发展产业的专利态势分析，了解产业链知识产权竞争格局和竞争门槛，判断新产品与新服务的知识产权趋势和技术热点方向，把握本区域的知识产权资源分布特点和优劣势。将以上分析结果拟合到产业竞争资源分布和竞争格局、影响本区域产业发展的外部要素和约束条件等方面的研究当中，预测产业发展方向和可达到的市场规模，判断本区域发展该产业可拓展的空间。以推动区域经济转型升级、延展产业链、积累竞争优势、形成产业集聚效应为目标，制定本区域的政府投资规划。

- 形成政府定向投资目录。基于本区域的政府投资规划和产业知识产权竞争态势，形成本区域政府投资指南和目录，向社会发布。

- 甄选有前景的项目。评价备选项目与规划目标、指南目录的吻合度，评价项目技术先进性、技术成熟度和知识产权实力，技术好、知识产权实力强且与集聚区发展现状吻合度高的项目将有助于区域经济的协同发展。

- 评价项目中的知识产权风险。包括该项目相关知识产权的权利是否稳定、权属是否清晰，权利人是否拥有对知识产权的处置权和执行权，权利实施是否依赖于其他人拥有的知识产权，是否存在侵权风险和合同违约风险等。通过对潜在知识产权风险的分析，防止“投资变投雷”。

- 对项目合作中的知识产权处置方案提出建议。尤其在合资和合作方式选择方面，需要评价作价入股的知识产权价值和风险，选择适当的知识产权出资模式和收益模式。

- 对投资项目的绩效进行追踪评价。定期评估项目实施进展，尤其对既有知识产权转移转化效益、知识产权投入产出效益、市场竞争威胁、产业集聚成效、品牌附加值等进行评价，进一步完善政策措施，推动项目顺利达成目标。

后　记

伴随国家知识产权战略实施六周年的到来，集故事说理、经验总结于一体的《评议护航——经济科技活动知识产权分析评议案例启示录》终告小成，成为行业知识产权工作向知识产权战略实施六周年的献礼。

本书的框架体系和总体思路由贺化、黄庆和张志成确定，并据此提出各项具体要求。开篇及各章分析评议要点部分由孟海燕撰写，由孟海燕进行统稿。各章案例分别由宋蓓蓓、黄贤涛、陈冠钦、杨飞、卢学红和李萍撰写初稿，由陈冠钦和黄贤涛进行初步统稿，由宋蓓蓓和孟海燕进行二次统稿。全文由贺化和张志成进行终审。

在此，感谢案例收集过程中给予配合和支持的湖南省、湖北省、贵州省和苏州工业园区知识产权局，江苏省专利信息服务中心，上海盛之华知识产权事务所，中国航天科工集团公司，中联重科股份有限公司，北京飞天诚信科技股份有限公司，北京集慧智佳知识产权管理咨询有限公司等，这些单位给编委会提供了鲜活的案例素材和必要的基础资料；感谢知识产权出版社赵国璧、孔令娟等人撰写了部分案例的初稿；感谢李凌、翟佳雯对部分案例的悉心整理；感谢刘化冰、贠强、魏衍亮、张建纲等几位专家在案例讨论过程中给予的真诚意见；感谢江苏省专利信息服务中心王亚利、龚跃鹏等人，深圳威世博知识产权事务所李庆波、丁建春、何青瓦，他们实体参与了知识产权分析评议操作指南研究，为案例的深入分析提供了基础理论；感谢关注案例编撰工作的天津市知识产权局、山东省知识产权局，是他们为案例编撰带来了精神鼓励。

案例分析不可避免地涉及相关方。对于公知的事件，案例素材取自公开渠道；对于一定范围内公开的事件，做了隐蔽处理。请相关当事人考虑我们推广知识产权分析评议相关知识的良好愿望，给予谅解和包容。

该书是近年来知识产权分析评议的阶段性总结，囿于信息收集和认识水平，疏漏瑕疵在所难免，望业界批评指正。